les zoom's

Comptabilité générale

Principes généraux
Opérations courantes
Opérations de fin d'exercice

À jour des nouveautés
du Plan comptable
et des textes fiscaux

14e édition
2010-2011

Béatrice et Francis GRANDGUILLOT

sont professeurs de comptabilité-gestion et de fiscalité dans plusieurs établissements d'enseignement supérieur ainsi que dans différents cycles de formation continue.

Des mêmes auteurs

Collection Les Zoom's

- Fiscalité française 2010
- Exercices de fiscalité française avec corrigés – 2010 (avec Christine Noël)
- Comptabilité générale – 2010/2011
- Exercices de comptabilité générale avec corrigés – 2010/2011
- Analyse financière – 2010-2011
- Exercices d'analyse financière avec corrigés détaillés – 2010/2011
- Comptabilité de gestion – 2010/2011
- Comptabilité des sociétés – 2010/2011

Collection En poche

- Fiscal 2010
- Les sociétés commerciales – 2010/2011
- Comptable – 2010/2011
- Devenez Auto-entrepreneur en 2010
- Finance 2010/2011

Collection Carrés Rouge

- L'essentiel du Droit fiscal 2010
- L'essentiel des Opérations courantes en comptabilité générale – 2e édition
- L'essentiel des Opérations de fin d'exercice en comptabilité générale – 2e édition
- L'essentiel de l'Analyse financière – 8e édition
- L'essentiel de la Comptabilité de gestion – 3e édition
- L'essentiel du Contrôle de gestion – 4e édition
- L'essentiel du Droit des sociétés – 9e édition

Collection Expertise comptable

- Carrés DCG 4 – Droit fiscal – 1re édition (avec Pascale Recroix)
- Carrés DCG 9 – Introduction à la comptabilité – 1re édition

Béatrice et Francis GRANDGUILLOT

Comptabilité générale

Principes généraux
Opérations courantes
Opérations de fin d'exercice

À jour des nouveautés
du Plan comptable
et des textes fiscaux

14e édition
2010-2011

Gualino
lextenso éditions

LA COLLECTION

les zoom's

traite de :

- **la comptabilité** : Comptabilité générale – Comptabilité de gestion – Comptabilité des sociétés
- **l'analyse financière**
- **la fiscalité**
- **le droit** : Introduction au droit – Droit des sociétés – Droit commercial et des affaires – Droit social – Institutions publiques françaises et européennes
- **l'économie**
- **le marketing**
- **les relations humaines**
- **l'économie générale**

Collection dirigée par Béatrice et Francis Grandguillot

Catalogue général adressé gratuitement
sur simple demande :

Gualino éditeur
Tél. 01 56 54 16 00
Fax : 01 56 54 16 49
e-mail : gualino@lextenso-editions.fr
Site : www.lextenso-editions.fr

33, rue du Mail 75081 Paris cedex 02
ISBN 978 - 2 - 297 - 01434 - 2
ISSN 1288-8184

Présentation

La comptabilité générale enregistre, selon une technique particulière, toutes les opérations que l'entreprise réalise avec les tiers. Il est ainsi possible de connaître avec exactitude à une date donnée le patrimoine (bilan) et l'activité (compte de résultat) de l'entreprise.

L'ensemble des connaissances (le SAVOIR) nécessaires à la compréhension des techniques de comptabilisation de toutes les opérations de l'entreprise **(dans le cadre des comptes individuels)** *est présenté, dans cette* **14ᵉ édition**, *sous la forme de synthèses structurées consacrées :*

- **aux principes généraux de la comptabilité** *: le droit comptable, les notions de patrimoine et d'activité, le plan comptable général, la partie double, l'organisation comptable ;*
- **aux opérations courantes** *: la TVA, les achats, les ventes, les transports et emballages, les prestations de services, les travaux, les opérations avec l'étranger, les opérations d'investissement, la trésorerie, les effets de commerce, les opérations de financement, les opérations avec le personnel et les organismes sociaux, les opérations avec les administrations ;*
- **aux opérations de fin d'exercice** *: l'état de rapprochement, les régularisations de stocks, les ajustements des comptes de charges et de produits, les amortissements des immobilisations, l'échelonnement des subventions d'investissement, les dépréciations des actifs, les provisions pour risques et charges, les provisions réglementées, les cessions de biens, les créances et les dettes en monnaie étrangère, l'exécution des contrats à long terme, la détermination du résultat, le passage d'un exercice à l'autre, la comptabilisation de l'impôt sur les sociétés, les tableaux de synthèse (compte de résultat, bilan et annexe).*

Cette 14ᵉ édition intègre les nouveautés du **Plan comptable général** *– dans sa version qui converge peu à peu vers les* **normes internationales IAS/IFRS** *– et leurs incidences fiscales.*

Tout y est développé, méthodiquement expliqué et judicieusement illustré par de nombreux exemples pour constituer le véritable **guide de l'étudiant en comptabilité générale**, *l'outil de travail qui lui permettra d'apprendre et de maîtriser les principes et les techniques de comptabilisation des opérations de l'entreprise, l'aide à laquelle il pourra se reporter en toute confiance.*

Liste des abréviations utilisées

AV	: Avoir	Mses	: Marchandises
AMTS	: Amortissements	« N »	: Exercice en cours
ANC	: Autorité des normes comptables	« N – 1 »	: Exercice précédent
BOR	: Billet à ordre relevé	« N + 1 »	: Exercice suivant
C	: Crédit	NEP	: Norme d'exercice professionnel
CA	: Chiffre d'affaires	OD	: Opérations diverses
CH	: Chèque	PCG	: Plan comptable général
CMCC	: Crédit de mobilisation des créances commerciales	PME	: Petites et moyennes entreprises
		PROV	: Provisions
CMUP	: Coût moyen unitaire pondéré	RAP	: Reprise sur provisions
CRDS	: Contribution au remboursement de la dette sociale	RRR	: Rabais, Remises et Ristournes
		SA	: Société anonyme
CSG	: Contribution sociale généralisée	SARL	: Société à responsabilité limitée
D	: Débit	SC	: Solde créditeur
DAP	: Dotations aux provisions	SD	: Solde débiteur
DOTS	: Dotations	SF	: Stock final
EURL	: Entreprise unipersonnelle à responsabilité limitée	SI	: Stock initial
		TTC	: Toutes taxes comprises
FA	: Facture	TVA	: Taxe sur la valeur ajoutée
GLA	: Grand livre auxiliaire	VA	: Valeur actuelle
IFA	: Impôt forfaitaire annuel	VMP	: Valeurs mobilières de placement
IS	: Impôt sur les sociétés	VNC	: Valeur nette comptable
JD	: Journal divisionnaire	VO	: Valeur d'origine
LCR	: Lettre de change relevé	VU	: Valeur d'usage
LCRM	: Lettre de change relevé magnétique	VV	: Valeur vénale

Sommaire

Partie 1
Les principes généraux de la comptabilité

Partie 2
Les opérations courantes

PARTIE 1

Les principes généraux de la comptabilité

L'entreprise et le droit comptable

Chapitre
1

1 L'entreprise

A – Définition

Les entreprises sont des ***agents économiques*** ayant pour vocation d'obtenir et de combiner des ***facteurs de production*** matériels ou humains (travail, capital, ressources naturelles) pour produire et vendre des biens et des services sur un marché à d'autres agents économiques.

Par ailleurs, les fonctions économiques de production et de distribution réalisées par les entreprises ***génèrent des revenus*** tels que :

– les profits ;

– les salaires ;

– les intérêts ;

– …

Les revenus sont distribués :

– aux apporteurs de facteurs de production (entrepreneurs, associés ou actionnaires) ;

– aux salariés ;

– aux prêteurs ;

– …

B – Les différents types d'entreprise

Chaque entreprise est originale en soi. Elle possède ses propres caractéristiques. Cependant, il est possible de les classer selon des critères communs, par exemple :

– leur activité ;

– leur taille ;

– leur forme juridique.

Distinguons, par exemple, les entreprises selon leur domaine d'activité :

ENTREPRISES		
→	**commerciales** →	encore appelées entreprises de négoce ou de distribution. ***Elles revendent en l'état*** des marchandises. Par exemple : grands magasins, hypermarchés, grossistes…
→	**industrielles** →	encore appelées entreprises de production de biens. ***Elles transforment les matières premières*** pour fabriquer un produit. Par exemple : industries automobiles, entreprises du bâtiment, industries d'équipements ménagers…
→	**de services** →	encore appelées entreprises de production de services ou prestataires de services. ***Elles vendent leur savoir-faire***. Elles permettent la satisfaction d'un besoin ou d'un désir. Par exemple : experts-comptables, avocats, entreprises de tourisme, entreprises de transport, assurances, coiffeurs…
→	**agricoles** →	***elles produisent*** essentiellement ***des matières premières*** ou des denrées alimentaires en utilisant les ressources naturelles. Par exemple : industries laitières, élevage de porcs, aviculture…

2 Le rôle de la comptabilité générale

La comptabilité générale, ou comptabilité financière, est à la fois :

– ***un outil de contrôle*** des opérations ;

– ***un moyen de preuve*** juridique en cas de litige ;

– ***une obligation légale*** (toute entreprise doit tenir une comptabilité) ;

– ***un moyen de calcul*** de l'assiette des impôts (base) ;

– ***une source d'information*** d'ordre financier sur la situation et l'évolution de l'entreprise ;

– ***une aide à la prise de décision*** sur le plan financier.

L'article 120-1 du Plan comptable général définit la comptabilité comme « un système d'organisation de l'information financière permettant de saisir, classer, enregistrer des données de base chiffrées et présenter des états reflétant une image fidèle du patrimoine, de la situation financière et du résultat de l'entité à la date de clôture ».

De cette définition, découle la finalité de la comptabilité générale, qui est de produire :

Un bilan	→	à une date donnée, ***état du patrimoine de l'entreprise*** qui permet aux tiers d'apprécier la pérennité de l'entreprise, sa capacité à rembourser ses dettes et de connaître le résultat de l'exercice.
Un compte de résultat	→	***résumé de l'activité de l'entreprise*** pendant 12 mois, qui permet d'expliquer la formation du résultat de l'exercice en récapitulant les revenus de l'exercice (produits), source d'enrichissement, et les coûts (charges), source d'appauvrissement. Il permet aux tiers d'apprécier la rentabilité de l'entreprise.
L'annexe	→	***état comptable*** qui comporte des informations significatives dont l'objectif est de compléter et d'expliquer le contenu du bilan et du compte de résultat. L'annexe peut être composée de commentaires rédigés et d'une ***suite de tableaux***.

La comptabilité générale distingue deux types de travaux comptables :

Comptabilité générale

Traduction comptable des opérations courantes	**Traduction comptable des opérations de fin d'exercice**
• Enregistrement jour par jour des ***faits comptables*** réalisés par l'entreprise sur une période de 12 mois intitulée ***exercice***.	• Ensemble des opérations permettant de recenser les ***éléments du patrimoine*** de l'entreprise et de déterminer le ***résultat*** exact en fin d'exercice. • Établissement des documents de synthèse (bilan, compte de résultat, annexe).

3 Les garants de l'intégrité du système d'information comptable

Les experts-comptables et les commissaires aux comptes sont les garants de l'intégrité du ***système d'information comptable***. Ils remplissent une ***mission d'intérêt général***; ils sont soumis à des exigences de diplôme et de compétence et doivent respecter le code déontologique de leur profession.

Les missions

contractuelles de l'expert-comptable

- ***réviser*** l'ensemble de la comptabilité des entreprises ;
- ***aider*** les entreprises à tenir, organiser leur comptabilité et à établir leurs comptes annuels ;
- ***conseiller*** les dirigeants, tant sur le plan financier que juridique.

Selon le projet de loi relatif aux réseaux consulaires, au commerce, à l'artisanat et aux services, l'activité de conseil des experts-comptables serait élargie.

En effet, les experts-comptables pourraient assister, dans leurs démarches déclaratives d'ordre administratif, fiscal et social, les personnes physiques qui leur ont confié les éléments justificatifs et comptables nécessaires auxdites démarches.

légales du commissaire aux comptes

- ***certifier*** la régularité, la sincérité, l'image fidèle des comptes annuels et, le cas échéant, des comptes consolidés publiés par l'entité ;
- ***rendre compte*** de sa mission générale dans un rapport communiqué à l'assemblée générale des actionnaires ou associés ;
- ***informer*** les associés, les dirigeants, le comité d'entreprise de toute irrégularité ou erreur relevée lors de sa mission ;
- ***révéler*** au procureur de la République les faits délictueux dont il a eu connaissance au cours de l'exercice de sa mission ;
- ***déclencher*** une procédure d'alerte dans le cas de constatation de faits pouvant compromettre la poursuite de l'exploitation de l'entreprise ;
- ***intervenir*** lors d'opérations particulières décidées par l'entreprise (une augmentation de capital par exemple).

Une même personne peut être à la fois expert-comptable et commissaire aux comptes, mais elle ne peut exercer ces deux fonctions dans la même entreprise.

Il est ***interdit*** aux commissaires aux comptes de tenir la comptabilité de l'entreprise et de s'immiscer dans sa gestion.

À NOTER • La loi de sécurité financière du 1er août 2003 a créé un Haut conseil du commissariat aux comptes (H3C) dont la mission est triple :

– mission de contrôle ;

– mission de réflexion ;

– et mission de discipline.

4 Les sources du droit comptable

La comptabilité fait l'objet d'une ***normalisation***. Les normes comptables constituent un ensemble de règles, de principes, de méthodes d'élaboration et de présentation des comptes des entreprises de manière à les rendre plus fiables, transparents et comparables dans le temps d'une entité à l'autre, à l'intérieur d'un même pays ou d'un pays à l'autre, dans l'objectif de renseigner au mieux les utilisateurs (dirigeants, associés, État, personnel, investisseurs, autres tiers...).

Pour être applicables, les normes doivent être intégrées au ***droit comptable*** donc réglementées.

A – La hiérarchie des sources

Les sources des règles comptables sont diverses et hiérarchisées de la manière suivante :

Hiérarchie	Nature des textes ou autres sources
Réglementation internationale	Traités internationaux Règlements européens Directives et décisions européennes
Textes légaux et règlementaires	Lois, décrets et arrêtés
Jurisprudence	Décisions des tribunaux
Doctrine	Avis, recommandations

En outre, le droit comptable est influencé par d'autres législations, telles que les législations sociale et fiscale qui créent des obligations comptables aux entreprises.

B – Les sources nationales de la normalisation comptable

1) Les sources législatives et réglementaires françaises

Elles sont constituées :

- ***par le Code de commerce*** (articles L. 123-12 à L. 123-28 et R. 123-172 à R. 123-208) ;
- ***par les règlements de l'Autorité des normes comptables*** (ANC) ;
- ***par le Plan comptable général*** mis à jour par les règlements de l'Autorité des normes comptables.

2) L'Autorité des normes comptables (ANC)

Le dispositif de la normalisation française a été ***réformé*** par l'ordonnance du 22 janvier 2009 qui a créé l'***Autorité des normes comptables*** (ANC), issue de la fusion du Conseil national de la comptabilité (CNC) et du Comité de la réglementation comptable (CRC).

La création de l'Autorité des normes comptables poursuit deux objectifs :

- ***simplifier*** le dispositif de normalisation française ;
- ***doter la France*** d'une institution rassemblant des compétences capable d'influer davantage sur l'élaboration des normes internationales.

Selon le décret d'application de l'ordonnance daté du 15 janvier 2010, l'Autorité des normes comptables comprend ***un collège, des commissions spécialisées*** (commission des normes privées et commission des normes comptables internationales) et ***un comité consultatif*** composé de représentants du monde économique et social.

Les missions de l'Autorité des normes comptables exercées par le collège sont :

- ***édicter***, par des règlements, l'ensemble des règles comptables générales et sectorielles auxquelles sont soumises les personnes physiques et morales établissant des documents comptables conformes aux normes de la comptabilité privée ;
- ***donner un avis*** sur tout projet de texte contenant des dispositions de nature comptable applicables aux personnes précitées et sur les projets de normes comptables internationales ;
- ***émettre de sa propre initiative*** ou à la demande du ministre chargé de l'Économie, des avis et prises de position dans le cadre de la procédure d'élaboration des normes comptables internationales ;
- ***assurer*** la coordination et la synthèse des travaux théoriques et méthodologiques en matière comptable en formulant notamment des recommandations.

Le collège peut déléguer certaines de ses missions aux commissions spécialisées, excepté pour les projets de règlements.

Les règlements adoptés par l'Autorité des normes comptables sont publiés au Journal officiel après homologation par arrêté du ministre chargé de l'Économie, après avis des ministres du Budget et de la Justice.

3) La doctrine française

D'autres organismes influencent la normalisation comptable française.

Instances	Présentation	Missions
Ordre des experts-comptables (OEC)	créé en 1945, regroupe les experts-comptables exerçant en profession libérale.	• Faire respecter les règles et les devoirs professionnels. • Influencer la normalisation en tant qu'associé aux commissions spécialisées de l'ANC. • Publier des avis et des recommandations permettant à ses membres d'appliquer, en toute intégrité, les principes et les règles comptables. Par exemple, en 1998, avis 30 relatif au tableau des flux de trésorerie.
Compagnie nationale des commissaires aux comptes (CNCC) et Haut Conseil du commissariat aux comptes (H3C)	créée en 1969, regroupe les membres de la profession. autorité administrative indépendante créée en août 2003 pour contrôler la profession de commissaire aux comptes.	• Faire respecter les règles et les devoirs professionnels. • Influencer la normalisation en tant que membre des commissions spécialisées de l'ANC. • Élaborer les normes d'exercice professionnel (NEP) relatives au contrôle des comptes, aux missions générales et particulières de la profession. • Assurer la surveillance de la profession avec le concours de la CNCC. • Veiller au respect de la déontologie et de l'indépendance des commissaires aux comptes. • Émettre un avis sur le code de déontologie de la profession et sur les NEP avant leur homologation par arrêté du garde des Sceaux. Par exemple, les NEP diligences directement liées à la mission homologuées de mars à août 2008.
Autorité des marchés financiers (AMF)	créée en 2003, par fusion de la Commisssion des opérations de Bourse et du Conseil des marchés financiers, elle représente la France auprès de l'Organisation internationale des commissions de valeurs mobilières et organismes assimilés (OIVC), laquelle travaille avec l'IASC.	• Veiller : – au bon fonctionnement des marchés d'instruments financiers ; – à l'information des investisseurs ; – à la protection de l'épargne investie dans les instruments financiers et tous autres placements donnant lieu à l'offre au public de titres financiers (anciennement appel public à l'épargne). • Influencer la normalisation par la publication d'avis, de recommandations et en tant que membre du collège de l'ANC. • Prendre des règlements concernant le fonctionnement des marchés placés sous son contrôle.

C – Les instances internationales

Instances	Présentation	Missions
International Accounting Standards Commitee (IASC)	créé en 1973, organisme privé qui regroupe les représentants des principales organisations comptables de près de 100 pays. Création en 2001 du Comité exécutif (IASB) de l'IASC.	• Élaborer et publier des normes comptables internationales intitulées : normes d'informations financières internationales (IFRS). • Assurer l'acceptation et l'application des normes au niveau mondial. Par exemple : en 2003, publication de la version définitive des 13 normes révisées qui ont été adoptées par les États européens.
Institutions européennes : Commission européenne et Conseil de l'Union européenne	chargées d'adopter la législation communautaire.	• Prendre : – des règlements directement applicables à tout État membre ; – des directives qui lient tout État membre destinataire tout en laissant aux instances nationales la compétence quant à la forme et aux moyens. Par exemple : en 2002, règlement sur l'application des normes comptables internationales IAS/IRFS.

D – L'évolution des normes comptables

Depuis plusieurs années, la normalisation comptable nationale est en constante évolution : elle doit s'adapter à la volonté d'harmonisation internationale et européenne des normes comptables, à la mondialisation des marchés de capitaux, à l'introduction de nouveaux instruments financiers ainsi qu'aux nouvelles technologies de l'information et de la communication.

En pratique, l'alignement des normes comptables européennes et nationales sur les normes internationales se concrétise notamment par :

- la ***modernisation*** des IVe et VIIe directives européennes dans le but de supprimer toute divergence avec les normes IAS/IFRS ;
- l'***obligation***, énoncée par le règlement 1606/2002 du Parlement européen et du Conseil, pour les ***sociétés européennes cotées***, d'établir depuis 2005 leurs comptes consolidés selon les normes internationales (IAS/IFRS). L'objectif est d'harmoniser l'information financière présentée par lesdites sociétés et de répondre principalement aux besoins des investisseurs ;
- l'***évolution*** progressive du Plan comptable général vers les normes internationales (IAS/IFRS). Par exemple, l'adoption du règlement 2000-06 sur les passifs et du règlement 2002-10 sur l'amortissement et la dépréciation des actifs applicables depuis le 1er janvier 2005... ;

– l'***analyse*** des conséquences fiscales de la convergence du Plan comptable général vers les IFRS et la prise de position de l'Administration fiscale face aux nouvelles règles comptables introduites dans le Plan comptable général 2005 ;

– la mise en place d'un ***mécanisme européen d'adoption*** des normes de l'IASB, avec la création du comité de règlementation européen, composé de représentants des États membres et présidé par la Commisssion européenne, dont l'objet consiste à donner son avis sur les propositions de la Commission d'adopter les normes IAS/IFRS.

5 Les principes de comptabilisation

Le principe de comptabilisation développé dans ce livre correspond à la comptabilité dite par ***engagements*** qui s'applique au plus grand nombre des entreprises.

Ce principe consiste à enregistrer les opérations comptables à leur ***date d'engagement*** et non à leur date de règlement. Il tient compte des ***créances*** et des ***dettes*** de l'entreprise, et reflète intégralement son activité et sa situation.

Par exemple, une vente de produits ou de prestations de service est enregistrée à la date de livraison, d'achèvement des prestations ou de facturation et non à la date de paiement de la facture. Cette vente influe sur le résultat de l'exercice même si l'encaissement correspondant intervient au cours de l'exercice suivant.

L'enregistrement des opérations par jour et par opération s'effectue selon le principe de la ***partie double***.

Chaque opération comptable est analysée systématiquement en ***deux flux*** :

– un flux de biens ou services ;

– et un flux financier.

Les opérations sont comptabilisées dans des ***livres comptables*** :

– un livre-journal qui peut être coté et paraphé ;

– un grand livre ;

– et un livre d'inventaire qui peut être coté et paraphé.

L'ensemble des ***règles comptables*** relatives à la comptabilité générale est contenu dans le Plan comptable général.

6 Les obligations comptables simplifiées des entreprises individuelles

Les entreprises individuelles soumises au régime fiscal des micro-entreprises ou au régime réel simplifié d'imposition bénéficient d'allègements des obligations comptables. Les sociétés commerciales en sont exclues.

Régimes	Obligations comptables
Micro-entreprises	Tenue d'un livre de recettes quelle que soit l'activité. Tenue d'un registre des achats pour les entreprises exerçant une activité de vente ou de fourniture de logement. Dispense de comptes annuels (bilan, compte de résultat, annexe). Tenue d'une comptabilité de trésorerie (encaissements et décaissements). Centralisation trimestrielle des journaux auxiliaires. Dispense de justification des frais généraux accessoires.
Réel simplifié d'imposition	Évaluation simplifiée des stocks. Enregistrement des créances et des dettes à l'inventaire. Dispense de l'annexe. Bilan et compte de résultat simplifiés (sous certaines conditions).

Les notions de patrimoine et d'activité de l'entreprise

Chapitre **2**

1 Généralités

L'objectif de toute entreprise privée est de s'enrichir en exerçant une activité.

Une des finalités de la comptabilité générale est de mesurer l'enrichissement (***bénéfice***) ou l'appauvrissement (***perte***) de l'entreprise de deux façons différentes, simultanées et complémentaires :

En comparant	et	**En évaluant**
↓		↓
Les revenus et les coûts engendrés par son activité pour une période de 12 mois, appelée exercice.		La variation de son patrimoine provenant de l'activité, entre le début et la fin de l'exercice.

Cette finalité est atteinte à travers deux états de synthèse : le ***bilan*** et le ***compte de résultat***.

2 Le bilan

A – Définition

Le bilan est une ***image financière de l'entreprise à une date déterminée.*** Il peut être défini selon deux approches.

1) L'approche patrimoniale

Le bilan représente la situation patrimoniale de l'entreprise à un moment donné.

Il décrit séparément les éléments actifs et passifs de l'entreprise, et fait apparaître de façon distincte les capitaux propres (article 130-2 du Plan comptable général).

Les ***éléments actifs*** sont les éléments identifiables du patrimoine ayant une valeur économique positive pour l'entreprise (biens, créances).

Les ***éléments passifs*** (passif externe) représentent les éléments du patrimoine ayant une valeur économique négative pour l'entreprise, c'est-à-dire une obligation de l'entreprise envers un tiers (personne physique ou morale) qui entraînera certainement ou probablement une sortie de ressource au profit de ce tiers, sans contrepartie au moins équivalente de sa part.

Les ***capitaux propres*** mesurent la valeur nette du patrimoine :

Éléments actifs – Éléments passifs = **Capitaux propres**

2) L'approche fonctionnelle ou économique

Le bilan décrit l'ensemble des ***ressources financières*** que l'entreprise s'est procurée (moyens de financement) et l'ensemble des ***emplois*** (utilisation des ressources) dont elle dispose à une date donnée. Le total des ressources correspond au total des emplois.

Les ressources financières sont de trois natures :

– les apports de l'exploitant ou des associés qui forment le capital. Ces ressources ont un caractère permanent ;

– les dettes envers les tiers : il s'agit de ressources temporaires ;

– les bénéfices, ressources générées par l'activité de l'entreprise.

L'ensemble des ***ressources*** constitue le ***passif*** du bilan.

Parmi les emplois, on distingue les emplois permanents (biens durables tels que le matériel, le mobilier...) et les emplois temporaires liés au cycle d'exploitation (stocks, créances, liquidités...).

L'ensemble des ***emplois*** constitue l'***actif*** du bilan. On a donc :

Emplois = Ressources
Actif = Passif

B – La présentation simplifiée du bilan

Le bilan est un tableau divisé en deux parties ; sa présentation simplifiée est la suivante :

Bilan

Actif (emplois) | (ressources) Passif

Actif immobilisé Immobilisations incorporelles Immobilisations corporelles Immobilisations financières **Actif circulant** Stocks et en-cours Créances Valeurs mobilières de placement Disponibilités		**Capitaux propres** Capital Réserves Résultat ± **Dettes** Dettes financières Dettes d'exploitation Dettes diverses	
	Total général		Total général

La partie ***gauche***, appelée ***actif***, représente les éléments d'actif ou l'ensemble des emplois.

La partie ***droite***, appelée ***passif***, regroupe les capitaux propres et les éléments passifs, ou bien encore l'ensemble des ressources de financement.

Le classement à l'intérieur de chaque partie est articulé en rubriques et en postes.

La présentation détaillée du bilan est développée au chapitre 33.

C – L'actif

Les éléments constitutifs de l'actif sont classés suivant leur fonction et par ordre de *liquidité croissante*.

L'actif comprend deux grandes rubriques composées chacune de plusieurs postes qui possèdent des caractères communs :

Actif immobilisé → Biens et créances destinés à être utilisés ou à rester de façon durable dans l'entreprise.

Actif circulant → Biens et créances liés au cycle d'exploitation et qui n'ont pas vocation à être maintenus durablement dans l'entreprise.

L'***actif immobilisé*** comprend les postes suivants :

Immobilisations incorporelles → biens ou droits qui ne constituent pas des objets matériels ainsi que, sur option, frais liés à la constitution ou au développement de l'entreprise (fonds commercial, logiciels...).

Immobilisations corporelles → biens constituant des objets matériels (mobilier, matériel…).

Immobilisations financières → constituées de certaines créances et de certains titres immobilisés (prêts, titres de participation…).

L'*actif circulant* comprend les principaux postes suivants :

Stocks et en-cours → biens destinés à être consommés au premier usage, vendus en l'état ou au terme d'un processus de production.

Créances → droits rattachés au cycle d'exploitation (somme d'argent due par les clients…).

Valeurs mobilières de placement → titres acquis en vue de réaliser un gain à brève échéance.

Disponibilités → liquidités disponibles sur un compte en banque ou en caisse.

D – Le passif

Les éléments du passif sont classés selon leur provenance et par ordre d'***exigibilité croissante***.

Le passif comprend deux grandes rubriques composées chacune de plusieurs postes qui possèdent des caractères communs :

Capitaux propres	**Dettes**
Moyens de financement mis à la disposition de l'entreprise de façon permanente.	Moyens de financement externes mis à la disposition de l'entreprise de façon temporaire.

Les ***capitaux propres*** comprennent les principaux postes suivants :

- **Capital et réserves** → apports de l'exploitant ou des associés et part de bénéfice non distribuée, laissée à la disposition de l'entreprise.
- **Résultat de l'exercice** → bénéfice ou perte dégagé par l'entreprise.

Les ***dettes*** représentent, d'après le Plan comptable général, un passif certain dont l'échéance et le montant sont fixés de façon précise. Elles comprennent les principaux postes suivants :

- **Dettes financières** → emprunts auprès d'établissements de crédit.
- **Dettes d'exploitation** → moyens de financement liés au cycle d'exploitation (dettes fournisseurs, fiscales et sociales).
- **Autres dettes** → dettes non liées au cycle d'exploitation (dettes fournisseurs d'immobilisations…).

E – Le résultat

Le bilan de ***fin d'exercice***, après douze mois d'activité, permet de dégager le ***résultat*** de l'entreprise par déséquilibre entre l'actif et le passif :

Actif – Passif = **Résultat**

Le résultat peut être soit un bénéfice, soit une perte :

si Actif > Passif ⇒ Bénéfice

si Passif > Actif ⇒ Perte

Le ***résultat*** se place toujours ***au passif*** du bilan dans les ***capitaux propres*** :

- il est affecté du signe « + » dans le cas d'un bénéfice ;
- il est affecté du signe « – » ou mis entre parenthèses dans le cas d'une perte.

Le bénéfice constitue un moyen de financement ***interne***.

La perte représente une diminution des moyens de financement. Elle devra être absorbée lors du prochain exercice bénéficiaire.

À NOTER • Pour calculer le résultat à partir du bilan de fin d'exercice, il est nécessaire de totaliser l'actif en premier, le passif devant s'ajuster avec le résultat positif ou négatif de l'exercice.

F – Résumé

Le bilan s'inscrit dans le processus comptable suivant :

À NOTER • L'exercice comptable ne correspond pas nécessairement à l'année civile • Aucun résultat n'est constaté lors de l'établissement du bilan de départ.

Exemple

Monsieur Hamon crée, le 1er avril de l'exercice « N », l'entreprise commerciale Kerity. Il dispose d'une somme personnelle de 50 000 € qu'il dépose sur le compte bancaire de l'entreprise.

Présenter le bilan de départ.

À la fin de l'exercice « N », les renseignements suivants vous sont communiqués :

- emprunt : 30 000
- créances des clients : 8 000
- banque : 5 500
- matériel industriel : 29 000
- fonds commercial : 40 000
- stock de marchandises : 4 500
- dettes envers les fournisseurs : 3 000

Établir le bilan de fin d'exercice.

- Bilan de départ

Actif — Bilan au 1er avril N — Passif

Actif		Passif	
Actif circulant		**Capitaux propres**	
Disponibilités	50 000	Capital	50 000
Total général	50 000	Total général	50 000

- Bilan de fin d'exercice

Actif — Bilan au 31 décembre N — Passif

Actif		Passif	
Actif immobilisé		**Capitaux propres**	
Immobilisations incorporelles		Capital	50 000
Fonds commercial	40 000	Résultat	+ 4 000
Immobilisations corporelles		**Dettes**	
Matériel	29 000	Dettes financières	
Actif circulant		Emprunt	30 000
Stocks et en-cours	4 500	Dettes d'exploitation	
Créances	8 000	Fournisseurs	3 000
Disponibilités	5 500		
Total général	87 000	Total général	87 000

Le résultat est égal à :

87 000 – (50 000 + 30 000 + 3 000) = 4 000 €

3 Le compte de résultat

A – Définition

Le compte de résultat décrit pour une période donnée (l'exercice) l'***activité*** de l'entreprise. Il est établi à la fin de l'exercice. Le compte de résultat permet de connaître :

- l'ensemble des ***coûts*** engagés, appelés ***charges***, au cours d'un exercice pour les besoins de l'activité de l'entreprise ;
- l'ensemble des ***revenus***, appelés ***produits***, générés par son activité pour le même exercice ;
- le ***résultat*** de l'exercice par différence entre le total des produits et le total des charges :

Charges	Produits
Coûts occasionnés par les moyens mis en œuvre	Ressources produites par l'activité

Résultat

Le ***résultat*** est le fruit de l'activité de l'entreprise : il permet de savoir si l'entreprise s'est ***enrichie*** (bénéfice) ou ***appauvrie*** (perte) :

si Produits > Charges ⇒ Bénéfice
si Charges > Produits ⇒ Perte

À NOTER • Contrairement au bilan, le compte de résultat est remis à zéro au début de chaque exercice puisqu'il concerne l'exploitation d'un exercice.

B – La présentation simplifiée du compte de résultat

Le compte de résultat est un tableau scindé en deux parties ; sa présentation simplifiée est la suivante :

Compte de résultat

Charges (coûts) — (revenus) Produits

Charges		Produits	
Charges d'exploitation		Produits d'exploitation	
Charges financières		Produits financiers	
Charges exceptionnelles		Produits exceptionnels	
Impôt sur les bénéfices			
Résultat de l'exercice (bénéfice)		Résultat de l'exercice (perte)	
	Total général		Total général

La partie ***gauche*** regroupe les ***charges*** ou l'ensemble des consommations de l'exercice, ou encore les emplois de l'activité.

La partie ***droite*** regroupe les ***produits*** ou l'ensemble des ressources de l'activité de l'exercice.

Le classement à l'intérieur de chaque partie est articulé en rubriques et en postes.

Le Plan comptable général prévoit ***trois*** grandes familles de charges et de produits classées en six rubriques symétriques, afin de faire apparaître trois activités distinctes :

Activités		Rubriques concernées
• D'exploitation	⟶	Charges d'exploitation – Produits d'exploitation
• Financière	⟶	Charges financières – Produits financiers
• Exceptionnelle	⟶	Charges exceptionnelles – Produits exceptionnels

La présentation détaillée du compte de résultat est développée au chapitre 33.

C – *Les charges*

1) Classification

Les charges sont classées par nature à l'intérieur de chaque rubrique :

- **Charges d'exploitation** ⟶ coûts occasionnés par l'activité normale de l'entreprise.
- **Charges financières** ⟶ coût de financement de l'entreprise (charges d'intérêt, escomptes accordés, pertes de change).
- **Charges exceptionnelles** ⟶ coûts non liés à l'activité normale de l'entreprise (pénalités, amendes...).
- **Impôt sur les bénéfices** ⟶ charge d'impôt supportée par les sociétés soumises à l'impôt sur les sociétés (SARL, SA...).

Les charges d'exploitation comprennent essentiellement :

Charges d'exploitation

Consommations de biens et services	Charges générées par l'entreprise
• Achats de marchandises ou de matières premières, corrigés des variations de stocks. • Achats de fournitures ou de services.	• Charges de personnel. • Impôts et taxes. • Charges calculées correspondant aux dépréciations définitives ou non des actifs, à des risques probables (dotations aux amortissements, dépréciations et provisions).

2) La variation des stocks

La variation des stocks ***relative aux achats*** (marchandises ou matières premières) entre le début et la fin de l'exercice exprime :

– soit une ***consommation*** de stocks lorsque le stock initial est supérieur au stock final ;

– soit une ***augmentation*** du stockage lorsque le stock initial est inférieur au stock final.

La variation des stocks est liée à l'activité de l'entreprise et influe sur les coûts. Elle doit donc être intégrée dans le compte de résultat (charges).

Elle est égale à :

Stock initial – Stock final = **Variation de stocks**

La variation des stocks relative aux achats vient corriger, en plus ou en moins, les achats stockés :

Achats ± Variation des stocks =	**Coût d'achat des marchandises vendues** ou **Coût d'achat des matières premières consommées**

D – Les produits

1) Classification

Les produits sont classés par nature :

Produits d'exploitation	→ ressources produites par l'activité normale.
Produits financiers	→ revenus financiers procurés par des placements, les escomptes obtenus.
Produits exceptionnels	→ produits occasionnés, essentiellement, par la cession d'éléments d'actif.

Les produits d'exploitation comprennent principalement :

Produits d'exploitation

Ventes de marchandises	Production de l'entreprise	Autres produits d'exploitation
• Ventes de biens achetés en l'état.	• Production vendue : vente de biens fabriqués et de services, commissions. • Production stockée : variation de stocks de produits. • Production immobilisée : travaux faits par l'entreprise pour elle-même.	• Subventions d'exploitation. • Reprises sur charges calculées (amortissements, dépréciations et provisions).

2) La production stockée

La variation des stocks ***relative aux produits fabriqués***, pour les entreprises industrielles uniquement, entre le début et la fin de l'exercice exprime :

– soit une ***consommation*** de stocks lorsque le stock initial est supérieur au stock final ;

– soit une ***augmentation*** du stockage lorsque le stock initial est inférieur au stock final.

La production stockée est liée à l'activité de l'entreprise et influe sur les produits fabriqués. Elle doit donc être intégrée dans le compte de résultat (produits).

Elle est égale à :

Stock final – Stock initial = **Production stockée**

La production stockée vient corriger, en plus ou en moins, la production vendue :

Production vendue ± Production stockée = **Production de l'exercice**

E – Le résultat

Le résultat de l'exercice (bénéfice ou perte) s'obtient en effectuant la différence suivante :

Total des produits – Total des charges

Il est placé du côté ***opposé à sa nature*** afin d'équilibrer le compte de résultat. Le bénéfice est placé du côté des charges, la perte est placée du côté des produits :

Total des Charges + Bénéfice = Total général
Total des Produits + Perte = Total général

Le parallélisme existant entre le classement des charges et des produits permet à l'entreprise d'analyser la ***formation du résultat*** en plusieurs étapes :

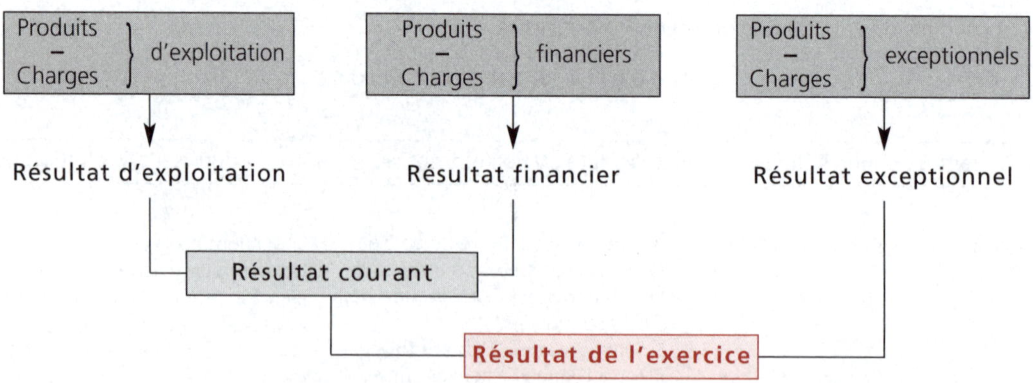

Exemple

À la fin de l'exercice « N », les renseignements suivants vous sont communiqués :

– intérêts de l'emprunt :	18 600		– publicité :	90 000
– ventes de marchandises :	995 000		– amende fiscale :	1 000
– salaires et charges sociales :	380 000		– prestations de services :	25 000
– stocks de marchandises au début de l'exercice :	275 000		– stocks de marchandises à la fin de l'exercice :	260 000
– fournitures de bureau :	5 000		– achats de marchandises :	440 000
– revenus de titres :	12 600			

Établir le compte de résultat

• Variation du stock

Stock initial – Stock final = Variation de stocks

275 000 – 260 000 = + 15 000 €

• Compte de résultat

Charges	Exercice N	Produits	Exercice N
Charges d'exploitation		**Produits d'exploitation**	
Achats de marchandises	440 000	Ventes de marchandises	995 000
Variation de stocks	+ 15 000	Prestations de services	25 000
Salaires et charges sociales	380 000		
Fournitures de bureau	5 000		
Publicité	90 000		
Total I	930 000	Total I	1 020 000
Charges financières		**Produits financiers**	
Intérêts de l'emprunt	18 600	Revenus de titres	12 600
Total II	18 600	Total II	12 600
Charges exceptionnelles		**Produits exceptionnels**	
Amende fiscale	1 000		
Total III	1 000	Total III	
Total des charges	949 600	**Total des produits**	1 032 600
Résultat de l'exercice			
Bénéfice	83 000		
Total général	1 032 600	Total général	1 032 600

4 La formation du résultat

A – Principe

L'objet de cette partie est de montrer, à partir d'exemples, comment s'articulent entre eux le bilan et le compte de résultat afin qu'ils dégagent un ***résultat identique***.

Le résultat est le ***fruit de l'activité*** de l'entreprise. Il permet de savoir si l'entreprise s'est enrichie (bénéfice) ou appauvrie (perte).

Il est calculé
- → par la ***différence*** entre les produits et les charges ;
- → par la ***variation*** du patrimoine entre l'époque « 0 » et l'époque « 1 ».

On distingue deux types d'opérations :

Opérations de gestion →
elles ***concernent l'activité*** de l'entreprise ; par exemple : les ventes de marchandises, les salaires.
elles ***génèrent un résultat*** :
- les charges, au moment où elles sont constatées, entraînent une perte ;
- les produits, au moment où ils sont constatés, entraînent un bénéfice.

elles ont une ***incidence sur le patrimoine*** :
- les charges appauvrissent le patrimoine ;
- les produits enrichissent le patrimoine.

Opérations de patrimoine →
elles ***ne concernent pas l'activité*** de l'entreprise ; par exemple, l'acquisition d'un matériel à crédit.
elles ***ne génèrent pas de résultat***.
elles ***modifient*** uniquement les éléments constitutifs du patrimoine. Par exemple, l'acquisition d'une immobilisation à crédit augmente simultanément l'actif et le passif de la même somme.

B – L'analyse des opérations

Toutes les opérations influent sur le ***patrimoine*** de l'entreprise mais leurs effets diffèrent selon le type d'opérations :

Opérations de gestion	Opérations de patrimoine
Charges : ***appauvrissement*** / Produits : ***enrichissement*** } du patrimoine	Modification de la structure du patrimoine ; ***résultat immédiat nul***.

Pour comprendre la formation du résultat, chaque opération peut être analysée en répondant aux questions suivantes :

① **Quel est le type de l'opération ?**

② **Quel est le moyen de financement ?**

③ **Quelle est l'utilisation du financement ?**

④ **Quelle est l'incidence de l'opération sur le patrimoine ?**

↓

Enrichissement ?
Appauvrissement ?
Modification de structure ?

Exemple

La société Allin est créée par un apport de 250 000 € déposé en banque. Son bilan de départ (époque « *0* ») se présente comme suit :

Actif — Bilan au 1er avril N — Passif

Actif circulant		**Capitaux propres**	
Disponibilités	250 000	Capital	250 000
Total général	250 000	Total général	250 000

La société emprunte 40 000 € auprès de sa banque.

• Analyse de l'opération

① Type de l'opération : Opération de patrimoine.

② Moyen de financement : Emprunt (augmentation de dettes).

③ Utilisation du financement : Virement des fonds à la banque (augmentation des disponibilités).

④ Incidence sur le patrimoine : Modification de structure (résultat nul).

La société achète des marchandises à crédit pour 3 800 €.

• Analyse de l'opération

①	Type de l'opération :	Opération de gestion.
②	Moyen de financement :	Crédit obtenu du fournisseur (augmentation de dettes).
③	Utilisation du financement :	Achat de marchandises (augmentation des coûts).
④	Incidence sur le patrimoine :	Appauvrissement (diminution de patrimoine).

La société vend des marchandises au comptant, par chèque, pour un montant de 6 400 €.

• Analyse de l'opération

①	Type de l'opération :	Opération de gestion.
②	Moyen du financement :	Vente de marchandises (augmentation des produits).
③	Utilisation du financement :	Dépôt du chèque en banque (augmentation des disponibilités).
④	Incidence sur le patrimoine :	Enrichissement (augmentation de patrimoine).

L'entreprise règle une facture de publicité, par chèque, d'un montant de 1 400 €.

• Analyse de l'opération

①	Type de l'opération :	Opération de gestion.
②	Moyen de financement :	Chèque émis par la société (augmentation des disponibilités).
③	Utilisation du financement :	Frais de publicité (augmentation des coûts).
④	Incidence sur le patrimoine :	Appauvrissement (diminution de patrimoine).

L'entreprise Allin dresse son bilan (époque « *1* ») et son compte de résultat pour déterminer le résultat dégagé par ces quatre opérations.

Voir tableaux page ci-contre.

Bilan au 31 décembre N

Actif		Passif	
Actif circulant		**Capitaux propres**	
Disponibilités[1]	295 000	Capital	250 000
		Résultat[2]	+ **1 200**
		Dettes	
		Dettes financières	
		Emprunt	40 000
		Dettes d'exploitation	
		Fournisseurs	3 800
Total général	295 000	Total général	295 000

Double détermination du résultat

Compte de résultat

Charges	Exercice N	Produits	Exercice N
Charges d'exploitation		**Produits d'exploitation**	
Achats de marchandises	3 800	Ventes de marchandises	6 400
Frais	1 400		
Total I	5 200	Total I	6 400
Charges financières		**Produits financiers**	
Total II		Total II	
Charges exceptionnelles		**Produits exceptionnels**	
Total III		Total III	
Total des charges	5 200	**Total des produits**	6 400
Résultat de l'exercice			
Bénéfice	**1 200**		
Total général	6 400	Total général	6 400

(1) 250 000 + 40 000 + 6 400 – 1 400
(2) (– 3 800 + 6 400 – 1 400)

Le Plan comptable général

Chapitre **3**

1 Généralités

A – Rappel historique

La règlementation comptable évolue en fonction des besoins internes des entreprises et de l'environnement économique national, européen et international.

Les grandes dates concernant la création du Plan comptable général et ses différentes révisions sont les suivantes :

1947 → élaboration par une commission interministérielle du ***premier*** plan comptable.

1957 → simple ***modification*** du Plan comptable général 1947 effectuée par le Conseil supérieur de la comptabilité. L'utilisation ***obligatoire*** de ce Plan ne se fera qu'en 1965.

1979 → le Conseil national de la comptabilité présente le Plan comptable général ***révisé***.

1982 → le Plan comptable général révisé est légèrement ***amendé*** en 1982. Il porte le nom de « Plan comptable général 1982 ». Il est ***applicable*** au 1er janvier 1984.

1986 → le Plan comptable général 1982 subit une ***mise à jour*** et est complété par une méthodologie relative aux ***comptes consolidés***. C'est la 4e édition du Plan comptable général.

1999 → ***réécriture*** « à droit constant » du Plan comptable général. Le texte a été réalisé par le Conseil national de la comptabilité, approuvé par le Comité de la règlementation comptable le 29 avril 1999 et homologué par arrêté interministériel du 26 juin 1999. Il remplace le Plan comptable général 1982.

2000 → ***évolution*** du Plan comptable général vers les normes de l'IASB, par exemple : règlement 2000-06 sur les passifs, règlement 2002-10 sur l'amortissement et la dépréciation des actifs…

2005 → ***refonte*** du Plan comptable général 1999 dans sa structure et son contenu par l'intégration des nouvelles règles comptables applicables, depuis 2005, issues des règlements du Comité de la règlementation comptable.
La profonde modification du Plan comptable général 1999 donne naissance au ***Plan comptable général 2005***.
Depuis cette date, le Plan comptable général fait l'objet d'une évolution permanente et n'est plus en conséquence millésimé.

B – Présentation du Plan comptable général

Le Plan comptable général (***PCG***) regroupe l'ensemble des ***normes comptables***, applicables obligatoirement en France, issues des règles comptables du Plan comptable général 1999, de certains articles du Code de commerce et des avis de l'ex-Conseil national de la comptabilité postérieurs à 1986 à caractère normatif, réexaminés et réécrits « à droit constant » et des règlements adoptés par l'ex-Comité de la réglementation comptable.

Il est présenté sous forme d'***articles*** et contient exclusivement les dispositions relatives à la comptabilité générale.

Le Plan comptable général est applicable à toute entité (toute personne physique ou morale) soumise à l'obligation légale d'établir des comptes annuels. Il fait l'objet d'une ***mise à jour régulière*** par intégration des nouvelles normes adoptées par l'Autorité des normes comptables (voir page 30).

Le Plan comptable général est structuré en titres, chapitres, sections, sous-sections et articles. Son sommaire est composé de cinq titres :

TITRE
- **I** → *objet* et *principe* de la comptabilité.
- **II** → *définition* des actifs, des passifs, des produits et des charges.
- **III** → *règles* de comptabilisation et d'évaluation.
- **IV** → ***tenue***, ***structure*** et ***fonctionnement*** des comptes.
- **V** → *documents* de synthèse.

2 Les principes comptables

Les pratiques d'enregistrement comptable et de présentation des comptes annuels reposent sur des ***principes codifiés*** et inscrits dans le Plan comptable général. Leur objectif est de permettre à la comptabilité générale de remplir les missions énoncées précédemment.

A – Les principes d'image fidèle, de comparabilité et de continuité de l'activité

Article 120-1 du Plan comptable général :

« La comptabilité est un système d'organisation de l'information financière permettant de saisir, classer, enregistrer des données de base chiffrées et présenter des états reflétant une image fidèle du patrimoine, de la situation financière et du résultat de l'entité à la date de clôture.

La comptabilité permet d'effectuer des comparaisons périodiques et d'apprécier l'évolution de l'entité dans une perspective de continuité d'activité ».

Il en résulte :

Principe d'image fidèle → la notion d'image fidèle, introduite par la IVe directive européenne, n'a jamais été clairement définie.
Elle est liée aux principes de régularité et de sincérité. Elle se traduit par l'obligation de présenter l'annexe qui comporte toutes les informations d'importance significative destinées à compléter et à commenter celles données par le bilan et par le compte de résultat.

Principe de comparabilité → le principe de comparabilité est lié au principe d'indépendance des exercices et est assuré par le principe de permanence des méthodes (étudié ci-après).
Le principe d'indépendance des exercices consiste à scinder l'activité de l'entreprise en périodes successives et indépendantes de 12 mois, appelées « exercices ». Le résultat de l'exercice (bénéfice ou perte) est déterminé à la fin de chaque exercice comptable.

Principe de continuité → les comptes annuels doivent être établis et interprétés dans la perspective que l'entité poursuive ses activités.

B – Les principes de régularité et de sincérité

Article 120-2 du Plan comptable général :

« La comptabilité est conforme aux règles et procédures en vigueur qui sont appliquées avec sincérité afin de traduire la connaissance que les responsables de l'établissement des comptes ont de la réalité et de l'importance relative des événements enregistrés ».

Pour obéir au principe de sincérité, les informations comptables doivent donner à leurs utilisateurs une description adéquate, loyale, claire, précise et complète des opérations, événements et situations.

C – Le principe de prudence

> *Article 120-3 du Plan comptable général* :
>
> « La comptabilité est établie sur la base d'appréciations prudentes, pour éviter le risque de transfert, sur des périodes à venir, d'incertitudes présentes susceptibles de grever le patrimoine et le résultat de l'entité ».

Le principe de prudence représente le principe majeur de l'évaluation comptable.
Il conduit notamment à :
- constater les moins-values qui apparaissent à la clôture de l'exercice même si elles sont latentes ;
- n'inscrire dans les comptes annuels que les bénéfices réalisés à la clôture de l'exercice.

D – Le principe de permanence des méthodes

> *Article 120-4 du Plan comptable général* :
>
> « La cohérence des informations comptables au cours des périodes successives implique la permanence dans l'application des règles et procédures.
>
> Toute exception à ce principe de permanence doit être justifiée par un changement exceptionnel dans la situation de l'entité ou par une meilleure information dans le cadre d'une méthode préférentielle ».

Par souci de cohérence des informations comptables, la présentation des comptes annuels et les méthodes d'évaluation retenues ne peuvent être modifiées d'un exercice à l'autre.

L'entreprise peut déroger à ce principe lorsqu'un ***changement exceptionnel*** intervient dans sa situation ou bien pour obtenir ***une meilleure information financière***.

3 La codification comptable

A – Les classes

Le cadre de la comptabilité générale, fixé par le Plan comptable général, s'organise en ***trois parties*** et ***huit classes*** :

- Comptes de bilan : cinq classes ;
- Comptes de gestion : deux classes ;
- Comptes spéciaux : une classe.

Le numéro de chacune des classes constitue le ***premier chiffre*** des numéros de tous les comptes de la classe considérée.

Les classes sont ventilées de la manière suivante :

Les opérations relatives au bilan →	– classe 1 ⇒ comptes de capitaux ; – classe 2 ⇒ comptes d'immobilisations ; – classe 3 ⇒ comptes de stocks et d'en-cours ; – classe 4 ⇒ comptes de tiers ; – classe 5 ⇒ comptes financiers.
Les opérations relatives au résultat →	– classe 6 ⇒ comptes de charges ; – classe 7 ⇒ comptes de produits.

Une troisième partie est constituée par les comptes de la classe 8, utilisés par l'entreprise pour satisfaire à certaines obligations d'information, telles que :

– engagements donnés ou reçus par l'entreprise (avals, cautions...) ;

– affectation du résultat de l'exercice précédent ;

– réouverture et clôture des comptes de l'exercice.

B – La numérotation des comptes

La comptabilité générale a pour objet d'***enregistrer*** toutes les opérations affectant le patrimoine de l'entreprise.

Les ***opérations comptables*** sont portées dans des comptes afin de suivre individuellement leur position. Chaque compte est constitué d'un numéro et d'un intitulé.

Le Plan comptable utilise le principe de la codification numérique ***décimale***.

Cette codification permet :

- de ***trier*** les opérations par grandes catégories (classes) ;
- d'***analyser*** les opérations au sein de chaque catégorie ;
- de ***faciliter*** les regroupements en postes et rubriques.

Les comptes comportent au moins deux chiffres ; le premier chiffre indique la classe.

Plus le numéro du compte comporte de chiffres, plus le compte est précis.

Par exemple :

6	Comptes de charges	→	**Classe**
64	Charges de personnel	→	**Compte principal**
641	Rémunérations du personnel	→	Compte divisionnaire
6411	Salaires, appointements	→	Sous compte

La subdivision maximale prévue est de ***six chiffres*** ; en cas de besoin, l'entreprise peut créer des subdivisions supplémentaires à sept, huit chiffres, voire plus :

Classe (un chiffre) → **Cadre comptable** (deux chiffres) → **Comptes d'ordre** → 3 chiffres / 4 chiffres / 5 chiffres / … chiffres

À NOTER • Employer toujours au minimum les comptes à trois chiffres • Respecter le même système comptable pour des opérations identiques (par exemple : si vous utilisez le compte « 623 Publicité, publications, relations publiques » pour une écriture, vous ne devez pas par la suite vous servir du « 6234 Cadeaux à la clientèle», et vice versa) • Lorsque le plan de comptes de l'entreprise est fourni, utiliser la numérotation et l'intitulé exacts prévus.

C – Les particularités

Certains chiffres composant les numéros des comptes du Plan comptable général ont une signification particulière. Les principales spécificités sont :

Chiffre	Signification
(.0)	Les comptes ayant un zéro (.**0**) final au troisième rang ou suivant sont des comptes de regroupement, par exemple : « 41**0** Clients et comptes rattachés ».
1 à 8	Dans les comptes à deux chiffres, la terminaison (**1 à 8**) a une signification de regroupement, par exemple : « 6**1** Services extérieurs ».
1 à 8	Dans les comptes à trois chiffres, la terminaison (**1 à 8**) a une signification de détail du compte de niveau immédiatement supérieur, par exemple : « 61**1** Sous-traitance générale ».
(.8)	Dans les comptes d'immobilisations au bilan, le chiffre (.**8**) au deuxième rang identifie les amortissements pour dépréciation, par exemple : « 2**8**13 Amortissements des constructions ».

Chiffre	Signification
(.9)	Dans les comptes de bilan, le chiffre (.**9**) au deuxième rang identifie les dépréciations, par exemple : « 3**9**1 Dépréciation des matières premières ».
(..9)	Le neuf (..**9**) au troisième rang d'un compte indique que celui-ci fonctionne en sens inverse par apport aux comptes ayant le même radical à deux chiffres, par exemple : « 60**9** Rabais, remises, ristournes obtenus sur achats »

4 Le plan de comptes

Article 431-1 du Plan comptable général :

« Le résumé du plan de comptes qui présente pour chaque classe la liste des comptes à deux chiffres constitue le cadre comptable ».

Voir tableau page suivante.

Cadre comptable

Comptes de bilan					Comptes de gestion		Comptes spéciaux
Classe 1	**Classe 2**	**Classe 3**	**Classe 4**	**Classe 5**	**Classe 6**	**Classe 7**	**Classe 8**
Comptes de capitaux (capitaux propres, autres fonds propres, emprunts et dettes assimilées)	Comptes d'immobilisations	Comptes de stocks et en-cours	Comptes de tiers	Comptes financiers	Comptes de charges	Comptes de produits	
10. Capital et réserves	20. Immobilisations incorporelles	30. –	40. Fournisseurs et comptes rattachés	50. Valeurs mobilières de placement	60. Achats (sauf 603) 603. Variation des stocks (approvisionnements et marchandises)	70. Ventes de produits fabriqués, prestations de services, marchandises	Cette classe de comptes regroupe les comptes spéciaux qui n'ont pas leur place dans les classes 1 à 7
11. Report à nouveau	21. Immobilisations corporelles	31. Matières premières (et fournitures)	41. Clients et comptes rattachés	51. Banques, établissements financiers et assimilés	61. Services extérieurs	71. Production stockée (ou déstockage)	
12. Résultat de l'exercice	22. Immobilisations mises en concession	32. Autres approvisionnements	42. Personnel et comptes rattachés	52. Instruments de Trésorerie	62. Autres services extérieurs	72. Production immobilisée	
13. Subventions d'investissement	23. Immobilisations en cours	33. En-cours de production de biens	43. Sécurité sociale et autres organismes sociaux	53. Caisse	63. Impôts, taxes et versements assimilés		
14. Provisions réglementées	24. –	34. En-cours de production de services	44. État et autres collectivités publiques	54. Régies d'avance et accréditifs	64. Charges de personnel	74. Subventions d'exploitation	
15. Provisions	25. –	35. Stocks de produits	45. Groupe et associés	55. –	65. Autres charges de gestion courante	75. Autres produits de gestion courante	
16. Emprunts et dettes assimilées	26. Participations et créances rattachées à des participations	36. –	46. Débiteurs divers et créditeurs divers	56. –	66. Charges financières	76. Produits financiers	
17. Dettes rattachées à des participations	27. Autres immobilisations financières	37. Stocks de marchandises	47. Comptes transitoires ou d'attente	57. –	67. Charges exceptionnelles	77. Produits exceptionnels	
18. Comptes de liaison des établissements et sociétés en participation	28. Amortissements des immobilisations	38. –	48. Comptes de régularisation	58. Virements internes	68. Dotations aux amortissements, dépréciations et provisions	78. Reprises sur amortissements, dépréciations et provisions	
19. –	29. Dépréciations des immobilisations	39. Dépréciations des stocks et en-cours	49. Dépréciations des comptes de tiers	59. Dépréciations des comptes financiers	69. Participation des salariés, impôts sur les bénéfices et assimilés	79. Transfert de charges	

5 La correspondance du cadre comptable avec les tableaux de synthèse

Chaque rubrique du bilan et du compte de résultat regroupe, selon sa nature, des comptes issus d'une même classe ou de plusieurs classes :

Comptes de bilan

Bilan

Actif immobilisé Classe 2	Capitaux propres Classe 1
	Bénéfice (+) Compte 120 Perte (–) Compte 129
Actif circulant Classes 3, 4, 5	Dettes Classes 1, 4, 5
Total	**Total**

Comptes de résultat

Compte de résultat

Charges d'exploitation Comptes 60 à 65 + 681	Produits d'exploitation Comptes 70 à 75 + 781
Charges financières Comptes 66 + 686	Produits financiers Comptes 76 + 786
Charges exceptionnelles Comptes 67 + 687	Produits exceptionnels Comptes 77 + 787
Résultat de l'exercice (bénéfice) Compte 120	Résultat de l'exercice (perte) Compte 129
Total	**Total**

Double détermination du résultat

Résultat du bilan = Résultat du compte de résultat

À NOTER • Il existe une symétrie entre la codification des comptes de charges et celles des produits permettant une analyse par activité ; par exemple : « 66 Charges financières » et « 76 Produits financiers ».

6 Les aménagements particuliers du Plan comptable général

A – Les aménagements

Le Plan comptable général peut s'aménager en :

Plan comptable professionnel

Plan comptable général adapté à un secteur d'activité (plan comptable de l'hôtellerie, plan comptable du bâtiment...).

Plan comptable de l'entreprise

Plan comptable de l'entreprise établi par référence au plan comptable professionnel ou au Plan comptable général par défaut.

B – Les systèmes de présentation

Le Plan comptable général prévoit (article 432-1) ***trois systèmes*** de présentation des comptes qui permettent de détailler plus ou moins les informations :

Système de base →

système de ***droit commun*** comportant les dispositions minimales que doivent tenir les entreprises de moyenne ou grande taille ;

les comptes à utiliser dans ce système sont les comptes imprimés en caractères normaux.

Système abrégé →

système comportant les ***dispositions minimales*** des entreprises dont la taille ne justifie pas une présentation selon le système de base ;

les comptes à utiliser dans ce système sont les comptes imprimés en caractères gras exclusivement.

Système développé →

système ***facultatif*** qui propose un bilan et un compte de résultat plus détaillés complétés d'un tableau des soldes intermédiaires de gestion, d'un modèle de la détermination de la capacité d'autofinancement et d'un tableau de financement ;

les comptes à utiliser dans ce système sont les comptes du système de base et les comptes imprimés en caractères italiques.

Le mécanisme de la partie double

Chapitre **4**

1 Principes

L'article 410-5 du Plan comptable général définit le compte comme « la plus petite unité retenue pour le classement et l'enregistrement des opérations comptables ». Il permet de suivre en détail l'***évolution en termes monétaires*** d'un élément constitutif du patrimoine ou d'un élément de l'activité de l'entreprise.

Les opérations sont enregistrées dans les comptes dont l'intitulé correspond à leur ***nature***. Elles sont évaluées en principe avec la ***même unité***.

Toute opération comptable s'analyse en ***deux flux*** dont l'un est une ***ressource*** et l'autre un ***emploi***. Chaque nature de flux concerne un ou plusieurs comptes.

2 Le compte

A – Présentation

Le compte se présente sous la forme d'un ***tableau à deux colonnes***. Par convention, pour tous les comptes, qu'ils soient de situation (bilan) ou de gestion (compte de résultat) :

– la partie gauche s'intitule ***débit*** ;

– la partie droite s'intitule ***crédit***.

Une présentation schématique, dite en « *T* », est utilisée dans les ouvrages de comptabilité ou pour effectuer des exercices par mesure de simplification.

Débit	Crédit

La présentation la plus courante en comptabilité informatisée est la suivante :

512 – Banques			
Dates	Libellés	Débit	Crédit

B – La nature des soldes

Un solde est la ***différence*** entre le ***total*** des sommes portées au ***débit*** et le ***total*** des sommes portées au ***crédit*** au cours d'une période donnée :

Total débit – Total crédit = **Solde**

Un solde n'est ***jamais négatif***, c'est-à-dire précédé du signe (–).

Un solde peut avoir trois natures différentes, selon l'importance des totaux :

Total débit = Total crédit → Solde nul

Total débit > Total crédit → Solde débiteur

Total crédit > Total débit → Solde créditeur

Le ***solde*** renseigne sur la ***situation*** d'un compte à une date donnée. C'est le solde de chaque compte qui est repris en fin d'exercice pour établir le compte de résultat et le bilan.

C – La clôture et la réouverture du compte

À la fermeture du compte, le solde se trouve du côté opposé à celui de sa nature de manière à respecter l'égalité :

Total débit = Total crédit

En conséquence :

– le solde débiteur est porté au crédit du compte ;

– le solde créditeur est porté au débit du compte.

À la réouverture du compte, le solde se trouve toujours du côté de sa nature :

– le solde débiteur est porté au débit du compte ;

– le solde créditeur est porté au crédit du compte.

Par exemple :

Caisse

Débit	Crédit
1 000	1 000
500	750
3 000	750
	SD 2 000
4 500	4 500
SD 2 000	

Fermeture du compte

Fournisseurs

Débit	Crédit
1 000	5 500
1 500	
1 500	
SC 1 500	
5 500	5 500
	SC 1 500

Réouverture : solde à nouveau

Clients

Débit	Crédit
1 500	500
500	1 500
2 000	2 000

Solde nul

À NOTER • Lorsque le solde d'un compte est nul, ce compte est dit « Soldé ».

3 La partie double

A – Principe

L'objet de la comptabilité est d'enregistrer toutes les opérations de l'entreprise qui modifient son patrimoine afin de pouvoir avoir ultérieurement :

- une image fidèle de son patrimoine ⇒ fournie par ***le bilan*** ;
- un film de son activité ⇒ donné par ***le compte de résultat***.

L'activité économique de l'entreprise se traduit par des échanges et des transactions avec des tiers, appelés ***opérations***.

Le principe de la partie double est défini par le Plan comptable général :

> *Article 420-1 du Plan comptable général* :
> « Les écritures sont passées selon le système dit « en partie double ». Dans ce système, tout mouvement ou variation enregistré en comptabilité est représenté par une écriture qui établit une équivalence entre ce qui est porté au débit et ce qui est porté au crédit des différents comptes affectés par cette écriture ».

B – L'analyse comptable des opérations : emploi / ressource

1) L'analyse des flux

Chaque opération se caractérise par un ***double flux*** :

– un flux de biens ou services ;

– un flux monétaire ou financier.

L'entreprise distingue :

→ les mouvements de biens ou de services ⇒ le flux est dit ***réel*** ;
→ le transfert de monnaie (liquidités, chèque, traite…) ⇒ le flux est dit ***financier***.

Par exemple, la société Millet achète des marchandises au comptant à la société Rice :

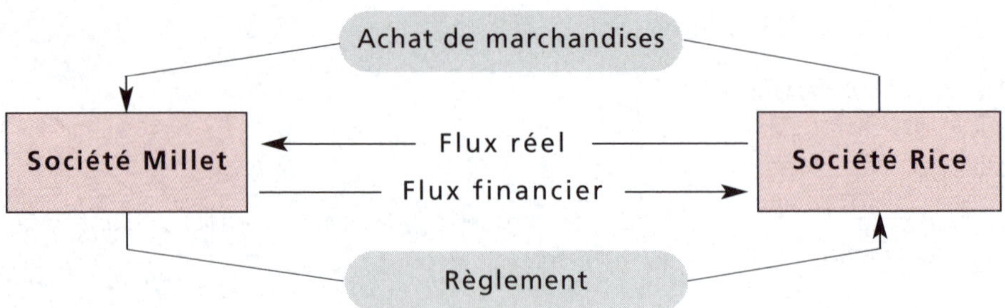

Ces opérations se répètent un grand nombre de fois au cours de l'activité de l'entreprise.

Le travail comptable consiste à analyser et à interpréter ces opérations ou ces flux.

La comptabilité les classe d'après leur nature ; par exemple : acquisitions de moyens d'exploitation, achats de marchandises, ventes de marchandises…

Pour chacune des opérations réalisées par l'entreprise, on distingue :

La ressource	**L'emploi**
Elle représente le ***moyen de financement*** : l'origine du flux.	Il représente l'***utilisation du financement*** : la destination du flux.

Par exemple, pour un achat de marchandises règlé au comptant par chèque, nous distinguons :

La ressource ⟶ le moyen de financement est matérialisé par le chèque.

L'emploi ⟶ l'utilisation du financement est concrétisée par l'achat de marchandises.

La ***ressource*** peut être, selon la nature de l'opération, un flux de biens ou services, ou un flux financier.

L'***emploi*** peut être, selon la nature de l'opération, un flux de biens ou services, ou un flux financier.

La ressource est toujours un ***moyen de financement*** et l'emploi est toujours une ***utilisation de financement***.

De l'analyse des opérations en « Emploi / Ressource » découle l'égalité économique suivante pour chaque opération :

Emplois = Ressources

En effet, à chaque ressource correspond un emploi.

2) L'imputation des opérations dans les comptes

Les opérations comptables s'enregistrent dans les comptes affectés à chaque catégorie d'opérations par le Plan comptable général.

Chaque opération est comptabilisée sous ***deux aspects*** : la ressource et l'emploi et, par conséquent, ***dans deux comptes*** différents au minimum :

– un compte qui enregistre la ressource ;

– un compte qui enregistre l'emploi.

Par convention :

– ***toutes les ressources s'inscrivent au crédit*** des comptes (partie droite du tableau) :

Débit	Crédit
	Ressource

– ***tous les emplois s'inscrivent au débit des comptes*** (partie gauche du tableau) :

Débit	Crédit
Emploi	

Nous constatons pour chaque opération :

Débit	=	Crédit
Emploi	=	Ressource

À NOTER • Pour mémoriser la convention « Emploi au débit » et « Ressource au crédit », noter le principe mnémotechnique suivant :

D comme ***débit***
E comme ***emploi*** } Ce sont les deux premières lettres du mot ***débit***.

C comme ***crédit***
R comme ***ressource*** } Ce sont les deux premières lettres du mot ***crédit***.

3) Les étapes de la traduction comptable

Les étapes de l'analyse comptable peuvent se résumer ainsi :

① **Déterminer** ⟶ la ressource et l'emploi de l'opération.

② **Identifier** ⟶ les comptes concernés par le Plan comptable général.

③ **Mouvementer** ⟶ les comptes :
- ⟶ Ressource = Crédit ;
- ⟶ Emploi = Débit.

④ **Vérifier** ⟶ l'égalité comptable : Débit = Crédit.

Exemple

Achats de marchandises pour 5 000 €, règlement par chèque bancaire.

Emploi	Ressource	Traduction comptable
Quelle est l'utilisation du financement ? L'achat de marchandises.	*Quel est le moyen de financement ?* Le chèque bancaire.	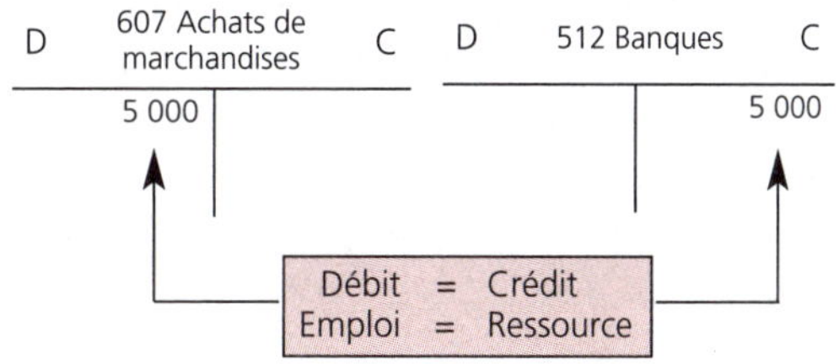

Ventes de marchandises à crédit : 118 000 €.

Emploi	Ressource	Traduction comptable
Quelle est l'utilisation du financement ? Le crédit accordé au client.	*Quel est le moyen de financement ?* La vente de marchandises.	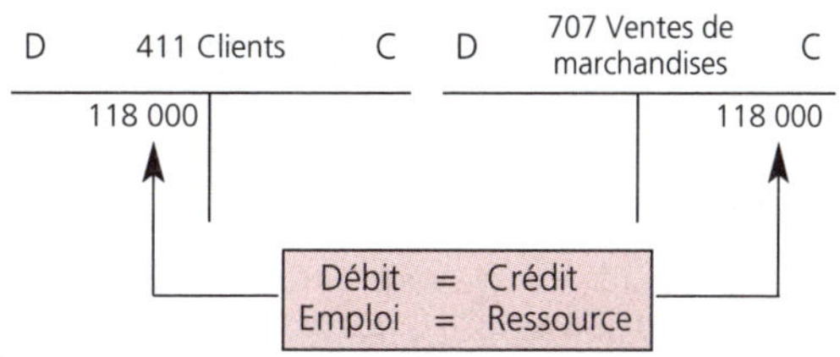

Acquisition d'une camionnette à crédit : 16 500 €.

Emploi	Ressource	Traduction comptable
Quelle est l'utilisation du financement ? L'acquisition de la camionnette.	*Quel est le moyen de financement ?* Le crédit accordé par le fournisseur.	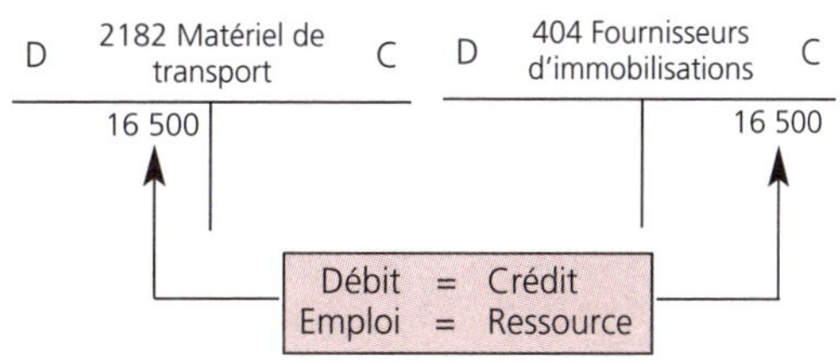

Une même opération peut se caractériser par :

– un ou plusieurs emplois : il faudra alors débiter un ou plusieurs comptes ;

– une ou plusieurs ressources : il faudra alors créditer un ou plusieurs comptes.

C – La partie double et la double détermination du résultat

1) Principe

Les comptes enregistrent en valeur monétaire les mouvements des opérations :

– mouvements qui ***augmentent*** la valeur des comptes ;

– mouvements qui ***diminuent*** la valeur des comptes.

Le mécanisme de la partie double peut également s'expliquer à partir de l'égalité fondamentale étudiée précédemment :

$$\textbf{Résultat} = \underbrace{\text{Produits} - \text{Charges}}_{\text{Compte de résultat}} = \underbrace{\text{Actif} - \text{Passif}}_{\text{Bilan}}$$

d'où la relation suivante :

$$\text{Charges} + \text{Actif} = \text{Produits} + \text{Passif}$$

2) L'imputation des opérations dans les comptes

Pour respecter les relations énoncées ci-dessus, il est nécessaire :

– que les comptes de ***charges et d'actif fonctionnent de la même manière*** ;

– que les comptes de ***produits et de passif fonctionnent de la même manière***, mais en sens inverse des comptes de charges et d'actif.

Par convention :

– ***les comptes d'actif et les comptes de charges représentent des emplois :***
  → ils augmentent au débit ;
  → ils diminuent au crédit.

Comptes d'actif
Comptes de charges

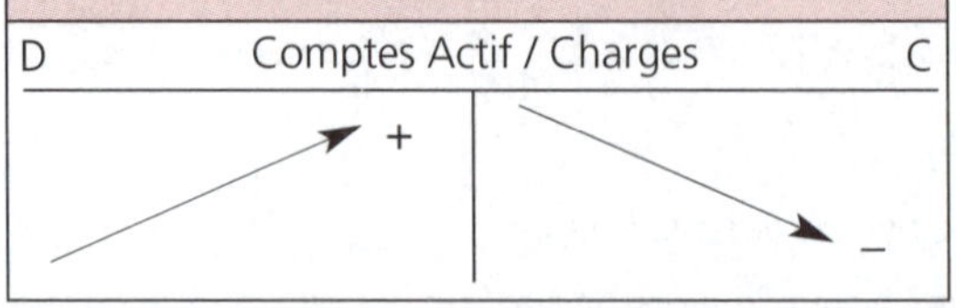

– *les comptes de passif et les comptes de produits représentent des ressources* :
→ ils augmentent au crédit ;
→ ils diminuent au débit.

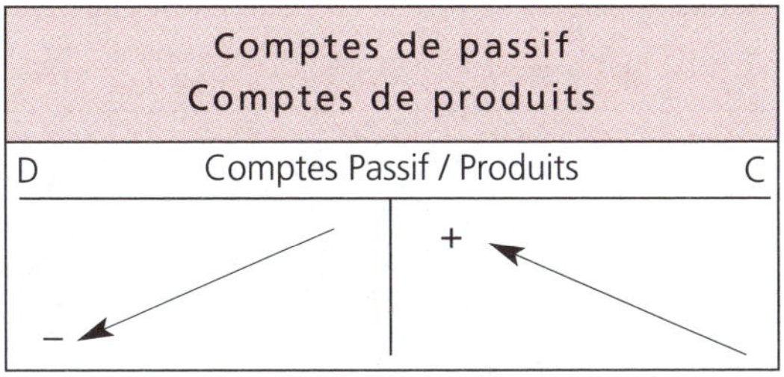

3) Les étapes de la traduction comptable

Les étapes de l'analyse comptable peuvent se résumer ainsi :

① **Identifier** → les comptes concernés par le Plan comptable général.

② **Rechercher** → leur appartenance à un tableau de synthèse.

③ **Mouvementer** → les comptes en appliquant les règles de fonctionnement.

④ **Vérifier** → l'égalité comptable : Débit = Crédit.

Exemple

Emprunt auprès de la banque : 40 000 €.

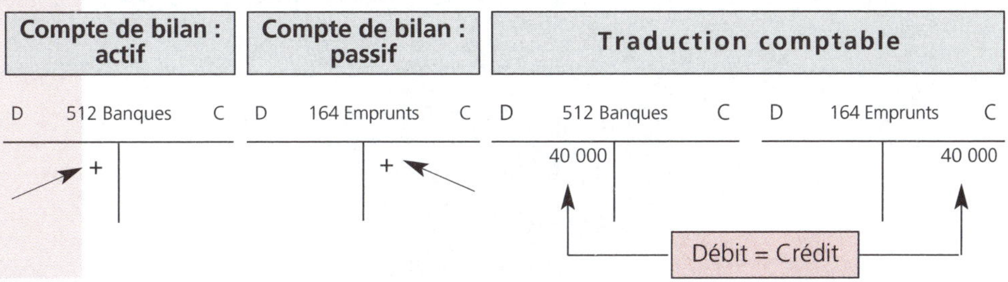

Achat de marchandises à crédit : 6 000 €.

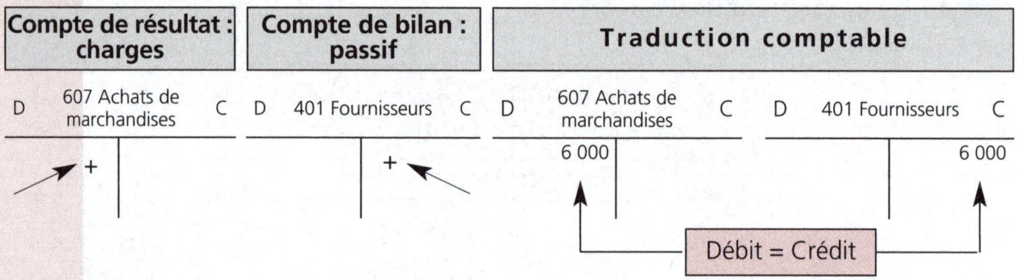

Achat de timbres poste payé en espèces : 20 €.

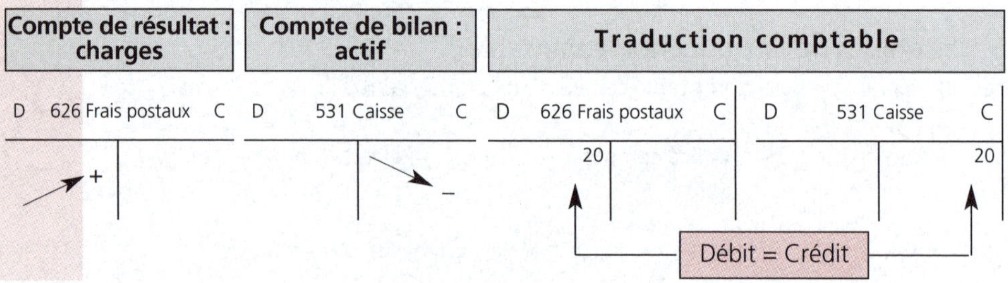

À NOTER • Une opération n'entraîne pas systématiquement une augmentation d'un compte et une diminution d'un autre compte • Deux comptes concernant la même opération peuvent augmenter ou diminuer ensemble. Par contre, dans tous les cas, on constate au minimum, un compte débité et un autre compte crédité • À tout compte de charges débité ou crédité correspond un compte de bilan crédité ou débité • À tout compte de produits crédité ou débité correspond un compte de bilan débité ou crédité • Deux comptes de bilan peuvent fonctionner entre eux.

L'organisation comptable de base

Chapitre **5**

1 Généralités

L'organisation comptable de l'entreprise se matérialise par l'adoption d'un plan de comptes, le choix des supports et des procédures de traitement.

> *Article 410-6 du Plan comptable général* :
> « Toute entité tient un livre-journal, un grand livre et un livre d'inventaire. Des documents informatiques écrits peuvent tenir lieu de livre-journal et de livre d'inventaire s'ils sont identifiés, numérotés et datés dès leur établissement par des moyens offrant toute garantie en matière de preuve ».

A – Le système de traitement

Le Plan comptable général prévoit, à l'article 410-2, l'obligation pour toute entreprise d'établir une documentation décrivant les procédures et l'organisation comptable afin de comprendre et de contrôler le système de traitement utilisé.

L'organisation du ***système de traitement*** doit permettre de :

Reconstituer

↓

À partir des pièces justificatives, les éléments des comptes, états et renseignements soumis à la vérification.

Retrouver

↓

À partir des comptes, états et renseignements les données et les pièces justificatives.

À NOTER • Le décret 2002-312 a supprimé l'obligation de la cote et du paraphe des livres comptables.

B – Les pièces justificatives

Les documents fournissent les données introduites dans le système d'organisation comptable. Ils s'intitulent alors ***pièces justificatives***.

> *Article 420-3 du Plan comptable général* :
> « Chaque écriture s'appuie sur une pièce justificative datée, établie sur papier ou sur un support assurant la fiabilité, la conservation et la restitution en clair de son contenu pendant les délais requis ».

Les pièces justificatives sont créées :

- par l'entreprise comme ***documents internes*** (factures destinées aux clients, pièces de caisse, concernant les encaissements et décaissements en espèces, bulletins de paie, chèques et ordres de virement établis par l'entreprise...) ;
- par des tiers comme ***documents externes*** (factures émises par les fournisseurs, extraits de compte expédiés par les banques, chèques reçus des clients...).

Elles doivent être conservées pendant dix ans.

2 Présentation du système classique

L'organisation comptable de base, appelée système classique, se présente comme suit :

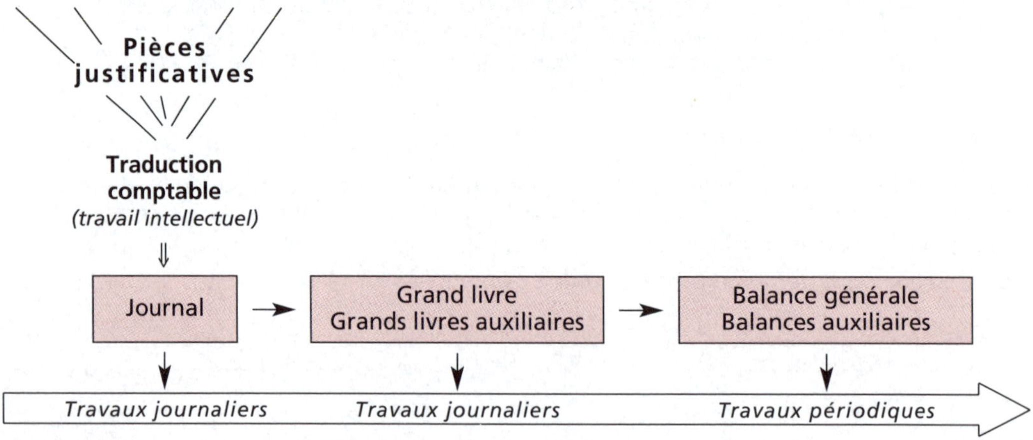

3 Le journal

Le livre-journal, couramment appelé le ***journal***, est un registre ou livre comptable à colonnes destiné à enregistrer au jour le jour, c'est-à-dire ***chronologiquement***, les opérations matérialisées par des pièces justificatives.

Chaque écriture doit comporter les renseignements suivants :

– ***date*** de l'opération ;

– les ***numéros*** et les ***intitulés*** des comptes mouvementés (issus du Plan comptable général) ;

– le (ou les) montant(s) porté(s) au ***débit*** ;

– le (ou les) montant(s) porté(s) au ***crédit*** ;

– le libellé (nature et référence de la pièce justificative et nom du tiers concerné).

La présentation classique au journal d'une écriture, dénommé « ***article*** », est la suivante :

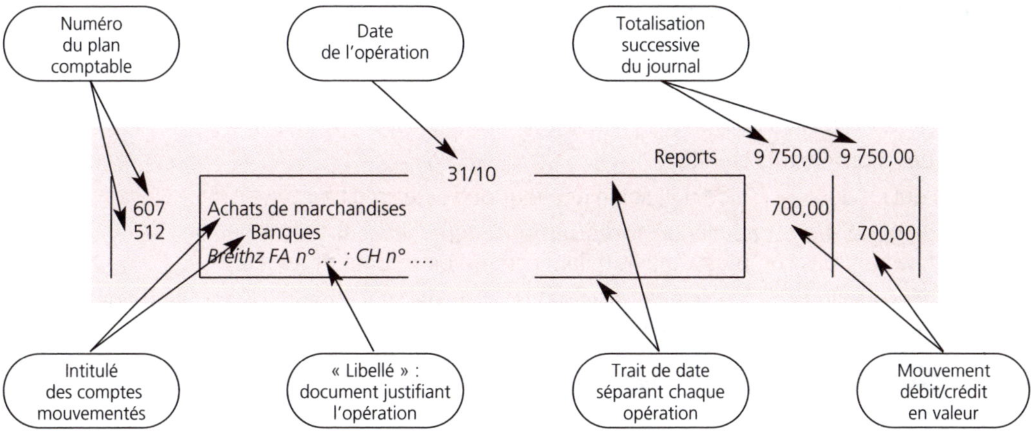

L'égalité :

Colonne débit = Colonne crédit

doit toujours être respectée, ce qui prouve que le principe de la « ***partie double*** » a bien été appliqué.

Le ***caractère définitif*** des enregistrements du journal est assuré par l'absence de tout blanc ou altération de toute sorte.

4 Le grand livre

Le grand livre ***est l'ensemble des comptes*** d'une entreprise. Les comptes sont alimentés en renseignements à partir du journal. Le grand livre éclate donc les renseignements chronologiques du journal par nature d'opérations, dans les différents comptes concernés.

Le grand livre peut être détaillé en plusieurs ***grands livres auxiliaires (GLA)*** regroupant un ensemble de comptes individuels (fournisseurs, clients…) selon les besoins de l'entreprise.

Les entreprises tiennent, au minimum, deux grands livres auxiliaires, celui des clients et celui des fournisseurs afin de connaître la situation particulière de chacun.

5 La balance

A – Principe

La balance générale est un tableau dans lequel sont reportés les comptes du grand livre dans l'***ordre du Plan comptable général***, avec pour chacun d'eux :

– le numéro du Plan comptable général ;

– l'intitulé exact ;

– le total des mouvements débit ;

– le total des mouvements crédit ;

– le solde qui en découle (solde nul, solde débiteur ou solde créditeur).

La ***balance générale*** est établie ***périodiquement***, généralement tous les mois. Elle est à la base de l'établissement des comptes annuels (bilan, compte de résultat et annexe).

Les ***balances auxiliaires*** (ou relevés nominatifs) sont des documents récapitulatifs de tous les comptes de tiers individuels ; elles sont établies à partir des grands livres auxiliaires.

B – La présentation de la balance

La balance se présente ainsi :

Numéros	Intitulés	Mouvements		Soldes	
		Débit	Crédit	Créditeur	Débiteur

La balance correspond à une simple opération de regroupement, en un ***tableau unique***, de tous les comptes ouverts, par l'entreprise, dans son grand livre.

C – Les contrôles

Les vérifications arithmétiques suivantes peuvent être effectuées :

Total des débits = Total des crédits	→ égalité issue du principe de la partie double.

Total des mouvements **=** **Total du journal**	→ égalité issue du report des écritures du journal dans le grand livre.
Total des soldes débiteurs **=** **Total des soldes créditeurs**	→ égalité issue du report du grand livre à la balance.

En outre, les soldes doivent être égaux aux ***existants réels***, par exemple :

– le solde du compte « 512 Banques » doit correspondre au solde du relevé bancaire ;

– le solde du compte « 530 Caisse » doit correspondre aux espèces détenues en caisse ;

– …

À NOTER • La balance ne permet pas d'affirmer l'exactitude du choix des imputations comptables.

D – L'utilité de la balance

La balance est aussi un outil d'appréciation de :

La situation patrimoniale de l'entreprise	**L'activité de l'entreprise**
↓	↓
Classes 1 à 5 Étude des comptes de bilan.	Classes 6 et 7 Étude des comptes de gestion.

En outre, elle permet d'étudier ***l'évolution ou la situation*** de certains comptes fondamentaux tels que les comptes de trésorerie, les comptes constitutifs du chiffre d'affaires ou encore d'avoir un aperçu du résultat.

6 Illustration du système classique

L'articulation des documents comptables du système classique se présente comme suit :

Voir schéma page suivante.

Journal	Grand livre	Balance

Journal

	Reports	90 000	90 000
607	Achats de mses	8 000	
401	Fournisseurs		8 000
	Dupond FA n°; Myriam FA n°		
411	Clients	7 000	
707	Vente de mses		7 000
	Jouvet FA n°; Rose FA n°		
401	Fournisseurs	2 000	
512	Banques		2 000
	Myriam CH n°		
607	Achats de mses	6 500	
401	Fournisseurs		6 500
	Louis FA n°; Myriam FA n°		
514	Chèques Postaux	4 500	
411	Clients		4 500
	Jouvet CH n°; Rose CH n°		
411	Clients	8 400	
707	Vente de mses		8 400
	Rose FA n°; Mario FA n°		
401	Fournisseurs	3 500	
512	Banques		3 500
	Louis CH n°; Myriam CH n°		
	À reporter	129 900	129 900

Grand livre

707

512

411	
7 000	4 500
8 400	**10 900 SD**
15 400	15 400

401	
2 000	8 000
3 500	6 500
SC 9 000	
14 500	14 500

Grand livre auxiliaire des Fournisseurs

DUPOND		MYRIAM		LOUIS	
SC 5 000	5 000	2 000	3 000	1 000	5 000
		2 500	1 500	**SC 4 000**	
5 000	5 000	4 500	4 500	5 000	5 000

Grand livre auxiliaire des Clients

JOUVET		ROSE		MARIO	
4 500	2 000	2 500	2 500	4 400	**4 400 SD**
	2 500 SD	4 000	**4 000 SD**		
4 500	4 500	6 500	6 500	4 400	4 400

Balance

Balance

Comptes	Mouvements		Soldes	
1				
20				
....				
401 Fournisseurs	5 500	14 500		**9 000**
411 Clients......	15 400	4 500	**10 900**	
512 Banques...				
514 CCP				
....				
707 Ventes......				
	129 000	129 000	45 000	45 000

Balance auxiliaire Fournisseurs

Noms	Mouvements		Soldes
DUPOND		5 000	**5 000**
MYRIAM	4 500	4 500	–
LOUIS.............	1 000	5 000	**4 000**
....	5 500	14 500	**9 000**

Balance auxiliaire Clients

Noms	Mouvements		Soldes
JOUVET	4 500	2 000	**2 500**
ROSE..............	6 500	2 500	**4 000**
MARIO	4 400	–	**4 400**
....	15 400	4 500	**10 900**

Exemple

1er juin N : l'entreprise La Jonction est créée par :

– des apports de 1 000 000 € ;

– un emprunt de 500 000 €.

Les fonds sont virés au compte bancaire de l'entreprise.

3 juin N : l'entreprise acquiert au comptant, par chèque bancaire :
- un bâtiment à usage commercial : 600 000 € ;
- du matériel de bureau : 45 000 € ;
- du mobilier de bureau : 15 000 € ;
- de l'outillage divers : 115 000 € ;

5 juin N : l'entreprise achète à crédit des marchandises pour 12 000 € à Plouvier.

8 juin N : retrait d'espèces de la banque pour alimenter la caisse : 5 000 €.

10 juin N : l'entreprise vend à crédit des marchandises pour 3 700 € à Hamon et pour 4 500 € à Criou.

12 juin N : l'entreprise règle sa campagne publicitaire par chèque bancaire d'un montant de 18 500 €.

13 juin N : le client Criou envoi un chèque de 4 500 € pour régler sa dette.

15 juin N : l'entreprise règle son fournisseur Plouvier pour solde, par virement bancaire.

19 juin N : le client Hamon expédie un chèque de 1 700 € pour régler sa dette.

22 juin N : l'entreprise achète des marchandises à crédit à Loct pour 8 200 € et à Tudy pour 6 500 €.

23 juin N : l'entreprise règle, en espèces, l'achat de 300 € de timbres-poste.

24 juin N : un virement bancaire de 5 000 € est effectué à l'ordre de notre fournisseur Loct.

30 juin N : l'entreprise vend à crédit pour 8 900 € de marchandises au client Dupuis.

Comptabiliser les opérations d'après le système classique, et présenter les balances.

• Journal

Compte	Libellé	Débit	Crédit
	1/6/N		
512	Banques	1 500 000	
101	Capital		1 000 000
164	Emprunts auprès des établissements de crédit		500 000
	Constitution de l'entreprise		
	3/6/N		
2131	Bâtiments	600 000	
215	Installations techniques, matériel et outillage industriels	115 000	
2183	Matériel de bureau et matériel informatique	45 000	
2184	Mobilier	15 000	
512	Banques		775 000
	Acquisition du fonds de commerce, CH n° …		
	5/6/N		
607	Achats de marchandises	12 000	
401	Fournisseurs		12 000
	Plouvier FA n° …		
	8/6/N		
530	Caisse	5 000	
512	Banques		5 000
	Retrait espèces PC n° …		
	Reports	2 292 000	2 292 000

Compte débité	Compte crédité	Libellé	Débit	Crédit
		Reports	2 292 000	2 292 000
		10/6/N		
411		Clients	8 200	
	707	Ventes de marchandises		8 200
		Hamon FA n° … ; Criou FA n° …		
		12/6/N		
623		Publicité, publications, relations publiques	18 500	
	512	Banques		18 500
		CH n° … ; FA n° …		
		13/6/N		
512		Banques	4 500	
	411	Clients		4 500
		Criou CH n° …		
		15/6/N		
401		Fournisseurs	12 000	
	512	Banques		12 000
		Plouvier VIR n° …		
		19/6/N		
512		Banques	1 700	
	411	Clients		1 700
		Hamon CH n° …		
		22/6/N		
607		Achats de marchandises	14 700	
	401	Fournisseurs		14 700
		Loct FA n° … ; Tudy FA n° …		
		23/6/N		
626		Frais postaux et de télécommunications	300	
	530	Caisse		300
		PC n° … ; FA n°…		
		24/6/N		
401		Fournisseurs	5 000	
	512	Banques		5 000
		Loct VIR n° …		
		30/6/N		
411		Clients	8 900	
	707	Ventes de marchandises		8 900
		Dupuis FA n° …		
		Totaux	2 365 800	2 365 800

Pour chaque article, nous avons :

Débit = Crédit

À la fin du mois de juin, le journal présente l'égalité :

Total débit = Total crédit

2 365 800 = 2 365 800

• Grand livre

2131	
600 000	

215	
115 000	

512	
1 500 000	775 000
4 500	5 000
1 700	18 500
	12 000
	5 000

530	
5 000	300

101	
	1 000 000

623	
18 500	

401	
12 000	12 000
5 000	14 700

2183	
45 000	

411	
8 200	4 500
8 900	1 700

707	
	8 200
	8 900

2184	
15 000	

623	
18 500	

164	
	500 000

626	
300	

607	
12 000	
14 700	

• Grands livres auxiliaires

Grand livre auxiliaire Fournisseurs

Plouvier	
12 000	12 000

Loct	
5 000	8 200

Tudy	
	6 500

Grand livre auxiliaire Clients

Hamon	
3 700	1 700

Criou	
4 500	4 500

Dupuis	
8 900	

• Balance

Balance générale au 30 juin N

N°	Intitulés des comptes	Mouvements		Soldes	
		Débit	Crédit	Débiteur	Créditeur
101	Capital		1 000 000		1 000 000
164	Emprunts auprès des établissements de crédit		500 000		500 000
2131	Bâtiments	600 000		600 000	
215	Installations techniques, matériel et outillage industriels	115 000		115 000	
2183	Matériel de bureau et matériel informatique	45 000		45 000	
2184	Mobilier	15 000		15 000	
401	Fournisseurs	17 000	26 700		9 700
411	Clients	17 100	6 200	10 900	
512	Banques	1 506 200	815 500	690 700	
530	Caisse	5 000	300	4 700	
607	Achats de marchandises	26 700		26 700	
623	Publicité, publications, relations publiques	18 500		18 500	
626	Frais postaux et de télécommunications	300		300	
707	Ventes de marchandises		17 100		17 100
	Totaux	2 365 800	2 365 800	1 526 800	1 526 800

Les égalités suivantes sont constatées :

Mouvements débit = Mouvements crédit

2 365 800 = 2 365 800

Soldes débiteurs = Soldes créditeurs

1 526 800 = 1 526 800

Total des mouvements = Total du journal

2 365 800 = 2 365 800

• Balances auxiliaires

Balance auxiliaire des fournisseurs

401..	Plouvier	12 000	12 000	
401..	Loct	5 000	8 200	3 200
401..	Tudy		6 500	6 500
		17 000	26 700	9 700

Balance auxiliaire des clients

411..	Hamon	3 700	1 700	2 000
411..	Criou	4 500	4 500	
411..	Dupuis	8 900		8 900
		17 100	6 200	10 900

Le système centralisateur

Chapitre
6

1 L'organisation du système centralisateur

Pour des raisons d'organisation et de division du travail, l'entreprise est amenée à diviser le journal enregistrant jour par jour les opérations de l'entreprise, en ***plusieurs journaux***, appelés journaux ***divisionnaires*** ou ***auxiliaires***.

Le journal garde alors un rôle ***centralisateur*** en fin de mois.

L'organisation comptable est plus ou moins complexe selon la taille et l'activité de l'entreprise.

A – Les journaux divisionnaires

Un journal divisionnaire est toujours ***spécialisé*** dans un type d'écritures (le journal des achats, le journal des ventes, le journal de trésorerie…).

Il exprime le ***détail des opérations enregistrées*** par ordre chronologique d'après les pièces justificatives, et en partie double.

D'une manière générale, il y a lieu d'ouvrir un journal divisionnaire toutes les fois qu'une opération se répète chaque jour.

En revanche, lorsqu'une opération a une fréquence d'une à deux fois par mois, elle est enregistrée dans un ***journal spécial*** intitulé : « Journal divisionnaire des opérations diverses (OD) » (on y enregistre par exemple : les salaires, les charges sociales, les déclarations de TVA, les écritures d'inventaire…).

L'organisation comptable de base du système centralisateur est la suivante :

Toute entreprise possède au minimum

↓ Un journal des achats
↓ Un journal des ventes
↓ Un journal de banque et caisse
↓ Un journal des opérations diverses

B – La présentation des journaux divisionnaires

Les journaux doivent comporter des éléments d'information pour répondre aux obligations légales :

- date ;
- nature et référence de la pièce justificative ;
- numéro et intitulé des comptes mouvementés ;
- montant.

Les tracés manuels de journaux divisionnaires peuvent être présentés comme suit :

Journal divisionnaire des ventes

Date	Libellé	Documents		À débiter		À créditer					
		Nature	N°	411	665	701	706	707	44571	Divers	
										Somme	N°

Journal divisionnaire de caisse dépenses

Date	Libellé	Documents		À créditer	À débiter						
		Nature	N°	530	606	621	622	6..	44566	Divers	
										Somme	N°

À NOTER • Aucune présentation normalisée n'est imposée pour le tracé des journaux divisionnaires. Seul le principe de la « partie double » doit être respecté.

C – Les comptes de virements internes

Lorsqu'une ***opération*** concerne ***plusieurs journaux*** divisionnaires, par exemple un versement d'espèces en banque, il y a lieu d'utiliser dans chaque journal le compte « 58 Virements internes » afin d'éviter d'enregistrer deux fois l'opération.

Les comptes de virements internes sont des ***comptes de liaison*** utilisés pour la comptabilisation pratique d'opérations au terme desquelles ils doivent se trouver ***soldés***.

Exemple

L'entreprise Lebis dépose sur son compte bancaire 12 500 € en espèces.

Comptabiliser cette opération dans les journaux divisionnaires.

- Comptabilisation dans les journaux

Deux journaux sont concernés par cette opération :
– le journal de « Banques recettes » ;
– le journal de « Caisse dépenses ».
Il s'avère nécessaire d'utiliser le compte « 58 Virements internes ».

Journal « Banques – Recettes » (BQ) du 1/06 au 30/06

Date	T	N°	Libellé	Compte	Intitulé	Débit	Crédit
					REPORT au 01.06		
25.06	ESP	423	DÉPÔT D'ESPÈCES TC N°001	512 000	BANQUES	12 500,00	
	ESP	423	DÉPÔT D'ESPÈCES TC N°001	580 000	VIREMENTS INTERNES		12 500,00
					TOTAL du 25.06	12 500,00	12 500,00
					TOTAL JUIN	12 500,00	12 500,00
					TOTAL au 30.06	12 500,00	12 500,00

Journal « Caisse – Dépenses » (CA) du 1/06 au 30/06

Date	T	N°	Libellé	Compte	Intitulé	Débit	Crédit
					REPORT au 01.06		
25.06	ESP	423	DÉPÔT D'ESPÈCES TC N°002	580 000	VIREMENTS INTERNES	12 500,00	
	ESP	423	DÉPÔT D'ESPÈCES TC N°002	530 000	CAISSE		12 500,00
					TOTAL du 25.06	12 500,00	12 500,00
					TOTAL JUIN	12 500,00	12 500,00
					TOTAL au 30.06	12 500,00	12 500,00

Nous constatons que le compte « 580 000 Virements internes » est soldé.

À NOTER • Par définition, un compte de virement interne n'est jamais utilisé dans un journal divisionnaire des opérations diverses.

D – Le livre-journal ou journal centralisateur

Chaque fin de mois les journaux divisionnaires sont totalisés, puis les totaux des journaux sont enregistrés sur le livre-journal. Cette opération est appelée la ***centralisation***.

Le journal centralisateur est un document comptable obligatoire. Il constitue un ***moyen de preuve*** en droit au profit de l'entreprise qui l'a tenu régulièrement.

À NOTER • Les personnes physiques ou morales qui ne dépassent pas deux des trois seuils suivants : 267 000 € pour le total du bilan ; 534 000 € pour le chiffre d'affaires et dix pour le nombre de salariés, peuvent ne centraliser leurs écritures comptables que tous les trois mois.

Exemple

L'entreprise Lebis a enregistré, dans les journaux divisionnaires de « Banques » et de « Caisse », le dépôt sur son compte bancaire d'espèces pour un montant de 12 500 € (voir page précédente).

Effectuer la centralisation au journal général.

• Journal général

Centralisateur Juin

JL	INTITULÉ	ANTÉRIEUR	JUIN	TOTAL
AN	REPRISE DES A NOUVEAUX			
BQ	JOURNAL BANQUES « RECETTES »		12 500,00	12 500,00
CA	JOURNAL CAISSE « DÉPENSES »		12 500,00	12 500,00
	TOTAL GÉNÉRAL		25 000,00	25 000,00

E – Illustration du système centralisateur

L'organisation comptable du système centralisateur se présente selon le schéma présenté page ci-contre :

Livre-journal Journaux → **Grand livre Comptes** → **Balance générale**

Journal des achats

Date	Libellé	Compte	Débit	Crédit
	Fact 475	807	5 000	
	Fact 475	40101		5 000

Journal des ventes

Date	Libellé	Compte	Débit	Crédit
	Fact	41102	7 000	
	Fact	707		7 000
	Fact	41102	4 000	
	Fact	707		4 000
	Fact	41103	4 400	
	Fact	707		4 400
			400	15 400

Journal des Chèques postaux

Date	Libellé	Compte	Débit	Crédit
	CH	514	2 000	
	CH	41101		2 000
	CH	514	2 500	
	CH	41102		2 500

Journal de Banques

Date	Libellé	Compte	Débit	Crédit
	CH	40103	2 000	
	CH	512		2 000
	CH	40103	1 000	
	CH	512		1 000
	CH	512	2 500	
	CH	40102		2 500
			5 500	5 500

Livre-journal centralisateur

Intitulé	Montant
Reports	90 000
Achats	14 500
Ventes	15 400
Chèques postaux	4 500
Banques	5 500
	129 900

Grand livre – Comptes

607 Achats — 707 Ventes — 512 Banques

41101 Jouvet	
4 500	2 000
	2 500 SD
4 500	4 500

41102 Rose	
2 500	2 500
4 000	4 000 SD
6 500	6 500

41103 Mario	
4 400	4 400 SD
4 400	4 400

40101 Dupond	
SC 5 000	5 000
5 000	5 000

40102 Myriam	
2 000	3 000
2 500	1 500
4 500	4 500

40103 Louis	
1 000	5 000
SC 4 000	
5 000	5 000

Balance

Comptes	Mouvements		Soldes	
	D	C	D	C
1				
20				
401 Fournisseurs	5 500	14 500		9 000
411 Clients	15 400	4 500	10 900	
512 Banques				
514 CCP				
707 Ventes				
Totaux	129 000	129 000	45 000	45 000

Relevé nominatif Fournisseurs

Noms	Mouvements		Soldes
Dupon		5 000	5 000
Myriam	4 500	4 500	-
Louis	1 000	5 000	4 000
	5 500	14 500	9 000

Relevé nominatif Clients

Noms	Mouvements		Soldes
Jouvet	4 500	2 000	2 500
Rose	6 500	2 500	4 000
Mario	4 400	-	4 400
	15 400	4 500	10 900

2 L'informatisation du système centralisateur

A – Présentation

La quasi totalité des entreprises utilisent des outils informatiques de gestion, plus ou moins puissants et complexes, selon le niveau d'informatisation souhaité.

Pour mettre en place un système de traitement informatisé adapté à ses besoins, l'entreprise a le choix entre trois solutions :

Type de produits	Principales caractéristiques
Progiciel traditionnel avec utilisation d'interfaces	• Adapté aux petites et moyennes entreprises. • Traite la fonction comptable et certaines fonctions annexes (élaboration d'états de rapprochement…). • Permet des interfaces avec un progiciel de gestion commerciale, de paie… • Les opérations sont saisies dans les journaux concernés ; la tenue des comptes, du journal général et des balances ainsi que l'établissement des comptes annuels sont automatisés.
Progiciel de gestion intégré (ERP)	• Adapté aux grandes entreprises. • Traite l'ensemble des fonctions de gestion (commandes, facturation, immobilisations, gestion de la production et des stocks, comptabilité…) à l'aide d'une seule base de données. • Les écritures comptables sont automatisées à partir des données des autres fonctions.
Fournisseur d'applications hébergées (FAH ou ASP)	• Adapté aux petites entreprises et à leur expert-comptable. • Permet d'accéder ou d'utiliser à distance des progiciels mis en ligne, sans avoir à les acquérir. • Facilite la collaboration avec l'expert-comptable (échange rapide d'informations, saisie partagée, consultation d'états comptables à tout moment et en tout lieu).

B – La règlementation des comptabilités informatisées

Les systèmes de traitement informatisés sont soumis à des ***règles*** relatives à la documentation des traitements, aux enregistrements et à la conservation des données.

Le Plan comptable général leur consacre plusieurs articles :

> *Article 410-4 du Plan comptable général* :
>
> « L'organisation de la comptabilité tenue au moyen de systèmes informatisés implique l'accès à la documentation relative aux analyses, à la programmation et à l'exécution des traitements, en vue, notamment, de procéder aux tests nécessaires à la vérification des conditions d'enregistrement et de conservation des écritures.
>
> Toute donnée comptable entrée dans le système de traitement est enregistrée, sous une forme intelligible, sur papier ou éventuellement sur tout support offrant toute garantie en matière de preuve ».

> ***Article 410-6 du Plan comptable général*** :
> « … Des documents informatiques écrits peuvent tenir lieu de livre-journal et de livre d'inventaire s'ils sont identifiés, numérotés et datés dès leur établissement par des moyens offrant toute garantie en matière de preuve ».

> ***Article 420-5 du Plan comptable général*** :
> « Le caractère définitif des enregistrements du livre-journal et du livre d'inventaire est assuré :
> 1. pour les comptabilités tenues au moyen de systèmes informatisés, par une procédure de validation, qui interdit toute modification ou suppression de l'enregistrement ».
>
> …

> ***Article 420-6 du Plan comptable général*** :
> « Une procédure de clôture destinée à figer la chronologie et à garantir l'intangibilité des enregistrements est mise en œuvre au plus tard avant l'expiration de la période suivante.
>
> …
>
> Pour les comptabilités informatisées lorsque la date de l'opération correspond à une période déjà figée par la clôture, l'opération concernée est enregistrée à la date du premier jour de la période non encore clôturée, avec mention expresse de sa date de survenance ».

En pratique, les enregistrements s'effectuent de la manière suivante :

- dans un premier temps, les opérations sont ***enregistrées*** dans des journaux provisoires (« brouillard »), afin de pouvoir effectuer toute modification ou suppression en cas d'erreurs ;
- puis périodiquement, en principe chaque mois avant l'édition du journal général, les écritures comptables sont ***validées*** de façon à les rendre définitives et à empêcher toute modification ultérieure. Si une erreur est constatée, après validation, l'écriture doit être corrigée par le procédé de contrepassation ;
- enfin, une procédure de clôture, consistant à ***figer*** l'ensemble des écritures de la période considérée, doit être effectuée au plus tard avant la fin de la période suivante.

> À NOTER • Une instruction fiscale du 24 janvier 2006 commente les obligations comptables et fiscales relatives à une comptabilité informatisée. Elle énonce, par ailleurs, les recommandations en matière de logiciels comptables et présente le périmètre informatique soumis au contrôle fiscal. Elle est complétée par l'instruction du 26 mars 2008 qui précise notamment comment le contribuable peut satisfaire, sur demande de l'administration, à l'obligation de remise sous forme dématérialisée d'une copie des fichiers d'écritures comptables pour contrôler la concordance avec ses déclarations fiscales.

C – La précomptabilisation

Avant toute saisie, pour limiter les risques d'erreurs, l'entreprise a la possibilité d'effectuer une précomptabilisation à l'aide d'un ***document interne*** appelé : ticket comptable, grille d'imputation, pièce comptable multiple (PCM)…

LIGNES	Dates	Année	Références		Codification N^{os} Plan Comptable	Mouvements	
			Libellé codifié	Numéro des pièces		Débit	Crédit
1							
2							
3							
4							

TICKET COMPTABLE N°…

Date ....

RÉF .... Code journal ....

Nature de l'opération :

....

N° Compte	Mouvements	
	Débit	Crédit

D – La conservation des données

Les entreprises doivent procéder systématiquement à la ***sauvegarde*** ainsi qu'à ***l'archivage*** des données comptables et des programmes, tant pour des raisons de sécurité que pour faire face aux contrôles fiscaux. La sauvegarde et l'archivage sont deux procédures distinctes.

Sauvegarde des données et des programmes

↓

Copier sur un support magnétique les données, les programmes et l'ensemble des fichiers nécessaires à la ***restauration*** du système en cas d'incident technique ou de sinistre.

Archivage des données et des programmes

↓

Conserver sur un support sécurisé les enregistrements des périodes antérieures, sans aucune possibilité de modification, et les programmes nécessaires à leur lecture pour des besoins de gestion, de contrôle.

PARTIE 2

Les opérations courantes

La taxe sur la valeur ajoutée (principes et mécanisme)

Chapitre 7

1 Définition

La taxe sur la valeur ajoutée (TVA) est ***un impôt général sur la consommation*** ; c'est un impôt indirect prélevé sur le consommateur. C'est ce dernier qui en supporte la charge définitive.

La taxe sur la valeur ajoutée est un impôt dont le paiement est ***fractionné***. Il est perçu par l'État, non pas au stade final de la consommation, mais à ***chaque étape*** du circuit économique.

2 L'entreprise et la taxe sur la valeur ajoutée (TVA)

Toute personne effectuant de manière indépendante, à titre habituel ou occasionnel, ***des livraisons de biens ou services*** relevant d'une ***activité économique*** est assujettie à la TVA.

On distingue ***trois catégories*** d'opérations imposables :

- les opérations relevant d'une activité économique effectuée par un redevable (livraisons de biens meubles et immeubles, prestations de services…) ;
  Conformément à la première loi de finances rectificative pour 2010, les ***livraisons d'immeubles*** réalisées à titre onéreux par un assujetti sont ***intégrées dans le régime de droit commun*** des livraisons de biens, depuis le 11 mars 2010 ;
- les opérations imposables par décision de la loi (importations, acquisitions intracommunautaires, livraisons à soi-même de biens et services) ;
- les opérations exonérées soumises à la taxe sur la valeur ajoutée sur option du contribuable (locations de locaux nus à usage professionnel, cessions d'immeubles achevés depuis plus de 5 ans…).

Certaines opérations sont ***totalement exonérées*** de la taxe sur la valeur ajoutée, notamment :

- les exportations et livraisons intracommunautaires ;
- les opérations de bourse ;
- les activités bancaires (intérêts, agios, escomptes) ;
- …

3 Le mécanisme général de la taxe sur la valeur ajoutée

La taxe sur la valeur ajoutée est collectée, à chaque étape du circuit économique, par l'intermédiaire de l'assujetti pour le compte du Trésor public. L'assujetti :

Collecte → auprès de ses clients la taxe sur la valeur ajoutée facturée sur ses ventes (*TVA collectée*).

Déduit → la taxe sur la valeur ajoutée que ses fournisseurs lui ont facturée sur ses achats et ses consommations externes (***TVA déductible***).

Déduit → également la taxe sur la valeur ajoutée qu'il a supportée sur l'acquisition d'immobilisations (***TVA déductible***).

Reverse → périodiquement au Trésor public la taxe sur la valeur ajoutée due :

TVA collectée – TVA déductible = ***TVA à décaisser***

La taxe sur la valeur ajoutée ***ne constitue pas une charge*** pour l'assujetti ; elle n'affecte donc pas le résultat de son activité.

La TVA ***non déductible*** portant sur l'achat de biens et services est un élément du prix d'achat et non un impôt ; l'enregistrement de la charge s'effectue alors toutes taxes comprises.

4 Les taux de la taxe sur la valeur ajoutée

La taxe sur la valeur ajoutée s'exprime en pourcentage ; son montant facturé correspond au calcul suivant :

Base d'imposition x Taux de TVA = **TVA facturée**

La base d'imposition est différente selon la nature des opérations :

Opérations	Base d'imposition
Livraisons de biens meubles et prestations de services	Prix de vente hors taxes majoré des frais accessoires de livraison, des droits de douane, des taxes parafiscales. Sont exclus de la base d'imposition la TVA elle-même ainsi que les réductions de prix déduites de cette base.
Livraisons d'immeubles	Prix de cession ou marge dans certains cas.
Livraisons à soi-même	Coût de revient pour les biens fabriqués. Valeur vénale ou coût d'achat pour les biens prélevés.

Opérations	Base d'imposition
Importations	Valeur en douane.
Achats à des non assujettis	Prix d'achat majoré des impôts spécifiques éventuels (droits sur les alcools).

Il existe ***trois taux*** de TVA applicables sur la base d'imposition :

Taux normal 19,60 %

Concerne les prestations de services et la plupart des produits manufacturés.

Taux réduit 5,50 %

S'applique à la plupart des produits alimentaires, aux ventes à emporter de produits alimentaires, à la restauration depuis le 1er juillet 2009, aux médicaments non remboursés, aux livres, aux spectacles, aux prestations de services destinées aux personnes, aux produits pour l'agriculture et l'élevage, aux produits horticoles et sylvicoles non transformés, aux travaux effectués dans les logements construits depuis plus de deux ans.

Taux particulier 2,10 %

Concerne essentiellement les médicaments remboursables, la presse quotidienne et les hebdomadaires.

5 Le fait générateur et l'exigibilité

Le fait générateur est le fait par lequel sont réalisées les ***conditions légales*** nécessaires à l'***exigibilité*** de la taxe (CGI).

Lorsque le fait générateur se produit :

– l'opération est assujettie ;

– le taux en vigueur doit être appliqué ;

– la taxe sur la valeur ajoutée doit être comptabilisée.

L'exigibilité est le droit que le Trésor public peut faire valoir à un moment donné auprès du redevable pour ***obtenir le paiement de la taxe*** (CGI).

Cette notion est primordiale car elle détermine :

– la période au titre de laquelle les opérations imposables doivent être déclarées ;

– la date de paiement de la taxe correspondante ;

– la date du droit à déduction chez le client assujetti.

La date d'exigibilité du fournisseur ***coïncide*** avec celle du droit à déduction du client.

Les règles applicables aux différentes opérations, les plus courantes, sont résumées dans le tableau ci-dessous :

Nature de l'opération	Fait générateur	Exigibilité
Livraisons de biens corporels	Délivrance du bien.	Délivrance du bien.
Prestations de services et travaux immobiliers	Exécution de la prestation de service.	Encaissement du prix.
Importations	Dédouanement.	Dédouanement.
Acquisitions intracommunautaires	Délivrance du bien.	Le 15 du mois suivant celui du fait générateur.
Livraisons à soi-même	Première utilisation.	Première utilisation.

Depuis le 1er janvier 2010, de nouvelles règles de territorialité sont applicables aux ***prestations de services internationales***. Ces nouvelles dispositions introduisent une ***dérogation*** à la règle d'exigibilité des prestations de services énoncée ci-dessus.

Selon le principe général de taxation, lorsque le preneur est assujetti à la TVA, le lieu de taxation est celui de l'établissement du preneur. Dans ce cas, ***le preneur est redevable*** de la taxe et le fait générateur ainsi que l'exigibilité interviennent au moment de la ***réalisation de la prestation*** ou lors de l'encaissement d'acomptes. Toutefois, certaines prestations font l'objet de règles particulières.

6 Les obligations des assujettis

Les personnes assujetties à la taxe sur la valeur ajoutée doivent remplir certaines ***formalités*** et se soumettre à des obligations.

LES FORMALITÉS

de déclaration d'existence

L'assujetti doit déclarer au centre des impôts, dans les 15 premiers jours de son activité, son existence et fournir des renseignements relatifs à son ***activité professionnelle***.

d'attribution d'un numéro individuel d'identification

L'administration attribue à l'assujetti un numéro individuel d'identification afin de faciliter le contrôle des échanges intracommunautaires entre assujettis. Ce numéro doit ***figurer sur les factures*** concernées, sur la Déclaration des échanges de biens (DEB) et sur la Déclaration européenne de services (DES) ainsi que sur la déclaration de taxe sur la valeur ajoutée.

LES OBLIGATIONS

de facturation

L'assujetti doit ***délivrer une facture***, ou un document similaire à ses clients qu'il s'agisse d'assujettis ou bien de personnes morales non assujetties.

comptables

L'assujetti doit tenir une comptabilité lui permettant de distinguer :

- les opérations ***imposables ou non*** ;
- les opérations effectuées en ***suspension de taxe***.

Lors de l'enregistrement d'une facture, la comptabilité doit faire apparaître distinctement :

- le montant hors taxes ;
- le montant de la taxe sur la valeur ajoutée ainsi que le nom du fournisseur et du client.

Les recettes doivent être ***réparties*** par catégories d'opérations et par taux de taxe sur la valeur ajoutée, lorsque des taux différents sont applicables.

de déclaration et de paiement

Les redevables de la taxe sur la valeur ajoutée doivent :

- produire ***périodiquement*** une déclaration d'après un modèle établi par l'administration fiscale ;
- payer le montant de la ***taxe sur la valeur due*** et déclarée.

Les modalités de déclaration et de paiement sont présentées au chapitre 17.

Les opérations d'achats et de ventes

Chapitre **8**

1 Généralités

Les achats et les ventes effectués par l'entreprise et propres à son ***activité*** contribuent à la formation du résultat de l'exercice, modifient son patrimoine et constituent l'essentiel du ***cycle d'exploitation*** :

Les achats

- Ils se traduisent par des acquisitions de biens ou de services. Ils constituent un ***coût*** et entraînent un ***appauvrissement***.
- Ils occasionnent une ***créance*** vis-à-vis du ***Trésor public*** (TVA).
- Ils augmentent la ***dette*** envers les ***fournisseurs*** ou ***diminuent les disponibilités***.

Les ventes

- Elles se traduisent par des marchandises vendues, des travaux réalisés ou des services fournis. Elles constituent un ***produit*** et entraînent un ***enrichissement***.
- Elles occasionnent une ***dette*** vis-à-vis du ***Trésor public*** (TVA).
- Elles augmentent les ***créances clients*** ou les ***disponibilités.***

2 Les documents comptables

Les opérations relatives aux achats et aux ventes font l'objet de documents comptables constituant des pièces justificatives. On distingue :

La facture	La facture d'avoir	Le relevé de factures
Achats ou Ventes initiaux.	Événements postérieurs à la facture.	Récapitulatif des sommes à payer sur une période.

Chaque document comporte trois parties :

Une en-tête	Une zone de référence	Un corps du document
L'identification de l'*émetteur* du document.	L'identification du *destinataire* de ce document.	L'objet. La désignation. Les conditions.

À NOTER • En accord avec son client, un fournisseur peut émettre des factures récapitulatives lorsqu'il effectue des livraisons fréquentes d'un faible montant et sur une période courte, à condition que ce dernier lui délivre un bon de livraison à chaque réception des marchandises.

3 La facturation

A – La facture

Article L. 441-3 du Code de commerce :

« Tout achat de produits ou toute prestation de service pour une activité professionnelle doit faire l'objet d'une facturation ».

La facture est un document établi, en deux exemplaires, par le fournisseur au moment de la vente ; l'un est remis à l'acheteur, l'autre est gardé par le vendeur. Son émission peut être confiée à un tiers sous-traitant, ou au client lui-même (autofacturation) sous certaines conditions.

La délivrance d'une facture est gratuite.

Il y a lieu de vérifier la concordance :

Commande → **Livraison** → **Facture**

La facture peut avoir un nom particulier (par exemple : note, mémoire, quittance…).

Il est recommandé de conserver la facture pendant dix ans car elle constitue une pièce justificative.

À NOTER • Une facture doit être émise pour le versement de tout acompte même s'il n'entraîne pas l'exigibilité de la TVA • Conformément à la loi de modernisation de l'économie (LME), le délai de paiement est plafonné à 60 jours calendaires (ou 45 jours fin de mois) et les intérêts minimaux dus en cas de retard sont portés à trois fois le taux de l'intérêt légal.

1) Les mentions obligatoires

Depuis le 1er janvier 2004, les mentions obligatoires suivantes doivent figurer sur les factures :

Identité du vendeur →	• nom de l'entreprise ou dénomination sociale de la société et son adresse. • forme juridique et montant du capital pour les sociétés. • numéro de SIREN (système informatique pour le répertoire des entreprises et des établissements) complété par la mention RCS (registre du commerce et des sociétés) suivie de la ville du tribunal de commerce. • mention relative à l'adhésion à un centre de gestion agréé. • numéro intracommunautaire d'identification à la TVA.
Identité de l'acheteur →	• nom et adresse du client. • numéro intracommunautaire du client, si nécessaire.
Autres mentions →	• numéro d'ordre du document. • date de la vente du produit ou du service. • date du règlement, dans des délais plafonnés. • quantité en unité de mesure selon la nature du produit ou du service. • nature et caractéristiques précises du produit ou du service vendu. • prix unitaire hors taxes, en euros, avant toute réduction. • réductions de prix acquises à la date de la vente. • taux et montant de la TVA par produit ou service. • montant toutes taxes comprises. • conditions d'escompte en cas de paiement anticipé. • taux des pénalités de retard, qui ne peut être inférieur à 3 fois le taux légal. • mentions spécifiques à certaines opérations ; par exemple : « *exonération TVA, article 262-ter-1 du CGI* » pour les opérations exonérées.

À NOTER • Certaines informations telles que le numéro intracommunautaire et la mention d'exonération de TVA ne sont pas obligatoires pour les factures d'un montant inférieur ou égal à 150 euros.

2) La transmission électronique des factures

Le vendeur peut transmettre, sous réserve de l'acceptation préalable du destinataire, les factures par voie électronique selon deux normes sécurisées :

→ ***la facture dématérialisée*** transmise par EDI (échange de données informatisées) ;

→ ***la facture électronique*** signée.

Ces deux procédés de transmission électronique des factures présentent quatre avantages essentiels, intitulés par les professionnels « quatre zéros » :

– suppression des erreurs de saisie ;

– suppression du papier ;

– suppression des délais ;

– suppression du stock de papier.

Le procédé de transmission électronique utilisé doit ***garantir*** l'authenticité de l'origine et l'intégrité du contenu des factures.

Sur le plan fiscal, les factures électroniques doivent être ***conservées*** pendant trois ans sur support électronique plus trois ans sur un support au choix de l'entreprise.

L'administration fiscale peut, à tout moment, ***contrôler*** les procédés de télétransmission.

3) Modèle de facture

Le modèle de facture ci-dessous récapitule les mentions obligatoires :

ÉQUIP'CHEVAL

Société anonyme au capital de 100 000 euros

462 000 411 RCS Quimper

Route de Rosquerno 29750 Loctudy

Téléphone : 02 97 88 55 44
Télécopie : 02 97 88 55 45
Internet : www.équival.com

FACTURE
Numéro : 1375
29 mai N

Référence à rappeler
N° 2332/12/1375/2010

N° intracommunautaire : FR73462000411

Retrait'club d'équidés
Kervezéguan
29000 Brest

Code	Désignation	Quantité	Prix unitaire HT en euros	Réduction	Totaux
231	Poteau d'angle	100	11,92		1 192,00
452	Vantail	10	162,00		1 620,00
	Sous-total hors taxes				2 812,00
	Remise de 5 %				140,60
	Total hors taxes				2 671,40
	TVA 19,60 %				523,59
	Net à payer en euros				3 194,99

Date de règlement : 1er juillet N
Pénalités de retard au taux annuel de 12 %
Escompte de 1 %, par mois entier, sur la somme totale hors taxes en cas de paiement anticipé

B – Les calculs relatifs à la facture

1) Les réductions de poids

Les réductions de poids (freinte, tare...) se calculent ***successivement***, c'est-à-dire les unes après les autres ou en « cascade ».

2) Les réductions de prix

Le vendeur peut ***diminuer*** le prix de vente d'un bien ou d'un service pour des raisons commerciales ou financières.

Les réductions de prix doivent être portées sur la facture si elles sont acquises à la date de la vente ou bien si elles ont un lien direct avec l'opération de vente.

a) Les réductions commerciales

Les réductions commerciales sont des réductions de prix liées à la ***politique commerciale*** de l'entreprise. On distingue :

Réductions commerciales	
Rabais	réductions pratiquées ***exceptionnellement*** sur le prix de vente préalablement convenu pour tenir compte, par exemple, d'un défaut de qualité ou d'une non-conformité des objets vendus.
Remises	réductions pratiquées ***habituellement*** sur le prix courant de vente en considération, par exemple, de l'importance de la vente ou de la profession du client et généralement calculées par application d'un pourcentage au prix courant de vente.
Ristournes	réductions de prix accordées au client après facturation et calculées sur l'***ensemble des opérations*** réalisées avec ce dernier pour une période déterminée. Elles figurent donc sur une facture d'avoir.

Ces réductions commerciales se calculent ***successivement***, c'est-à-dire les unes après les autres ou en « cascade ».

Prix brut hors taxes	–	Réductions commerciales	=	**Net commercial**

b) La réduction financière

L'escompte de règlement est une réduction de prix liée aux ***conditions de paiement*** :

Réduction financière	
Escompte	réduction de prix accordée pour paiement ***comptant*** ou ***avant le terme*** normal d'exigibilité.

L'escompte se calcule sur le ***dernier*** « Net commercial » ou sur le « Prix brut » s'il n'y a pas de réduction commerciale. Il vient se soustraire à l'un de ces derniers.

Prix brut hors taxes ou Net commercial	–	Escompte	=	**Net financier**

3) La taxe sur la valeur ajoutée

L'entreprise redevable calcule et facture à son client la taxe sur la valeur ajoutée (TVA) sur le prix de vente hors taxes, ***déduction faite*** de l'ensemble des réductions de poids, des réductions commerciales ou financières.

En conséquence, la taxe sur la valeur ajoutée est calculée sur le Net financier ou le Net commercial ou le Brut suivant l'existence ou non de réductions commerciales ou financières. Elle vient ***s'additionner*** à cette base de calcul.

Montant hors taxes	+	TVA	=	**Montant TTC ou Net à payer**

Pour déterminer le montant hors taxes d'un prix toutes taxes comprises, il suffit d'appliquer la formule suivante :

$$\frac{\text{Prix TTC}}{1 + T} \times T$$

Avec T = taux : 19,60 % ; 5,50 % ; 2,10 %…

À NOTER • Sur une même facture, des taux de TVA différents peuvent être appliqués en fonction de la marchandise et des conditions de livraison.

Exemple

Les renseignements suivants vous sont communiqués, le 12 mai, par l'entreprise Pellegrini concernant l'envoi de la facture numéro 2020 à son client Hervé :

- marchandises : 8 000,00 € ;
- remises de 10 % et de 5 % ;
- escompte de 2 % ;
- TVA taux normal.

Établir la facture.

• Facture

PELLEGRINI		
FA N° 2020		
12/5	Doit	Hervé
Prix brut		8 000,00
Remise 10 %	–	800,00
Net	=	7 200,00
Remise 5 %	–	360,00
Net commercial	=	6 840,00
Escompte 2 %	–	136,80
Montant HT	=	6 703,20
TVA 19,60 %	+	1 313,83
Net à payer	=	8 017,03

4 Le principe de comptabilisation des achats et des ventes

A – Les achats

Les achats destinés soit à être vendus, soit à être consommés au premier usage s'enregistrent dans une subdivision du compte « 60 Achats » selon leur nature :

Comptes d'achats	
601	Achats stockés – Matières premières
602	Achats stockés – Autres approvisionnements
604	Achats d'études et de prestations de services
605	Achats de matériel, équipements et travaux
606	Achats non stockés
607	Achats de marchandises

L'entreprise constate à la réception de la facture adressée par le fournisseur :

– une ***augmentation*** de ses ***charges***, pour le montant hors taxes (HT), enregistrée au ***débit*** d'un compte « 60 Achats … » ;

– une ***créance*** vis-à-vis du Trésor public, pour le montant de la TVA déductible, comptabilisée au ***débit*** du compte de tiers « 44566 TVA sur autres biens et services » ;

– une ***dette*** envers son fournisseur, pour le montant toutes taxes comprises (TTC), portée au ***crédit*** du compte « 401 Fournisseurs », ou un ***décaissement*** en cas de règlement au comptant enregistré au ***crédit*** du compte de trésorerie concerné (« 512 Banques », « 514 Chèques postaux » ou « 530 Caisse »).

L'écriture est la suivante :

60..	Achats …	X	
44566	TVA sur autres biens et services	X	
401 ou 5..	Fournisseurs Banques ou Chèques postaux ou Caisse		X X
	« Y » FA n° …		

Conformément à la nouvelle doctrine fiscale, l'acheteur peut déduire la TVA ***avant la réception de la facture***, à condition de posséder la facture ***à la date limite de dépôt de la déclaration*** de TVA. Dans ce cas, il est préconisé d'enregistrer l'opération dès la fin du mois auquel la livraison a été effectuée en ***créditant*** le compte « 408 Fournisseurs – Factures non parvenues ».

B – Les ventes

Les produits représentant le prix des marchandises vendues, des travaux effectués ou des services rendus s'enregistrent dans une subdivision du compte « 70 Ventes » selon leur nature :

Comptes de produits	
701	Ventes de produits finis
702	Ventes de produits intermédiaires
703	Ventes de produits résiduels
704	Travaux
705	Études
706	Prestations de services
707	Ventes de marchandises
708	Produits des activités annexes

L'entreprise constate lors de l'envoi de la facture à son client :

– une ***augmentation*** de ses ***produits***, pour le montant hors taxes (HT), enregistrée au ***crédit*** d'un compte «70 Ventes …» ;

– une ***dette*** vis-à-vis du Trésor public, pour le montant de la taxe sur la valeur ajoutée collectée, comptabilisée au ***crédit*** du compte de tiers « 44571 TVA collectée » ;

– une ***créance*** sur son client, pour le montant toutes taxes comprises (TTC), portée au ***débit*** du compte « 411 Clients », ou un ***encaissement*** en cas de règlement au comptant enregistré au ***débit*** du compte de trésorerie concerné (« 512 Banques », « 514 Chèques postaux » ou « 530 Caisse »).

411 ou 5..	Clients Banques ou Chèques postaux ou Caisse	X X	
70..	Ventes …		X
44571	TVA collectée		X
	« X » FA n° …		

Exemple

L'entreprise Gloannec expédie des marchandises accompagnées de la facture suivante :

Gloannec		
FA N° 2451		
11/1	Doit	Génésis
Montant HT		1 150,00
TVA 19,60 %	+	225,40
Net à payer	=	1 375,40

Comptabiliser la facture chez le fournisseur et chez le client.

• Comptabilisation

Chez le fournisseur Gloannec

	11/1		
411	Clients	1 375,40	
707	Ventes de marchandises		1 150,00
44571	TVA collectée		225,40
	Génésis FA n° 2451		

Chez le client Génésis

	11/1		
607	Achats de marchandises	1 150,00	
44566	TVA sur autres biens et services	225,40	
401	Fournisseurs		1 375,40
	Gloannec FA n° 2451		

À NOTER • Le versement d'une avance ou d'un acompte par le client se comptabilise :
– chez le fournisseur : au crédit du compte « 4191 Clients – Avances et acomptes reçus sur commandes » ;
– chez le client : au débit du compte « 4091 Fournisseurs – Avances et acomptes versés sur commandes » ;
par la contrepartie d'un compte de trésorerie. La TVA n'est pas exigible quand il s'agit d'un acompte relatif à la livraison de biens • Lors de la facturation, l'acompte est imputé sur le net à payer ; il est alors soldé.

5 La comptabilisation de factures comportant des réductions de prix

A – Les réductions commerciales

Les réductions commerciales (rabais, remise, ristourne) figurant sur la facture initiale ne sont ***jamais comptabilisées***. Seul le net commercial est porté en compte :

Chez le fournisseur → Au crédit d'un compte « 70 Ventes ».

Chez le client → Au débit d'un compte « 60 Achats ».

B – La réduction financière : l'escompte

L'escompte est ***toujours comptabilisé*** quelle que soit la date à laquelle il est accordé.

L'escompte représente :

Chez le fournisseur	Chez le client
Une charge financière comptabilisée au ***débit*** du compte : « 665 Escomptes accordés ».	Un produit financier enregistré au ***crédit*** du compte : « 765 Escomptes obtenus ».

Rappelons que la taxe sur la valeur ajoutée se calcule sur le ***dernier net*** (commercial ou financier).

À NOTER • D'après les règles comptables applicables depuis 2005, les escomptes de règlement obtenus sont déduits du coût du stock final bien qu'ils soient comptabilisés en produits financiers • Dans le cas d'un escompte conditionnel sur facture, appliqué par le client, le fournisseur est dispensé d'émettre une facture d'avoir s'il précise sur la facture initiale la mention suivante : « *Seule la TVA correspondant au prix effectivement payé ouvre droit à déduction* ».

Exemple

La facture suivante vous est communiquée :

Colin		
FA N° 247		
1/9	Doit	Cariou
Prix brut		1 500,00
Remise 10 %	–	150,00
Net commercial	=	1 350,00
Escompte 2 %	–	27,00
Montant HT	=	1 323,00
TVA 19,60 %	+	259,31
Net à payer	=	1 582,31

Comptabiliser cette facture chez Colin et chez Cariou.

• Comptabilisation

Chez le fournisseur Colin

	1/9	Débit	Crédit
411	Clients	1 582,31	
665	Escomptes accordés	27,00	
707	Ventes de marchandises		1 350,00
44571	TVA collectée		259,31
	Cariou FA n° 247		

Chez le client Cariou

	1/9	Débit	Crédit
607	Achats de marchandises	1 350,00	
44566	TVA sur autres biens et services	259,31	
401	Fournisseurs		1 582,31
765	Escomptes obtenus		27,00
	Colin FA n° 247		

6 Les avoirs

A – La facture d'avoir

Un avoir représente une somme d'argent que le ***fournisseur doit à son client*** à la suite d'un événement intervenu après la facturation.

Cet avoir vient ***modifier*** les conditions de la facturation initiale. Il doit faire l'objet de l'établissement d'un document appelé « Facture d'avoir » ou « Note de crédit ».

Ce document est adressé par le fournisseur au client dans les cas de :

- retours de marchandises ou de produits ;
- réductions commerciales supplémentaires ;
- réduction financière supplémentaire ;
- retour d'emballages ;
- erreur de facturation à l'avantage du fournisseur.

B – La comptabilisation des retours de biens

Le retour de marchandises ou de produits doit s'effectuer dans les ***mêmes conditions*** que l'achat ou la vente d'origine :

- si une réduction commerciale figurait sur la facture, elle doit être déduite également du prix brut des marchandises ou des produits retournés ;
- si un escompte figurait sur la facture, il doit être déduit également du net commercial des marchandises ou des produits retournés. En effet le fournisseur n'a pas à supporter un escompte sur une marchandise ou un produit qui ne lui sera pas payé. Le client n'a pas à percevoir un escompte sur une marchandise ou un produit qu'il ne paiera pas.

1) La comptabilisation de la facture d'avoir chez le client

Le client constate :

- une ***diminution des achats***, pour le net commercial ou le prix brut hors taxes (HT), enregistrée au ***crédit*** d'un compte « 60 Achats … » ;
- une ***diminution*** de la taxe sur la valeur ajoutée déductible, calculée sur le dernier net des biens retournés, comptabilisée au ***crédit*** du compte de tiers « 44566 TVA sur autres biens et services » ;
- une ***diminution*** de l'escompte obtenu, portée au ***débit*** du compte « 765 Escomptes obtenus » s'il y a lieu ;

– une diminution des ***dettes***, pour le montant toutes taxes comprises (TTC) de l'avoir ou du net en compte, enregistrée au ***débit*** du compte« 401 Fournisseurs ».

401	Fournisseurs	X	
765	Escomptes obtenus	X	
60..	Achats …		X
44566	TVA sur autres biens et services		X
	« Y » AV n° A …		

2) La comptabilisation de la facture d'avoir chez le fournisseur

Le fournisseur constate :

– une ***diminution des ventes***, pour le net commercial ou le prix brut hors taxes(HT), enregistrée au ***débit*** d'un compte «70 Ventes … » ;

– une ***diminution*** de la taxe sur la valeur ajoutée collectée, calculée sur le dernier net des biens retournés, comptabilisée au ***débit*** du compte de tiers « 44571 TVA collectée » ;

– une ***diminution*** de l'escompte accordé, portée au ***crédit*** du compte « 665 Escomptes accordés » s'il y a lieu ;

– une diminution de ***créance*** pour le montant toutes taxes comprises (TTC) de l'avoir, enregistrée au ***crédit*** du compte « 411 Clients ».

70..	Ventes …	X	
44571	TVA collectée	X	
411	Clients		X
665	Escomptes accordés		X
	« X » AV n° A …		

Exemple

Le fournisseur Colin adresse à son client Cariou la facture d'avoir suivante :

Colin		
FA N° A 247		
1/10	Avoir	Cariou
Prix brut		200,00
Remise 10 %	–	20,00
Net commercial	=	180,00
Escompte 2 %	–	3,60
Montant hors taxes	=	176,40
TVA 19,60 %	+	34,57
Net porté en compte	=	210,97

Comptabiliser cette dernière chez Colin et chez Cariou.

• Comptabilisation

Chez le fournisseur Colin				Chez le client Cariou			
	1/10				1/10		
707	Ventes de marchandises	180,00		401	Fournisseurs	210,97	
44571	TVA collectée	34,57		765	Escomptes obtenus	3,60	
411	Clients		210,97	607	Achats de marchandises		180,00
665	Escomptes accordés		3,60	44566	TVA sur autres biens et services		34,57
	Cariou AV n° A 247				*Colin AV n° A 247*		

C – La comptabilisation des réductions commerciales supplémentaires

Les réductions commerciales supplémentaires, hors facture, ***modifient*** les conditions commerciales de départ ; ***elles doivent être comptabilisées*** dans des comptes spécifiques.

1) La comptabilisation de la facture d'avoir chez le client

Les réductions commerciales hors facture obtenues des fournisseurs représentent une réduction des charges enregistrée au ***crédit*** du compte « 609 Rabais, remises et ristournes obtenus sur achats ». La ***diminution*** de taxe sur la valeur ajoutée déductible qui en découle est portée au ***crédit*** du compte « 44566 TVA sur autres biens et service ». Le net en compte de l'avoir représente une ***diminution*** de dettes comptabilisée au ***débit*** du compte « 401 Fournisseurs ».

401	Fournisseurs	X	
609	Rabais, remises et ristournes obtenus sur achats		X
44566	TVA sur autres biens et servcices		X
	« Y » AV n° A …		

2) La comptabilisation de la facture d'avoir chez le fournisseur

Les réductions commerciales hors facture accordées aux clients représentent une réduction des produits enregistrée au ***débit*** du compte « 709 Rabais, remises et ristournes accordés par l'entreprise ». La ***diminution*** de taxe sur la valeur ajoutée collectée qui en découle est portée au ***débit*** du compte « 44571 TVA collectée ». Le net en compte de l'avoir représente une ***diminution*** de créances comptabilisée au ***crédit*** du compte « 411 Clients ».

709	Rabais, remises et ristournes accordés par l'entreprise	X	
44571	TVA collectée	X	
411	Clients		X
	« X » AV n° A …		

À NOTER • Le compte de TVA suit toujours le mouvement du compte auquel il se rapporte.

D – La comptabilisation d'un escompte hors facture

L'escompte supplémentaire, hors facture, se comptabilise dans les ***mêmes conditions*** que celles relatives à la facture. Toutefois, il entraîne :

– pour le ***fournisseur***, une diminution de la TVA collectée et des créances clients ;

– pour le ***client***, une diminution de la TVA déductible et des dettes.

Si le fournisseur renonce à régulariser la TVA initialement collectée, il doit porter la mention : « *Net de taxe* » sur la facture d'avoir.

Exemple

L'entreprise Gloannec a établi les avoirs suivants au cours du premier trimestre :

Gloannec		
FA N° A 2451		
8/2	Avoir	Génésis
Escompte 2 %		23,00
TVA 19,60 %	+	4,51
Net en compte	=	27,51

Gloannec		
FA N° A 200		
31/3	Avoir	Génésis
Ristourne trimestrielle		84,00
TVA 19,60 %	+	16,46
Net en compte	=	100,46

Comptabiliser ces derniers chez Gloannec et chez Génésis.

• Comptabilisation

Chez le fournisseur Gloannec

	8/2		
665	Escomptes accordés	23,00	
44571	TVA collectée	4,51	
411	Clients		27,51
	Génésis AV n° A 2451		
	31/3		
709	RRR accordés par l'entreprise	84,00	
44571	TVA collectée	16,46	
411	Clients		100,46
	Génésis AV n° A 200		

Chez le client Génésis

	8/2		
401	Fournisseurs	27,51	
44566	TVA sur autres biens et services		4,51
765	Escomptes obtenus		23,00
	Gloannec AV n° A 2451		
	31/3		
401	Fournisseurs	100,46	
609	RRR obtenus sur achats		84,00
4466	TVA sur autres biens et services		16,46
	Gloannec AV n° A 200		

7 Le relevé de factures

Le relevé de factures est un document ***récapitulatif***, facultatif, des factures et des avoirs ***non réglés***, émis au cours d'une période donnée (mois ou trimestre) par un fournisseur au profit d'un même client. Il est souvent accompagné d'une traite à l'acceptation.

Les éléments accessoires (transports et emballages)

Chapitre **9**

1 Les transports de marchandises

A – Les conditions de transport

L'entreprise transporte les biens (matières, marchandises, produits) :

- soit par ses ***propres moyens***: les frais supportés constituent des frais internes (salaires, primes d'assurance, réparations…);
- soit par l'***intermédiaire d'un transporteur***: les frais supportés constituent des charges externes.

Les frais de transport peuvent être supportés soit par le fournisseur, soit par les clients.

Lorsque le fournisseur vend des marchandises à son client, il a le choix entre ***plusieurs conditions*** de transport :

Expédition

Franco de port	Port dû	Port forfaitaire	Port payé
le port est ***inclus*** dans le prix de vente.	le port est à la ***charge du client***.	Le fournisseur ***assure*** le transport par ***ses propres moyens*** ; il facture le service rendu au client pour un montant forfaitaire.	le fournisseur ***fait appel à un transporteur*** ; il facture à son client le montant exact de la charge de transport qu'il a supporté initialement.

B – Les règles comptables

1) La comptabilisation chez le fournisseur

Le fournisseur ***facture*** les frais de transport ***à son client*** uniquement dans les conditions port forfaitaire et port payé.

Port forfaitaire

Le service rendu au client représente un produit ; il est porté au ***crédit*** du compte « 7085 Ports et frais accessoires facturés » pour son montant hors taxes et supporte la TVA.

411	Clients	X	
70..	Ventes …		X
7085	Ports et frais accessoires facturés		X
44571	TVA collectée *		X
	« Y » FA n° …		

* TVA collectée sur les ventes et sur le port.

Port payé

L'opération se déroule en deux temps :

① L'entreprise comptabilise la facture du transporteur. La charge est portée au ***débit*** du compte « 624 Transports de biens » et supporte la TVA.

624	Transports de biens	X	
44566	TVA sur autres biens et services	X	
401	Fournisseurs		X
	« T » FA n° …		

② Lors de la facturation au client, les frais de port sont transférés pour leur ***montant exact*** au ***crédit*** du compte « 624 Transports de biens » ; il y a lieu de ***scinder la TVA*** en deux comptes : TVA collectée pour les ventes et TVA déductible pour le port.

411	Clients	X	
70..	Ventes …		X
44571	TVA collectée		X
624	Transports de biens		X
44566	TVA sur autres biens et services		X
	« Z » FA n° …		

2) La comptabilisation chez le client

Quel que soit le mode de transport (port dû, port forfaitaire, port payé), la facturation du transport au client constitue ***toujours une charge*** pour ce dernier. Elle est portée au ***débit*** du compte « 624 Transports de biens » et supporte la TVA.

624	Transports de biens	X	
44566	TVA sur autres biens et services	X	
401	Fournisseurs		X
	« P » FA n° …		

Exemple

L'entreprise Tranchant vous communique les factures suivantes :

Tranchant		
FA N° 167		
9/9	Doit	Kim's
Marchandises		3 500,00
Port forfaitaire	+	230,00
Montant hors taxes		3 730,00
TVA 19,60 %	+	731,08
Net à payer	=	4 461,08

Sernam		
FA N° 12011		
11/9	Doit	Tranchant
Transport		470,00
TVA 19,60 %	+	92,12
Net à payer	=	562,12

Tranchant		
FA N° 188		
15/9	Doit	Kim's
Marchandises		4 200,00
Transport hors taxes	+	470,00
Montant hors taxes		4 670,00
TVA 19,60 %	+	915,32
Net à payer	=	5 585,32

Comptabiliser ces factures chez Tranchant et chez Kim's.

• Comptabilisation des factures

Chez le fournisseur Tranchant

	9/9		
411	Clients	4 461,08	
707	Ventes de marchandises		3 500,00
7085	Ports et frais accessoires facturés		230,00
44571	TVA collectée		731,08
	Kim's FA n° 167		

Chez le client Kim's

	9/9		
607	Achats de marchandises	3 500,00	
624	Transports de biens	230,00	
44566	TVA sur autres biens et services	731,08	
401	Fournisseurs		4 461,08
	Tranchant FA n° 167		

Chez le fournisseur Tranchant			
	11/9		
624	Transports de biens	470,00	
44566	TVA sur autres biens et services	92,12	
401	Fournisseurs		562,12
	Sernam FA n° 12011		

Chez le client Kim's

Le client n'est pas concerné par cette opération.

Chez le fournisseur Tranchant			
	15/9		
411	Clients	5 585,32	
707	Ventes de marchandises		4 200,00
44571	TVA collectée		823,20
624	Transports de biens		470,00
44566	TVA sur autres biens et services		92,12
	Kim's FA n° 188		

Chez le client Kim's			
	15/9		
607	Achats de marchandises	4 200,00	
624	Transports de biens	470,00	
44566	TVA sur autres biens et services	915,32	
401	Fournisseurs		5 585,32
	Tranchant FA n° 188		

2 Les emballages

Les emballages sont destinés à *contenir* des produits ou des marchandises.

Le matériel d'emballage, ***utilisé*** et ***conservé*** par l'entreprise, constitue une ***immobilisation*** qui est enregistrée dans le compte :

« 215 Installations techniques, matériel et outillage industriels » ;

il ne fait pas l'objet de ce chapitre (voir chapitre 12).

A – Les achats d'emballages commerciaux

Les emballages commerciaux sont destinés à être livrés aux clients en même temps que leur contenu.

L'entreprise acquiert différents types d'emballages commerciaux selon l'usage qu'elle leur réserve :

Type d'emballages	Usage	Comptes à débiter
Emballages perdus	Ils ne servent qu'*une fois*. Le prix du bien comprend la valeur de l'emballage.	« 60261 Emballages perdus ».
Emballages récupérables identifiables	Ils sont destinés à être ***prêtés*** ou ***consignés*** à des tiers ; ils sont identifiables unité par unité.	« 2186 Emballages récupérables ».
Emballages récupérables non identifiables	Ils sont destinés à être ***prêtés*** ou ***consignés*** à des tiers ; ils ne sont pas identifiables unité par unité.	« 60265 Emballages récupérables non identifiables ».

B – La facturation des emballages au client

Les emballages ***perdus*** sont ***facturés globalement*** avec les marchandises vendues. Ils n'apparaissent ni dans la comptabilité du vendeur, ni dans la comptabilité de l'acheteur.

Les emballages ***récupérables consignés*** aux clients apparaissent ***distinctement*** sur la facture ; ils font l'objet d'une comptabilisation particulière chez le fournisseur et chez le client.

C – La comptabilisation des consignations d'emballages

La consignation d'emballages récupérables peut engendrer trois opérations :

La consignation des emballages est, en principe, une opération ***exonérée*** de TVA, à condition que les emballages soient rendus dans les délais en usage dans la profession.

1) La comptabilisation chez le fournisseur des emballages consignés

Le fournisseur reçoit des fonds ou constate une créance pour le montant de la consignation des emballages ; il devra, lors de la reprise de ces derniers, rembourser les fonds au client ou annuler la créance.

Dans le cas d'une non-restitution des emballages par le client, le fournisseur constatera une vente d'emballages.

La consignation

Lors de la vente de biens, le montant de la consignation des emballages facturé au client constitue une ***dette*** envers lui, enregistrée au ***crédit*** du compte « 4196 Clients – Dettes pour emballages et matériel consignés » par la ***contrepartie*** du compte « 411 Clients » ou d'un compte de trésorerie.

411	Clients	X	
70..	Ventes …		X
44571	TVA collectée		X
4196	Clients – Dettes pour emballages et matériels consignés		X
	« Y » FA n° …		

La restitution

On distingue deux cas :

① ***La restitution au prix de consignation***

Le compte « 4196 Clients – Dettes pour emballages et matériel consignés » est ***soldé*** par le ***crédit*** du compte « 411 Clients ».

4196	Clients – Dettes pour emballages et matériels consignés	X	
411	Clients		X
	« Y » AV n° …		

② ***La restitution à un prix inférieur à celui de la consignation***

La ***différence*** entre le prix de consignation et le prix de la reprise est considérée comme un service de « location » rendu par le fournisseur à son client et de ce fait est soumise à la TVA.

En pratique, cette différence est considérée toutes taxes comprises, ce qui évite au fournisseur de réclamer à son client, lors de l'avoir, le montant de la TVA due.

Le compte « 4196 Clients – Dettes pour emballages et matériel consignés » est ***soldé*** par le ***crédit*** des comptes « 411 Clients » pour le montant de la reprise ; « 7086 Bonis sur reprises d'emballages consignés » pour la différence, et « 44571 TVA collectée » sur le produit constaté.

4196	Clients – Dettes pour emballages et matériels consignés	X	
411	Clients		X
7086	Bonis sur reprises d'emballages consignés		X
44571	TVA collectée		X
	« Y » AV n° …		

La non-restitution

Lorsque le client conserve les emballages, le fournisseur établit une facture et enregistre une opération de ***vente*** soumise à la TVA. Le prix de consignation peut être considéré toutes taxes comprises.

Le compte « 4196 Clients – Dettes pour emballages et matériel consignés » est ***soldé*** par le ***crédit*** des comptes « 7088 Autres produits des activités annexes » pour le prix de consignation hors taxes, et « 44571 TVA collectée » sur le produit constaté.

4196	Clients – Dettes pour emballages et matériels consignés	X	
7088	Autres produits des activités annexes		X
44571	TVA collectée		X
	« Y » FA n° …		

2) La comptabilisation chez le client des emballages à rendre

Le client verse des fonds ou constate une dette pour le montant de la consignation des emballages ; il devra, lors de la restitution de ces derniers, récupérer les fonds auprès du fournisseur ou annuler la dette.

Dans le cas d'une non-restitution des emballages au fournisseur, le client constatera un achat d'emballages.

La consignation

Lors de l'achat de biens, le montant de la consignation des emballages facturé par le fournisseur constitue une ***créance*** sur lui, enregistrée au ***débit*** du compte « 4096 Fournisseurs – Créances pour emballages et matériel à rendre » par la ***contrepartie*** du compte « 401 Fournisseurs » ou d'un compte de trésorerie.

Compte	Libellé	Débit	Crédit
607	Achats de ...	X	
44566	TVA sur autres biens et services	X	
4096	Fournisseurs – Créances pour emballages et matériel à rendre	X	
401	Fournisseurs		X
	« P » FA n° ...		

La restitution

On distingue deux cas :

① ***La restitution au prix de consignation***

Le compte « 4096 Fournisseurs – Créances pour emballages et matériel à rendre » est ***soldé*** par le ***débit*** du compte « 401 Fournisseurs ».

Compte	Libellé	Débit	Crédit
4096	Fournisseurs	X	
401	Fournisseurs – Créances pour emballages et matériel à rendre		X
	« P » AV n° ...		

② ***La restitution à un prix inférieur à celui de la consignation***

La ***différence*** entre le prix de consignation et le prix de la reprise est considérée comme une charge externe soumise à la TVA.
En pratique, cette différence est considérée toutes taxes comprises, ce qui évite au fournisseur de réclamer à son client, lors de l'avoir, le montant de la TVA due.

Le compte « 4096 Fournisseurs – Créances pour emballages et matériel à rendre » est ***soldé*** par le ***débit*** des comptes « 401 Fournisseurs » pour le montant de la reprise ; « 6136 Malis sur emballages » pour la différence, et « 44566 TVA sur autres biens et services » sur la charge constatée.

401	Fournisseurs	X	
6136	Malis sur emballages	X	
44566	TVA sur autres biens et services	X	
4096	Fournisseurs – Créances pour emballages et matériel à rendre		X
	« P » AV n° …		

La non-restitution

Lorsque le client conserve les emballages, il reçoit une facture de son fournisseur et enregistre une opération d'achat soumise à la TVA. Le prix de consignation peut être considéré toutes taxes comprises.
Le compte « 4096 Fournisseurs – Créances pour emballages et matériel à rendre » est ***soldé*** par le ***débit*** des comptes « 6026 Emballages » pour le prix de consignation hors taxes et « 44566 TVA sur autres biens et services » sur la charge constatée.

6026	Emballages *	X	
44566	TVA sur autres biens et services	X	
4096	Fournisseurs – Créances pour emballages et matériel à rendre		X
401	Fournisseurs		X
	« P » FA n° …		

(*) Pour les emballages mis au rebut, le compte « *6718 Autres charges exceptionnelles* » est débité.

À NOTER • Les comptes « 4096 Fournisseurs – Créances pour emballages et matériel à rendre » et « 4196 Clients – Dettes pour emballages et matériel consignés » sont toujours soldés au moment de la déconsignation • Si la non-restitution concerne des emballages récupérables identifiables, le fournisseur doit considérer l'opération comme une cession d'immobilisation.

D – Le stock d'emballages

Pour déterminer le montant du stock à inscrire au bilan, l'entreprise doit dénombrer l'ensemble des emballages récupérables lui appartenant :

Stock final = Stock en magasin + Emballages consignés – Emballages à rendre
(au coût d'achat)

Exemple

Les documents suivants vous sont communiqués :

Corbe		
FA N° 147		
10/6	Doit	Larnicol
Marchandises		6 000,00
TVA 19,60 %	+	1 176,00
Montant TTC	=	7 176,00
Emballages*	+	300,00
Net à payer	=	7 476,00

* 60 casiers à 5 € l'un.

Corbe		
FA N° A 35		
15/6	Avoir	Larnicol
Restitution de 30 casiers à 5 €		150,00
Net en compte	=	150,00

Corbe		
FA N° A 39		
19/6	Avoir	Larnicol
Retour de 20 casiers à 5 € (1)		100,00
À déduire : boni (2)	–	50,17
TVA 19,60 %	–	9,83
Net en compte	=	40,00

(1) Repris à 2 € l'un. (2) (100,00 – 40,00)/1,196

Corbe		
FA N° 183		
25/6	Doit	Larnicol
Non-restitution de 10 casiers		50,00
TVA 19,60 %	+	9,80
Net à payer	=	59,80

Passer les écritures chez Larnicol et chez Corbe.

- *Écritures*

Chez le client Larnicol

Compte	Libellé	Débit	Crédit
	10/6		
607	Achats de marchandises	6 000,00	
44566	TVA sur autres biens et services	1 176,00	
4096	Fournisseurs – Créances pour emballages à rendre	300,00	
401	Fournisseurs		7 476,00
	Corbe FA n° 147		
	15/6		
401	Fournisseurs	150,00	
4096	Fournisseurs – Créances pour emballages à rendre		150,00
	Corbe FA n° A 35		
	19/6		
401	Fournisseurs	40,00	
6136	Malis sur emballage	50,17	
44566	TVA sur autres biens et services	9,83	
4096	Fournisseurs – Créances pour emballages à rendre		100,00
	Corbe FA n° A 39		

Chez le fournisseur Corbe

Compte	Libellé	Débit	Crédit
	10/6		
411	Clients	7 476,00	
707	Ventes de marchandises		6 000,00
44571	TVA collectée		1 176,00
4196	Clients – Dettes pour emballages consignés		300,00
	Larnicol FA n° 147		
	15/6		
4196	Clients – Dettes pour emballages consignés	150,00	
411	Clients		150,00
	Larnicol FA n° A 35		
	19/6		
4196	Clients – Dettes pour emballages consignés	100,00	
7086	Bonis sur reprises d'emballages consignés		50,17
44571	TVA collectée		9,83
411	Clients		40,00
	Larnicol FA n° A 39		

Chez le client Larnicol

Compte	25/6	Débit	Crédit
6026	Emballages	50,00	
44566	TVA sur autres biens et services	9,80	
401	Fournisseurs		9,80
4096	Fournisseurs – Créances pour emballages à rendre		50,00
	Corbe FA n° 183		

Chez le fournisseur Corbe

Compte	25/9	Débit	Crédit
4196	Clients – Dettes pour emballages consignés	50,00	
411	Clients	9,80	
7086	Autres produits d'activités annexes		50,00
44571	TVA collectée		9,80
	Larnicol FA n° 183		

Les prestations de services et les travaux immobiliers

Chapitre 10

1 Généralités

A – Définition

Toute opération autre qu'une livraison de biens meubles corporels est considérée comme une prestation de services. Par exemple :

– location de biens meubles corporels ;

– location d'immeubles ;

– travaux immobiliers ;

– travaux d'études, de recherche ou d'expertises ;

– cession ou concession de biens meubles incorporels.

B – La classification du Plan comptable général

1) Les achats de prestations de services

Il s'agit de ***charges externes*** liées à l'activité normale de l'entreprise. Le plan comptable général distingue les comptes de services extérieurs suivants :

Liés à l'investissement de l'entreprise 61 Services extérieurs	
611	Sous-traitance générale
612	Redevances de crédit-bail
613	Locations
614	Charges locatives et de copropriété
615	Entretien et réparations
616	Primes d'assurance
617	Études et recherches
618	Divers

Liés à l'activité de l'entreprise 62 Autres services extérieurs	
621	Personnel extérieur à l'entreprise
622	Rémunérations d'intermédiaires et honoraires
623	Publicité, publications, relations publiques
624	Transports de biens et transports collectifs du personnel
625	Déplacements, missions et réceptions
626	Frais postaux et de télécommunications
627	Services bancaires et assimilés
628	Divers

2) Les ventes de prestations de services

Il s'agit de produits relatifs à des ***travaux*** effectués ou à des ***services*** rendus dans le cadre de l'activité principale ou normale de l'entreprise. Le plan comptable général distingue les comptes de ventes de prestations de services suivants :

Liés à l'activité de l'entreprise 70 Ventes de produits fabriqués, prestations de services, marchandises	
704	Travaux
705	Études
706	Prestations de services
708	Produits des activités annexes

À NOTER • Les réductions commerciales, hors facture, obtenues ou accordées relatives aux prestations de services s'enregistrent respectivement dans les comptes :
– « 619 Rabais, remises et ristournes obtenus sur services extérieurs » ;
– « 629 Rabais, remises et ristournes obtenus sur autres services extérieurs » ;
– « 709 Rabais, remises et ristournes accordés par l'entreprise ».

2 La TVA relative aux prestations de services et aux travaux immobiliers

Le fait générateur et l'exigibilité de la taxe pour les opérations de prestations de services et de travaux immobiliers ***ne se produisent pas au même moment***. Les règles fiscales suivantes doivent être respectées :

Fait générateur → le fait générateur intervient lors de l'***achèvement*** de la prestation de service ou des travaux.

Exigibilité pour le fournisseur → la taxe est en principe exigible lors de l'***encaissement*** du prix (avances, acomptes, règlements pour solde) sauf option TVA sur les débits.

Déductibilité pour le client → la TVA est déductible lors du ***paiement*** du prix facturé ou des acomptes par le client.

La base d'imposition correspond au montant hors taxes de l'encaissement.

Lorsque les paiements sont fractionnés, la TVA est calculée sur chacun d'eux.

Les dates d'exigibilié et du droit à déduction diffèrent selon le mode de règlement :

Mode de règlement	Dates d'exigibilité et du droit à déduction
Chèque	date de remise du chèque par le client.
Virement	inscription de la somme au compte du fournisseur.
Effet de commerce	date de paiement de l'effet.
Affacturage ou cession de créances	date du paiement effectif du client.

3 La comptabilisation des prestations de services et des travaux immobiliers

A – Les avances et les acomptes

Le plus souvent, les fournisseurs prestataires de services et entrepreneurs de travaux immobiliers demandent à leurs clients de verser une avance à la commande ou un acompte pendant l'exécution de la commande ou des travaux et ***avant facturation*** des prestations ou travaux réalisés. Ils établissent à cet effet une ***facture d'acompte*** destinée aux clients sur laquelle figure, entre autres, le montant toutes taxes comprises encaissé et le montant de la TVA correspondant.

1) La comptabilisation chez le fournisseur

L'enregistrement s'effectue en deux temps :

① **L'avance ou l'acompte**

↓

Les versements reçus des clients sont portés au ***crédit*** du compte : « 4191 Clients – Avances et acomptes reçus sur commandes » par le ***débit*** du compte de trésorerie concerné, pour le montant toutes taxes comprises.

5..	Trésorerie	X	
4191	Clients – Avances et acomptes reçus sur commandes		X
	« T » FA d'acompte n° …		

② **La TVA collectée sur l'avance ou l'acompte**

La TVA exigible sur les encaissements relative à l'acompte est comptabilisée au ***crédit*** du compte « 44571 TVA collectée » par le ***débit*** d'un compte de régularisation « 4458 Taxes sur le chiffre d'affaires à régulariser ».

4458	TCA à régulariser	X	
44571	TVA collectée		X
	« T » FA d'acompte n° …		

2) La comptabilisation chez le client

On distingue deux étapes :

① **L'avance ou l'acompte**

Les avances ou acomptes versés sur commandes à des fournisseurs sont comptabilisés au ***débit*** du compte : « 4091 Fournisseurs – Avances et acomptes versés sur commandes » par le ***crédit*** du compte de trésorerie concerné, pour le montant toutes taxes comprises.

4091	Fournisseurs – Avances et acomptes versés sur commandes	X	
5…	Trésorerie		X
	« Z » FA d'acompte n° …		

② **La TVA déductible sur l'avance ou l'acompte**

La TVA versée au titre de l'acompte est déductible ; son montant est donc porté au ***débit*** du compte « 44566 TVA sur autres biens et services » par la ***contrepartie*** du compte de régularisation « 4458 Taxes sur le chiffre d'affaires à régulariser ».

44566	TVA sur autres biens et services	X	
4458	TCA à régulariser		X
	« Z » FA d'acompte n° …		

Exemple

L'entreprise Mercier effectue des travaux de plomberie pour l'entreprise Poussar ; le montant toutes taxes comprises des travaux s'élève à 2 392,00 € ; TVA 19,60 %.

Le 5 novembre l'entreprise Poussar verse un acompte de 40 % du montant des travaux.

Enregistrer les opérations chez Mercier et chez Poussar.

• Écritures

Chez le fournisseur Mercier

		Débit	Crédit
	5/11		
512	Banques	956,80	
4191	Clients – Avances et acomptes reçus sur commandes		956,80
	Poussar ch n°…		
	5/11		
4458	TCA à régulariser	156,80	
44571	TVA collectée		156,80
	Poussar FA d'acompte n°…		

Chez le client Poussar

		Débit	Crédit
	5/11		
4091	Fournisseurs – Avances et acomptes versés sur commandes	956,80	
512	Banques		956,80
	Mercier ch n°…		
	5/11		
44566	TVA sur autres biens et services	156,80	
4458	TCA à régulariser		156,80
	Mercier FA d'acompte n°…		

B – La facturation pour prestations et travaux réalisés

Lors de l'enregistrement de la facture, deux cas peuvent se présenter :

Règlement postérieur à la facturation

Dans ce cas, la TVA figurant sur la facture ne sera exigible pour le fournisseur et déductible pour le client qu'au moment de l'encaissement et du paiement de la facture. En conséquence, l'enregistrement de la facture nécessite l'utilisation d'un ***compte d'attente*** pour la TVA qui sera ***soldé*** lors du règlement de la facture.

Règlement et facturation simultanés

Dans le cas d'un règlement au ***comptant***, le fait générateur et l'exigibilité de la TVA sont simultanés ; il n'est donc pas nécessaire d'utiliser un compte d'attente pour l'enregistrement de la TVA.

1) La comptabilisation chez le fournisseur

a) Encaissement après facturation

On distingue deux étapes :

① **L'enregistrement de la facture**

↓

Le compte « 4191 Clients – Avances et acomptes reçus sur commandes » est ***débité*** pour ***solde***. Le net à payer de la facture, déduction faite de l'avance ou de l'acompte déjà reçu, est porté au ***débit*** du compte « 411 Clients » par le ***crédit*** du compte de produit concerné, pour le montant hors taxes et par le ***crédit*** du compte d'attente « 44574 TVA collectée sur encaissements » pour le montant de la TVA qui sera exigible lors de l'encaissement. D'autre part, le compte « 4458 Taxes sur le chiffre d'affaires à régulariser » est ***crédité*** pour ***solde*** du montant de la TVA sur acompte.

4191	Clients – Avances et acomptes reçus sur commandes	X	
411	Clients	X	
70.	Travaux, études, prestations ou produits …		X
4458	TCA à régulariser		X
44574	TVA collectée sur encaissements		X
	« T » FA n° …		

② **L'encaissement de la facture**

↓

Le compte « 411 Clients » est ***soldé*** par la ***contrepartie*** d'un compte de trésorerie.

5…	Trésorerie	X	
411	Clients		X
	« T » ch n° …		

D'autre part, le compte « 44574 TVA collectée sur encaissements » est ***soldé***, son montant est viré au ***crédit*** du compte « 44571 TVA collectée » la TVA devenant exigible.

44574	TVA collectée sur encaissements	X	
44571	TVA collectée		X
	« T » ch n° …		

b) Encaissement au comptant

La comptabilisation est ***identique*** à celle relative à la vente de biens au comptant. Cependant, il ne faut pas oublier, dans la même écriture, de ***solder*** les comptes :

– « 4191 Clients – Avances et acomptes reçus sur commandes » par son ***débit*** ;

– et « 4458 Taxes sur le chiffre d'affaires à régulariser » par son ***crédit***.

2) La comptabilisation chez le client

a) Paiement après facturation

On distingue deux étapes :

① **L'enregistrement de la facture**

↓

Le compte « 4091 Fournisseurs – Avances et acomptes versés sur commandes » est ***crédité*** pour ***solde***. Le net à payer de la facture, déduction faite de l'avance ou de l'acompte déjà versé, est porté au ***crédit*** du compte « 401 Fournisseurs » par le ***débit*** du compte de charge concernée, pour le montant hors taxes et par le ***débit*** du compte d'attente « 44564 TVA déductible sur encaissements » pour le montant de la TVA qui sera déductible lors du paiement. D'autre part, le compte « 4458 Taxes sur le chiffre d'affaires à régulariser » est ***débité*** pour ***solde*** du montant de la TVA sur acompte.

61/62	Autres charges externes	X	
44564	TVA déductible sur encaissements	X	
4458	TCA à régulariser	X	
401	Fournisseurs		X
4091	Fournisseurs – Avances et acomptes versés sur commandes		X
	« Z » FA n° …		

② **Le paiement de la facture**

↓

Le compte « 401 Fournisseurs » est ***soldé*** par la ***contrepartie*** d'un compte de trésorerie.

401	Fournisseurs	X	
5…	Trésorerie		X
	« Z » ch n° …		

D'autre part, le compte « 44564 TVA déductible sur encaissements » est ***soldé***, son montant est viré au ***débit*** du compte « 44566 TVA sur autres biens et services », la TVA devenant déductible.

44566	TVA sur autres biens et services	X	
44564	TVA déductible sur encaissements		X
	« Z » ch n° …		

b) Paiement au comptant

La comptabilisation est ***identique*** à celle relative à l'achat de biens au comptant. Cependant, il ne faut pas oublier de ***solder***, dans la même écriture, les comptes :

– « 4091 Fournisseurs – Avances et acomptes versés sur commandes » par son ***crédit*** ;

– et « 4458 Taxes sur le chiffre d'affaires à régulariser » par son ***débit***.

Exemple

L'entreprise Mercier :

– envoie la facture à Poussar le 2 décembre ;

– reçoit le 9 décembre un chèque pour solde.

Enregistrer les opérations chez Mercier et chez Poussar.

• Écritures

Chez le fournisseur Mercier

Compte	Libellé	Débit	Crédit
	2/12		
4191	Clients – Avances et acomptes reçus sur commandes	956,80	
411	Clients[1]	1 435,20	
706	Prestations de services		2 000,00
44574	TVA collectée sur encaissements[2]		235,20
4458	TVA à régulariser		156,80
	Poussar FA n° …		
	9/12		
512	Banques	1 435,20	
411	Clients		1 435,20
	Poussar ch n° …		
	9/12		
44574	TVA collectée sur encaissements	235,20	
44571	TVA collectée		235,20
	Poussar ch n° …		

Chez le client Poussar

Compte	Libellé	Débit	Crédit
	2/12		
615	Entretien et réparations	2 000,00	
44564	TVA déductible sur encaissements[2]	235,20	
4458	TVA à régulariser	156,80	
401	Fournisseurs[1]		1 435,20
4091	Fournisseurs – Avances et acomptes versés sur commandes		956,80
	Mercier FA n° …		
	9/12		
401	Fournisseurs	1 435,20	
512	Banques		1 435,20
	Mercier ch n°…		
	9/12		
44566	TVA sur autres biens et services	235,20	
44564	TVA déductible sur encaissements		235,20
	Mercier ch n° …		

(1) 2 392,00 – 956,80

(2) (1 435,20/1,196) 0,196

4 L'option pour l'exigibilité de la TVA sur les débits

Les redevables prestataires de services et entrepreneurs de travaux immobiliers peuvent ***opter*** pour le paiement de la TVA d'après « les débits » plutôt que d'appliquer le régime de droit commun.

Le terme « ***les débits*** » signifie inscription des créances ***au débit des comptes clients***. Cette comptabilisation s'effectue en principe à la date de facturation.

Cette option offre des avantages tels que :

– une ***simplification*** des travaux comptables pour le fournisseur ;

– un droit à déduction exercé ***dès la facturation*** pour le client et non lors du paiement ultérieur.

Cependant, la TVA reste ***exigible*** pour le fournisseur lors de l'encaissement d'***acomptes*** avant la date de facturation des prestations ou travaux réalisés.

Exemple

Le 20 mars, la société JPB réceptionne la facture n° 15472 de France Télécom : montant hors taxes : 1 200 €, TVA taux normal. France Télécom a opté pour les débits.

Comptabiliser cette facture.

• Écriture

	20/3		
626	Frais postaux et de télécommunications	1 200,00	
44566	TVA sur autres biens et services	235,20	
401	Fournisseurs		1 435,20
	France Télécom FA n° 15472		

Les opérations avec l'étranger

Chapitre 11

1 Généralités

Un grand nombre d'entreprises françaises réalisent des opérations avec des entreprises étrangères établies soit dans un ***État hors de l'Union européennne*** soit dans un ***État membre de l'Union européenne***.

Au 1er janvier 2010, ***l'euro est la monnaie unique*** des seize pays participant à l'Union économique et monétaire (UEM) : Allemagne, Autriche, Belgique, Chypre, Espagne, Finlande, France, Grèce, Irlande, Italie, Luxembourg, Malte, Pays-Bas, Portugal, Slovaquie et Slovénie. Le 1er janvier 2011, l'Estonie entrera dans la zone euro.

Les opérations avec l'étranger comprennent :

→ les opérations de ***livraisons de biens corporels*** avec l'étranger ;
→ les opérations de ***prestations de services*** avec l'étranger.

Le traitement comptable de ces opérations présente deux particularités :

– l'application des règles fiscales de territorialité en matière de TVA ;

– le traitement des différences de change pour les opérations libellés en monnaies étrangères, c'est-à-dire celles réalisées en dehors de la zone euro.

2 Les opérations de livraisons de biens corporels

Il y a lieu de distinguer :

Les opérations intracommunautaires	Les opérations d'import-export
Elles représentent des échanges réalisés entre une entreprise ***située en France*** et une entreprise ***établie dans un autre État membre de l'Union européenne***.	Elles représentent des échanges réalisés entre une entreprise ***située en France*** et une entreprise ***établie dans un État hors de l'Union européenne.***

A – Les opérations intracommunautaires

1) Principe

Les opérations intracommunautaires regroupent les opérations d'achats (acquisitions intracommunautaires) et de ventes (livraisons intracommunautaires) de ***biens*** réalisées entre une entreprise ***située en France*** et une entreprise établie dans un ***autre État membre de l'Union européenne***.

Les entreprises qui réalisent des acquisitionsions intracommunautaires et/ou des livraisons intracommunautaires doivent posséder un ***numéro*** d'identification européen et produire une ***déclaration*** mensuelle d'échanges de biens (***DEB***).

2) Les livraisons intracommunautaires

a) Les règles fiscales relatives à la TVA

Les livraisons intracommunautaires sont en principe ***exonérées de TVA***.

Les factures délivrées sont ***hors taxes***; elles doivent comporter les numéros d'identification du vendeur et de l'acheteur ainsi que la mention :

« *Exonération de TVA* ».

Si l'acheteur n'est pas assujetti à la TVA, ou s'il n'a pas fourni son numéro d'identification, le vendeur doit ***facturer toutes taxes comprises*** au taux en vigueur dans son pays.

b) La comptabilisation

Il est recommandé d'utiliser les ***subdivisions spécifiques*** des comptes de ventes et de créances identifiées par le chiffre « ***2*** » placé en 4e ou 5e position.

Le compte « 41112 Clients Union européenne » est ***débité*** pour le montant hors taxes de la créance par la ***contrepartie*** du compte « 70712 Ventes de marchandises intracommunautaires ».

L'écriture est la suivante :

41112	Clients Union européenne	X	
70712	Ventes de marchandises intracommunautaires		X
	« *Y* » *FA n°* …		

Exemple

Le 5 juin N, la société Haltour vend des marchandises à son client allemand Schwarts pour un montant de 2 800,00 €.

Comptabiliser l'opération.

- Écriture

	5/6		
41112	Clients Union européenne	2 800,00	
70712	Ventes de marchandises intracommunautaires		2 800,00
	Schwarts FA n° …		

3) Les acquisitions intracommunautaires

a) Les règles fiscales relatives à la TVA

Les acquisitions intracommunautaires (achats) sont ***soumises à la TVA française***. Contrairement aux importations, la TVA ***n'est pas collectée*** par l'administration des douanes mais ***par l'entreprise française***.

Les règles fiscales à respecter sont les suivantes :

Fait générateur

↓

Le fait générateur intervient lors de la livraison du bien.

Exigibilité

↓

La TVA est exigible :

- soit à la date de la réception de la facture, si elle est ***antérieure au 15 du mois suivant*** celui de la livraison ;
- soit le 15 du mois suivant celui de la livraison, si la facture ***n'est toujours pas parvenue*** à ce jour.

Les factures établies avant la livraison (fait générateur) n'entraînent pas l'exigibilité de la taxe.

La TVA est due par l'acquéreur, c'est lui-même qui doit la calculer ; ce dernier exerce son droit à déduction sur la même déclaration. Il s'agit du ***mécanisme d'autoliquidation***.

En conséquence, la TVA relative à une acquisition intracommunautaire est ***à la fois***:

- une ***TVA collectée*** à payer à l'État
- une ***TVA déductible*** à récupérer

} pour le même montant.

b) La comptabilisation

Il est nécessaire de distinguer la TVA collectée sur les acquisitions intracommunautaires de la TVA collectée sur les ventes réalisées en France ; pour cela, il a été créé un compte spécifique :

« 4452 TVA due intracommunautaire »

Il est recommandé d'utiliser les ***subdivisions spécifiques*** des comptes d'achats et de dettes identifiées par le chiffre « *2* » placé en 4e ou 5e position.

La comptabilisation diffère suivant la date de réception de la facture :

Facture reçue avant la date limite d'exigibilité de la TVA (15 M + 1)

↓

Les comptes « 60.12 Achats de … intracommunautaires » et « 445662 TVA déductible intracommunautaire » sont ***débités*** respectivement pour le montant hors taxes et le montant de la TVA correspondant par la ***contrepartie*** des comptes « 4452 TVA due intracommunautaire » pour le montant de la TVA et « 40112 Fournisseurs Union européenne » pour le montant de la dette.

60.12	Achats de … intracommunautaires	X	
445662	TVA déductible intracommunautaire	X	
4452	TVA due intracommunautaire		X
40112	Fournisseurs Union européenne		X
	« W » FA n° …		

Facture reçue après la date limite d'exigibilité de la TVA

↓

La TVA déductible intracommunautaire et la TVA due intracommunautaire sont enregistrées à la date d'exigibilité.

445662	TVA déductible intracommunautaire	X	
4452	TVA due intracommunautaire		X
	« X » TVA exigible sur facture à recevoir		

L'achat et la dette sont enregistrés à la date de réception de la facture.

60.12	Achats de … intracommunautaires	X	
40112	Fournisseurs Union européenne		X
	« X » FA n° …		

Exemple

Le 25 juin N, la société Sax achète des marchandises à son fournisseur espagnol Moreno pour un montant de 3 766,45 €. La TVA applicable est le taux normal de 19,60 %.

Comptabiliser l'opération.

- Écriture

	25/6		
60712	Achats de marchandises intracommunautaires	3 766,45	
445662	TVA déductible intracommunautaire	738,22	
4452	TVA due intracommunautaire		738,22
40112	Fournisseurs Union européenne		3 766,45
	Moreno FA n° … ;		
	TVA due : 3 766,45 € x 19,60 % = 738,22 €		

À NOTER • Les encaissements des créances et les règlements des dettes intracommunautaires entre les 16 pays (17 à compter du 1er janvier 2011) de l'UEM n'entraînent aucune différence de change. Par contre, ceux réalisés avec les pays hors UEM peuvent engendrer des résultats de change puisque ces pays n'ont pas la même monnaie. Leur traitement est alors identique à celui des différences de change relatives aux opérations d'import/export (voir page 139).

B – Les opérations d'import-export libellées en monnaies étrangères

1) Principe

Lors de la facturation, les créances et dettes en monnaies étrangères relatives aux opérations d'import-export doivent être ***converties en euros*** sur la base du ***dernier cours*** de change à la date de ***facturation***.

Les règlements relatifs aux créances et aux dettes en monnaies étrangères doivent être ***convertis en euros*** sur la base du dernier cours de change du ***jour du règlement***.
Une ***comparaison*** est effectuée entre le ***montant des créances*** et des ***dettes*** comptabilisées à la date de facturation et celui ***des règlements***.

Des différences de change peuvent être constatées si le cours de change évolue entre la date de facturation et celle du règlement.

2) Les opérations d'importation

a) Les règles fiscales relatives à la TVA

Les importations sont ***soumises à la TVA française***. La TVA est perçue par l'administration des douanes et non par le fournisseur. Elle est ***exigible*** au moment du ***dédouanement***.

La TVA est calculée sur la valeur en douane, c'est-à-dire sur le prix réel des produits effectivement payé au moment du dédouanement.

Le droit à déduction est exercé à condition que le redevable possède les documents douaniers le désignant comme destinataire réel des biens.

b) La comptabilisation de la facture et du paiement de la TVA

La comptabilisation des importations nécessite deux écritures :

Réception de la facture

↓

Un compte « 60 Achats ... » est ***débité*** pour le montant hors taxes par la ***contrepartie*** du compte « 401 Fournisseurs ».

60.	Achats de ...	X	
401	Fournisseurs		X
	« X » TVA exigible sur facture à recevoir		

Paiement de la TVA à l'administration des douanes

Le compte « 44566 TVA sur autres biens et service » est ***débité*** par la ***contrepartie*** d'un compte de trésorerie

		Débit	Crédit
44566	TVA sur autres biens et services	X	
5..	Trésorerie		X
	Documents de douanes ch n° …		

Exemple

L'entreprise Reva reçoit le 15 mars N une facture de son fournisseur japonais Nissan d'un montant de 250 000 yens (cours du jour : 100 yens = 0,914 €).

La livraison est effectuée le 26 mars N.

Comptabiliser l'opération.

• Écritures

			Débit	Crédit
		15/3		
607		Achats de marchandises	2 285,00	
	401	Fournisseurs		2 285,00
		Nissan FA n° … ; 250 000/100 x 0,914 = 2 285,00 €		
		26/3		
44566		TVA sur autres biens et services	447,86	
	512	Banques		447,86
		Règlement TVA : 2 285,00 x 19,60 % = 447,86 €		

À NOTER • Ces deux écritures s'enregistrent :
– soit à la même date dans le cas où la facturation est simultanée à la livraison ;
– soit à des dates différentes dans le cas inverse.

c) Le règlement de la dette et le calcul du résultat de change

Après avoir converti en euros le montant du règlement, il faut ***comparer*** le montant de la dette comptabilisé à la date de facturation et celui du règlement afin de calculer, s'il y a lieu, ***un résultat de change***.

Deux situations peuvent se présenter :

Augmentation du cours de change entre la date de facturation et la date du règlement	**Diminution du cours de change entre la date de facturation et la date du règlement**
⇓	⇓
Montant du ***règlement*** **>** Montant de la ***dette***	Montant du ***règlement*** **<** Montant de la ***dette***
⇓	⇓
***Perte* de change**	***Gain* de change**

d) La comptabilisation du règlement de la dette

Il y a lieu de comptabiliser un ***produit financier*** ou une ***charge financière*** à chaque fois que l'entreprise constate un résultat de change lors de l'enregistrement du règlement de la dette.

Constatation d'une perte de change

↓

La dette est soldée par le ***débit*** du compte « 401 Fournisseurs ». La perte de change est portée au ***débit*** du compte « 666 Pertes de change ». Le compte de trésorerie concerné est ***crédité*** pour le montant du règlement.

Compte	Libellé	Débit	Crédit
401	Fournisseurs	X	
666	Pertes de change	X	
5..	Trésorerie		X
	« W » ch n° …		

Constatation d'un gain de change

↓

La dette est soldée par le ***débit*** du compte « 401 Fournisseurs ». Le gain de change est porté au ***crédit*** du compte « 766 Gains de change ». Le compte de trésorerie concerné est ***crédité*** pour le montant du règlement.

Compte	Libellé	Débit	Crédit
401	Fournisseurs	X	
766	Gains de change		X
5..	Trésorerie		X
	« W » ch n° …		

Exemple

L'entreprise règle la facture du fournisseur Nissan le 31 mai N (cours du jour : 100 yens = 0,974 €).

Comptabiliser l'opération.

• Écriture

	31/5		
401	Fournisseurs	2 285,00	
666	Pertes de change	150,00	
512	Banques		2 435,00
	Nissan Ch n° … (250 000/100) 0,974 = 2 435,00 €		
	Perte : 2 435,00 – 2 285,00 = 150,00 €		

3) Les opérations d'exportation

a) La comptabilisation de la facture

Les exportations sont exonérées de TVA.

Le compte « 411 Clients » est ***débité*** pour le montant hors taxes de la créance par la ***contrepartie*** d'une subdivision du compte « 70 Ventes … » :

411	Clients	X	
70..	Ventes … à l'exportation		X
	« Y » FA n° …		

Exemple

L'entreprise Reva vend des marchandises, le 18 avril N, à son client mexicain Ranès pour un montant de 150 000 pesos (cours du jour : 100 pesos = 6,434 €).

Comptabiliser l'opération.

• Écriture

	18/4		
411	Clients	9 651,00	
707..	Ventes de marchandises à l'exportation		9 651,00
	Ranès FA n° … ; 150 000/100 x 6,434 = 9 651 €		

b) L'encaissement de la créance et le calcul du résultat de change

Après avoir converti en euros le montant de l'encaissement, il faut ***comparer*** le montant de la créance comptabilisé à la date de facturation et celui de l'encaissement afin de calculer, le cas échéant, ***un résultat de change***.

Deux situations peuvent se présenter :

Augmentation du cours de change entre la date de facturation et la date du règlement	**Diminution du cours de change entre la date de facturation et la date du règlement**
⇓	⇓
Montant de l'*encaissement* > Montant de la *créance*	Montant de l'*encaissement* < Montant de la *créance*
⇓	⇓
***Gain* de change**	***Perte* de change**

c) La comptabilisation de l'encaissement de la créance

Il y a lieu de comptabiliser un ***produit financier*** ou une ***charge financière*** à chaque fois que l'entreprise constate un résultat de change lors de l'enregistrement de l'encaissement de la créance.

Constatation d'une perte de change

↓

La créance est soldée par le ***crédit*** du compte « 411 Clients ». La perte de change est portée au ***débit*** du compte « 666 Pertes de change ». Le compte de trésorerie concerné est ***débité*** pour le montant de l'encaissement.

5..	Trésorerie	X	
666	Pertes de change	X	
411	Clients		X
	« Z » ch n° …		

Constatation d'un gain de change

↓

La créance est soldée par le ***crédit*** du compte « 411 Clients ». Le gain de change est porté au ***crédit*** du compte « 766 Gains de change ». Le compte de trésorerie concerné est ***débité*** pour le montant de l'encaissement.

5..	Trésorerie	X	
766	Gains de change		X
411	Clients		X
	« Z » ch n° …		

Exemple

Le client Ranès règle la facture le 1er juin N (cours du jour : 6,634 €).

Comptabiliser l'opération.

• Écriture

	1/6		
512	Banques	9 951,00	
766	Gains de change		300,00
411	Clients		9 651,00
	Ranès ch n° ... ; 150 000/100 x 6,634 = 9 951,00 €		
	Gain : 9 951,00 – 9 651,00 = 300 €		

4) Résumé

Les différentes situations qui permettent de dégager un résultat de change sont récapitulées dans le tableau ci-dessous :

Cours de change	Créance	Dette
Augmentation du cours entre facturation et règlement	Gain	Perte
Diminution du cours entre facturation et règlement	Perte	Gain

3 Les opérations de prestations de services

Seules les prestations relevant du nouveau principe général de taxation et réalisées entre assujettis sont étudiées (voir page 96).

A – Les achats de prestations de services auprès d'un prestataire assujetti établi hors de France (Union européenne et hors Union européenne)

1) La facturation

Le preneur assujetti français est ***redevable de la TVA en France*** ; il doit ***autoliquider la TVA*** et la faire figurer sur la déclaration mensuelle de TVA CA3 simultanément en TVA collectée et en TVA déductible.

Actuellement, aucun compte spécifique n'est prévu pour identifier les prestations de services intracommunautaires et la TVA qui s'y rattache.

Dans l'attente d'une traduction comptable officielle, le traitement comptable suivant peut être proposé : les comptes « 604 Achats d'études ou de prestations de services » ou « 61 Services extérieurs » ou « 62 Autres services extérieurs » et « 44566 TVA sur autres biens et services » sont ***débités*** par le ***crédit*** des comptes « 401 Fournisseurs » et « 445(.) TVA due sur prestations de services ».

Le fait générateur et l'exigibilité sont simultanés et interviennent à la date de réalisation de la prestation ou à la date d'encaissement d'acomptes par le fournisseur.

2) Le règlement

Le règlement des dettes soit en monnaies étrangères, soit intracommunautaires subit le même traitement comptable que celui relatif aux importations ou aux acquisitions intracommunautaires (voir pages 137 et 138).

Exemple

La société Bourdier a reçu le 26 juin N du transporteur Il'Lico établi en Espagne, la facture relative aux transports de marchandises pour un montant hors taxes de 575 €. La facture sera réglée le 15 juillet N.

Comptabiliser l'opération.

• Écriture

	15/7		
6624445	Transports de biens	575,00	
44566	TVA sur autres biens et services	112,70	
445(.)	TVA due sur prestations de services		112,70
401	Fournisseurs		575,00
	Il'Lico FA n° … ;		

B – Les ventes de prestations de services à un preneur assujetti établi à l'étranger

1) La facturation

Le prestataire assujetti français facture la prestation ***hors taxes***. La TVA est autoliquidée dans le pays du preneur assujetti, le cas échéant.

La facture adressée au client assujetti qui autoliquide la TVA doit faire référence à l'article 283-2 du CGI pour justifier l'exonération de l'opération pour le prestataire français.

Dans l'attente d'une traduction comptable officielle, le compte « 411 Clients » est débité par le crédit du compte « 706 Prestations de services ».

Par ailleurs, depuis le 1er janvier 2010, le prestataire français assujetti doit déclarer mensuellement à l'aide de la ***Déclaration européenne de services*** (DES) les prestations de services intracommunautaires facturées aux clients assujettis qui autoliquident la TVA dans leur État membre.

2) L'encaissement

L'encaissement des créances soit en monnaies étrangères, soit en euros connaît le même traitement comptable que celui relatif aux exportations ou aux livraisons intracommunautaires (voir pages 137 et 140).

Exemple

Le 3 juin, le cabinet d'avocats Bav'Aux facture à son client Anke, assujetti et établi en Autriche, des honoraires relatifs à une prestation de conseils pour un montant hors taxes de 1 600 €.

Comptabiliser l'opération.

• Écriture

	3/6	Débit	Crédit
411	Clients	1 600,00	
706	Ventes de prestations de services		1 600,00
	Anke FA n° …		

Les opérations d'investissement

Chapitre **12**

1 Définition

Les opérations d'investissement consistent à acquérir ou à fabriquer des biens estimés ***utiles*** et destinés à servir de façon ***durable*** à l'activité de l'entreprise.

Du point de vue comptable, les investissements sont des ***immobilisations*** (biens sur lesquels l'entreprise exerce un droit de propriété ou dispose de leur contrôle) constituant l'***actif immobilisé*** du bilan.

Certaines immobilisations sont concernées par le règlement 04-06 du Comité de la règlementation comptable sur les actifs qui établit les ***règles*** relatives à leur définition, leur évaluation et leur comptabilisation.

Le Plan comptable général consacre un article à la définition de l'actif :

> *Article 211-1 du Plan comptable général* :
> « Un actif est un élément identifiable du patrimoine ayant une valeur économique positive pour l'entité, c'est-à-dire un élément générant une ressource que l'entité contrôle du fait d'événements passés et dont elle attend des avantages économiques futurs ».

Afin de bien ***distinguer*** les immobilisations des charges, il y a lieu de préciser les ***trois conditions*** auxquelles doivent répondre les immobilisations :

- leur valeur économique positive résulte de la perception d'***avantages économiques futurs*** (potentiel de l'immobilisation à générer des flux nets de trésorerie au bénéfice de l'entreprise) liés à leur utilisation ;
- elles doivent être ***identifiables***, c'est-à-dire séparables des activités de l'entreprise ou résulter d'un droit légal ou contractuel ;
- leur coût ou leur valeur doit être évalué avec une ***fiabilité suffisante***.

Par ailleurs, les ***dépenses ultérieures*** relatives aux immobilisations (dépenses d'amélioration, de remplacement, de gros entretien...) doivent être considérées comme des ***composants*** de l'actif principal (voir page 152) si elles remplissent les conditions de définition et de comptabilisation d'un actif. Dans le cas contraire, elles sont comptabilisées en charges.

2 L'actif immobilisé

A – Classification

L'actif immobilisé du bilan comprend trois rubriques :

Immobilisations non financières

Immobilisations incorporelles	Immobilisations corporelles
Actif non monétaire sans substance physique. Frais liés à la constitution ou au développement de l'entreprise (frais d'établissement, frais de recherche...) bien qu'ils ne correspondent pas à la définition d'un actif.	Actif physique détenu, soit pour être utilisé dans la production ou la fourniture de biens ou services, soit pour être loué à des tiers, soit à des fins de gestion interne et dont l'entité attend qu'il soit utilisé au-delà de l'exercice en cours.

Plan comptable général

20 Immobilisations incorporelles	21 Immobilisations corporelles
201 Frais d'établissement 203 Frais de recherche et de développement 205 Concessions et droits similaires, brevets, licences, marques, procédés, logiciels, droits et valeurs similaires 206 Droit au bail 207 Fonds commercial 208 Autres immobilisations incorporelles	211 Terrains 212 Agencements et aménagements de terrains 213 Constructions 214 Constructions sur sol d'autrui 215 Installations techniques, matériel et outillage industriels 218 Autres immobilisations corporelles

À NOTER • Les biens de faible valeur, dont le prix unitaire n'excède pas 500,00 € hors taxes, peuvent être considérés comme entièrement consommés dans l'exercice de leur mise en service et, par conséquent, être comptabilisés en charges.

Immobilisations financières

Immobilisations financières

Éléments représentant des créances assimilables à des prêts et des droits dans le capital d'autres entreprises (titres de participation, titres immobilisés...).

Plan comptable général

26 Participations et créances rattachées à des participations	27 Autres immobilisations financières
261 Titres de participation 266 Autres formes de participation 267 Créances rattachées à des participations 268 Créances rattachées à des sociétés en participation 269 Versements restant à effectuer sur titres de participation non libérés	271 Titres immobilisés autres que les titres immobilisés de l'activité de portefeuille (droit de propriété) 272 Titres immobilisés (droit de créance) 273 Titres immobilisés de l'activité de portefeuille 274 Prêts 275 Dépôts et cautionnements versés 276 Autres créances immobilisées 277 Actions propres ou parts propres 279 Versements restant à effectuer sur titres immobilisés non libérés

B – Les options possibles pour les immobilisations incorporelles

Pour ***certains frais*** classés en immobilisations incorporelles (frais d'établissement, frais de dévelopement...), le règlement CRC 04-06 permet aux entreprises, sous certaines conditions, de choisir un enregistrement comptable soit en immobilisations, soit en charges.

Le tableau ci-dessous résume les différentes options possibles :

Nature	Option : charges ou actif	Méthode préférentielle pour le Plan comptable général	Conditions
Frais d'établissement	Oui	Comptabilisation en charges	—
Frais de recherche ou de la phase recherche d'un projet interne	Non Comptabilisation obligatoire en charges	—	—

Nature	Option : charges ou actif	Méthode préférentielle pour le Plan comptable général	Conditions
Frais de développement hors logiciels	Oui	Comptabilisation à l'actif (voir conditions)	Projets nettement individualisés avec de sérieuses chances de réussite technique et de rentabilité commerciale ou de viabilité économique sous respect de certains critères (capacité à utiliser en interne ou à vendre l'immobilisation...).
Logiciels créés en interne	Non Comptabilisation obligatoire à l'actif	—	Idem frais de développement.

L'option doit s'effectuer de manière ***globale***, c'est-à-dire un choix unique pour tous les élements de même nature. Par contre, les options sont ***indépendantes*** les unes des autres.

3 Les acquisitions d'immobilisations incorporelles et corporelles

A – La valeur d'entrée dans le patrimoine

Les immobilisations acquises à titre onéreux par l'entreprise entrent dans le patrimoine au ***coût d'acquisition*** hors taxes.

D'après la nouvelle définition, le coût d'acquisition se compose du prix d'achat hors taxes, net de réductions commerciales et d'escomptes de règlement, majoré des frais liés à l'acquisition :

Coût d'acquisition = Prix d'achat net hors taxes + Frais liés à l'acquisition

Le prix d'achat net hors taxes est constitué du prix d'achat hors taxes ***minoré*** des réductions commerciales et de l'escompte de règlement éventuel.

Les frais liés à l'acquisition comprennent :

- tous les coûts ***directement attribuables*** engagés pour la mise en place et la mise en état de fonctionner, selon l'utilisation prévue (frais de transport, frais d'installation, coûts de préparation du site...) ;
- les droits de douane ;
- la TVA et les taxes assimilées non récupérables ;

– ***sur option***, les frais à caractère juridique et fiscal tels que les commissions, les frais d'acte et les honoraires, les droits d'enregistrement, la rémunération du transitaire. L'entreprise peut choisir de comptabiliser ces frais en ***charges***.
L'option est irrévocable et globale pour l'ensemble des immobilisations incorporelles et corporelles.

B – La comptabilisation

L'entreprise constate à la réception de la facture adressée par le fournisseur :

– une ***augmentation*** de ses ***immobilisations***, pour le coût d'acquisition hors taxes (HT), enregistrée au ***débit*** d'un compte « 20/21 Immobilisations … » ;

– une ***créance*** vis-à-vis du Trésor public, pour le montant de la TVA déductible, comptabilisée au ***débit*** du compte de tiers « 44562 TVA sur immobilisations » ;

– une ***dette***, liée aux investissements, envers son fournisseur, pour le montant toutes taxes comprises (TTC), portée au ***crédit*** du compte « 404 Fournisseurs d'immobilisations », ou un ***décaissement*** en cas de règlement au comptant au ***crédit*** du compte de trésorerie concerné.

L'écriture est la suivante :

20..	Compte d'immobilisations incorporelles	X	
21..	Compte d'immobilisations corporelles	X	
44562	TVA sur immobilisations	X	
404	Fournisseurs d'immobilisations		X
ou 5..	Trésorerie		X
	« A » FA n° …		

À NOTER • Un acompte relatif à l'acquisition d'une immobilisation s'enregistre au ***débit*** du compte : « 238 Avances et acomptes versés sur commandes d'immobilisations corporelles » par la ***contrepartie*** d'un compte de trésorerie. Il est ***soldé*** lors de l'enregistrement de la facture • La TVA sur les véhicules de tourisme n'est pas récupérable ; le compte « 2182 Matériel de transport » est alors débité pour le montant toutes taxes comprises • Une même facture peut faire l'objet de deux imputations différentes :
– l'une concernant une immobilisation (imprimante…) ;
– l'autre relative à une charge (papier listing, cartouches d'encre…).
• Les biens acquis à titre gratuit sont comptabilisés à leur valeur vénale estimée, par la contrepartie d'un compte de produits.

Exemple

L'entreprise Lesconil vous communique les opérations suivantes :

– 6 janvier, acquisition d'un terrain non constructible de 150 000,00 €, acte passé chez Maître Mamelli comprenant en plus :

Honoraires de géomètre	:	900,00 €
Frais d'acte (honoraires)	:	2 500,00 €
TVA 19,60 %	:	666,00 €
Droits d'enregistrement	:	1 980,00 €

– 15 janvier, acquisition à crédit, auprès d'un concessionnaire Mazda, de deux véhicules :

Camion	:	35 000,00 € hors taxes
TVA 19,60 %	:	6 860,00 €
Coupé sport	:	14 500,00 € hors taxes
TVA 19,60 %	:	2 842,00 €

– 30 janvier, l'entreprise Carbuméca nous adresse la facture numéro 127 comprenant :

Micro ordinateur	:	2 100,00 €
Mise sur site	:	200,00 €
Listing	:	80,00 €
Montant hors taxes	:	2 380,00 €
TVA 19,60 %	:	466,48 €
Net à payer	:	2 846,48 €

Comptabiliser les opérations en appliquant les options pour l'opération du 6 janvier.

- Écriture du 6 janvier

Option 1 : seuls les coûts directement attribuables sont attachés au coût d'acquisition

Compte	6/1	Débit	Crédit
211	Terrains	150 900,00	
6354	Droits d'enregistrement et de timbre	1 980,00	
622	Rémunérations d'intermédiaires	2 500,00	
44566	TVA sur autres biens et services	666,00	
404	Fournisseurs d'immobilisations		150 900,00
467	Autres créditeurs		5 146,00
	Mamelli acte n° … ;		
	coût d'acquisition (150 000 + 900)		

Option 2 : tous les coûts liés à l'acquisition sont rattachés au coût d'acquisition

Compte	14/2	Débit	Crédit
211	Terrains	155 380,00	
44566	TVA sur autres biens et services	666,00	
404	Fournisseurs d'immobilisations		150 900,00
467	Autres créditeurs		5 146,00
	Mamelli acte n° … ;		
	coût d'acquisition (150 000 + 900 + 1 980 + 2 500)		

• Écritures du 15 et du 30 janvier

Compte	15/1	Débit	Crédit
2182	Matériel de transport*	52 342,00	
44562	TVA sur immobilisations	6 860,00	
404	Fournisseurs d'immobilisations		59 202,00
	Mazda FA n° …		
	30/1		
2183	Matériel de bureau et matériel informatique	2 300,00	
6064	Fournitures administratives	80,00	
44562	TVA sur immobilisations	450,80	
44566	TVA sur autres biens et services	15,68	
401	Fournisseurs		95,68
404	Fournisseurs d'immobilisations		2 750,80
	Carbuméca FA n° 127		

* 35 000 + (14 500 + 2 842)

4 Les immobilisations produites par l'entreprise

Il s'agit d'immobilisations ***fabriquées par l'entreprise pour elle-même***. Elles entrent dans le patrimoine (classe 2) à leur ***coût de production***.

A – La valeur d'entrée dans le patrimoine

Le coût de production est déterminé selon les mêmes principes que pour le coût d'acquisition. Il se compose du coût d'achat des matières et fournitures utilisées majoré des charges de production :

Coût de production = Coût d'achat des matières et fournitures utilisées + Charges de production

L'article 331-3 du Plan comptable général précise les ***éléments constitutifs*** du coût de production d'un logiciel créé en fonction des différentes phases nécessaires à son élaboration.

Il s'agit des charges correspondant :

– à la conception détaillée de l'application ;

– à la programmation ;

– aux tests et jeux d'essais ;

– et à la documentation.

B – La comptabilisation

L'accroissement des immobilisations de l'entreprise produites par elle-même n'entraîne pas en contrepartie de sortie monétaire, mais un ***enrichissement*** de l'entreprise enregistré dans le compte « 72 Production immobilisée » ; les dépenses ont été enregistrées lors de l'engagement des charges.

En ce qui concerne la TVA, l'opération est analysée comme une ***livraison à soi-même***. De ce fait, la TVA est ***à la fois*** exigible et déductible à la date de la première utilisation du bien. En revanche, la production d'immobilisations incorporelles par l'entreprise pour elle-même n'est pas soumise à la TVA.

1) La production sur un exercice

La valeur d'entrée (coût de production) de l'immobilisation est portée au ***débit*** du compte d'immobilisation concerné par le ***crédit*** du compte « 72 Production immobilisée ». D'autre part, uniquement pour les immobilisations corporelles, la TVA déductible est enregistrée au ***débit*** du compte « 44562 TVA sur immobilisations » par la ***contrepartie*** du compte « 44571 TVA collectée » pour le montant de la TVA correspondant.

L'écriture est la suivante :

Compte	Libellé	Débit	Crédit
20../21..	Compte d'immobilisation concerné	X	
44562	TVA sur immobilisations	X	
72	Production immobilisée		X
44571	TVA collectée		X
	« Z » FA n° …		

Exemple

L'entreprise Robien fabrique une machine-outil pour elle-même. Son coût de production s'élève à 15 000,00 € hors taxes (TVA 19,60 %) ; elle est mise en service le 14 février.

Enregistrer l'écriture nécessaire.

• Écriture

	14/2		
215	Installations techniques, matériel et outillage industriels	15 000,00	
44562	TVA sur immobilisations	2 940,00	
72	Production immobilisée		15 000,00
44571	TVA collectée		2 940,00
	Machine-outil, fiche analytique n° …		

2) La production sur plusieurs exercices

Si le bien ***n'est pas achevé*** à la clôture de l'exercice, le montant de l'en-cours doit être porté au fur et à mesure de l'avancement de la production dans le compte « 23 Immobilisations en cours ».

Ce compte a pour objet de faire apparaître la valeur des immobilisations non terminées à la fin de chaque exercice ; il est soldé lors de la mise en service du bien.

① La constatation de l'en-cours de production

Le coût de production partiel de l'immobilisation, constaté à la fin de l'exercice, est porté au ***débit*** du compte « 23 Immobilisations en cours » concerné par le ***crédit*** du compte « 72 Production immobilisée ».

23	Immobilisations en cours	X	
72	Production immobilisée		X
	Fiche analytique n° …		

② La mise en service du bien

Le coût de production total du bien et la TVA déductible correspondante sont portés respectivement au ***débit*** des comptes « 20./21. Immobilisations … » et « 44562 TVA sur immobilisations » par le ***crédit*** des comptes « 44571 TVA collectée » ; « 23 Immobilisations en cours » pour solde et « 72 Production immobilisée » pour le coût de production constaté sur l'exercice d'achèvement du bien.

20../21..	Compte d'immobilisation concerné	X	
44562	TVA sur immobilisations	X	
23	Immobilisations en cours		X
72	Production immobilisée		X
44571	TVA collectée		X
	Fiche analytique n° …		

Exemple

L'entreprise GFI construit un entrepôt pour elle-même. Le montant des travaux exécutés au 31 décembre N s'élève à 85 000,00 €. La livraison de l'entrepôt a lieu le 20 mai N + 1 pour un coût total de 340 000,00 €.

Enregistrer les écritures nécessaires.

• Écritures

	31/12/N		
231	Immobilisations corporelles en cours	85 000,00	
72	Production immobilisée		85 000,00
	Travaux entrepôt, fiche analytique n° …		
	20/5/N + 1		
213	Constructions	340 000,00	
44562	TVA sur immobilisations	66 640,00	
231	Immobilisations corporelles en cours		85 000,00
72	Production immobilisée		255 000,00
445471	TVA collectée		66 640,00
	Entrepôt achevé, fiche analytique n° …		

À NOTER • Les coûts d'emprunt (intérêts, frais d'émission…) directement attribuables pour financer l'acquisition ou la production d'immobilisations incorporelles ou corporelles qui demandent une longue période de préparation ou de construction avant de pouvoir être utilisées ou vendues peuvent être, sur option, soit comptabilisés en charges, soit incorporés au coût d'acquisition de l'immobilisation. L'option est globale et doit s'appliquer à tous les coûts d'emprunt concernés.

5 La comptabilisation d'une immobilisation corporelle par composants

A – Les immobilisations décomposables

En application des ***nouvelles normes comptables***, l'entreprise doit distinguer parmi ses immobilisations corporelles qui ont une durée de vie limitée dans le temps (donc amortissables, voir chapitre 22) celles qui sont décomposables ou non.

Les immobilisations non décomposables	Les immobilisations décomposables
Constituées d'éléments ayant tous la même durée d'utilisation et exploités de façon indissociable. Par exemple : mobilier, matériel de bureau…	Constituées d'éléments identifiables ayant chacun des durées d'utilisation différentes, devant faire l'objet de remplacement à intervalles réguliers ou procurant des avantages économiques selon un rythme différent. Par exemple : immeuble (structure, ascenseur, chaufferie…) ; autocar (carosserie, moteur, aménagement intérieur…).

B – L'identification des composants

Le coût d'entrée des immobilisations décomposables est, dès leur entrée dans le patrimoine, ***ventilé par composants***.

Les éléments significatifs formant l'immobilisation dans son ensemble comprennent :

- ***la structure***, partie non décomposée de l'immobilisation ;
- ***les autres éléments principaux*** destinés à être remplacés, intitulés composants de 1re catégorie ;
- ***sur option, les dépenses futures de gros entretien et grandes visites*** faisant l'objet de programmes pluriannuels, dites composants de 2e catégorie.

Les composants ***identifiés à l'origine ne modifient en rien*** le coût d'entrée global de l'immobilisation :

Structure
\+ Composants de 1re catégorie
\+ Composants de 2e catégorie

= Coût d'entrée de l'immobilisation

L'administration fiscale a fixé certains critères pour aider les entreprises à identifier les composants. ***Ne sont pas jugés significatifs*** les composants dont :

la valeur est inférieure	• soit à 500 euros hors taxes ; • soit à 15 % du prix de revient global de l'immobilisation pour les biens meubles ; • soit à 1 % du prix de revient global de l'immobilisation pour les immeubles.
la durée d'amortissement est	• soit supérieure à 80 % de la durée d'utilisation de l'immobilisation ; • soit inférieure à 12 mois.

En pratique, chaque composant sera comptabilisé ***séparément*** dans un sous-compte du compte principal concerné.

Exemple

L'entreprise Guen acquiert un bâtiment destiné à l'installation d'une nouvelle unité de production pour un montant global de 213 500,00 €. À la suite d'une étude technique, la valeur globale de l'immobilisation est ventilée de la manière suivante :

– structure : 148 750,00 € ;

– monte-charge : 16 675,00 € ;

– chaufferie : 20 995,00 € ;

– menuiserie extérieure : 27 080,00 €.

Comptabiliser l'opération.

• Écriture

	6/1		
2131.1	Construction – Structure	148 750,00	
2131.2	Construction – Composant monte-charge	16 675,00	
2131.3	Construction – Composant chaufferie	20 995,00	
2131.4	Construction – Composant menuiserie extérieure	27 080,00	
	Banque		213 500,00
	Prélèvement n° …		

À NOTER • Selon le Plan comptable général, les dépenses d'entretien faisant l'objet de programmes pluriannuels peuvent constituer soit un composant isolé (2e catégorie), soit une provision pour gros entretien ou grandes révisions (voir chapitre 26) selon le choix de l'entreprise. En revanche, l'administration fiscale ne reconnaît pas les composants de 2e catégorie.

C – Les dépenses ultérieures

Les dépenses ultérieures telles que :

– les dépenses de remplacement de composants identifiés à l'origine ou non,

– les dépenses d'amélioration,

– les dépenses de gros entretien,

– les dépenses de mise en conformité pour des raisons de sécurité de personnes ou liées à l'environnement conditionnant la poursuite de l'activité,

– les pièces détachées et de rechange que l'entreprise souhaite utiliser sur une période supérieure à un exercice,

doivent être identifiées comme des composants :

→ soit ***dès l'origine***, si les dépenses sont prévisibles,
→ soit ***ultérieurement***, dans le cas contraire, lors de l'engagement des dépenses,

à condition qu'elles répondent aux critères de définition et de comptabilisation d'un actif ainsi qu'aux critères d'identification des composants. Dans le cas contraire, les dépenses ultérieures sont comptabilisées en charges.

Notons que les critères de distinction entre immobilisations et charges doivent être appréciés ***à la date à laquelle les dépenses sont engagées*** et par rapport à l'état de l'immobilisation à cette date.

Les nouveaux composants sont inscrits ***à l'actif*** pour le montant des dépenses, le plus souvent différent de celui d'origine ; la valeur globale de l'immobilisation est alors ***modifiée***. Si la valeur nette comptable du composant remplacé ou renouvelé n'est pas nulle, cette dernière est sortie de l'actif et doit être comptabilisée en charges.

Le traitement comptable des dépenses ultérieures en tant que composant est étudié au chapitre 22 car il nécessite la maîtrise des règles relatives aux amortissements.

6 Les acquisitions de titres

A – Définition

Les titres classés en immobilisations financières représentent des titres que l'entreprise désire conserver ***durablement***.

Les titres sont composés :

→ **D'actions** → droit de propriété → revenu variable (dividende).
→ **D'obligations** → droit de créance → revenu fixe (intérêt).

On distingue trois catégories de titres immobilisés :

Les titres de participation

Il s'agit de titres dont la possession durable est estimée ***utile à l'activité*** de l'entreprise (impact favorable sur sa rentabilité, son développement...) parce qu'elle permet d'exercer une ***influence*** sur la société émettrice des titres ou d'en assurer le ***contrôle*** (possession au minimum de 10 % du capital de la société).

Les titres immobilisés de l'activité de portefeuille

Il s'agit de titres destinés par l'entreprise à l'activité de portefeuille, définie comme une activité qui consiste à ***investir*** tout ou partie de ses actifs dans un portefeuille de titres pour en retirer, à plus ou moins longue échéance, une ***rentabilité*** satisfaisante et qui s'exerce ***sans intervention*** dans la gestion des entreprises dont les titres sont détenus.

Les autres titres immobilisés

Il s'agit de titres que l'entreprise conserve ***durablement***, mais leur détention, contrairement aux deux autres catégories, n'est ***pas jugée utile à l'activité*** de l'entreprise.

À NOTER • Les titres acquis en vue de réaliser un gain à brève échéance sont comptabilisés dans une subdivision du compte « 50 Valeurs mobilières de placement » et font partie de l'actif circulant.

B – La valeur d'entrée dans le patrimoine

Le coût d'entrée des titres dans le patrimoine correspond au ***coût d'acquisition*** des titres.

Les frais d'acquisition de titres hors taxes prélevés par les banques ou par les sociétés de Bourse peuvent être, ***sur option***, soit comptabilisés en charges, soit intégrés au coût d'acquisition. L'option est en principe globale pour l'ensemble des titres.

C – La comptabilisation

La valeur d'entrée des titres est portée au ***débit*** des comptes « 261 Titres de participation » ou « 271 Titres immobilisés autres que les TIAP (droit de propriété) » ou « 272 Titres immobilisés (droit de créance) » ou « 273 Titres immobilisés de l'activité de portefeuille » par la ***contrepartie*** du compte « 512 Banques ».

Lorsque l'entreprise choisit de ne pas rattacher les frais au coût des titres, les frais hors taxes prélevés par les banques ou par les sociétés de Bourse sont comptabilisés au ***débit*** du compte « 6271 Frais sur titres » et supportent la TVA.

L'écriture est alors la suivante :

26../27..	Titres ...	X	
6271	Frais sur titres	X	
44566	TVA sur autres biens et services	X	
512	Banques		X
	Prélèvement n° ...		

Exemple

L'entreprise Dubail acquiert, le 20 mai, 300 actions d'une valeur unitaire de 80,00 € représentant 20 % du capital de la société émettrice. Frais sur titres : 160,00 € hors taxes (TVA 19,6 %).

Enregistrer l'opération, sachant que l'entreprise opte pour l'intégration des frais sur titres au coût d'acquisition.

• Écriture

	30/5		
261	Titres de participation	24 160,00	
44566	TVA sur autres biens et services	31,36	
512	Banques		24 191,36
	Avis de débit n° ... ;		
	TVA (160,00 x 19,60 %)		

À NOTER • L'acquisition de titres n'est pas soumise à la TVA, contrairement aux frais sur titres • Fiscalement, pour les sociétés soumises à l'impôt sur les sociétés, les frais d'acquisition des titres de participation sont incorporés obligatoirement au prix de revient et amortis sur cinq ans quelle que soit l'option comptable choisie. Toutefois, ce changement de règles fiscales introduit par la loi de finances pour 2007 a permis aux sociétés concernées qui avaient opté pour l'inscription en charges des frais d'acquisition des titres, de modifier l'option comptable à la clôture de l'exercice 2007 pour les seuls titres de participation.

7 Les prêts

Les prêts constituent des ***créances financières*** durables pour l'entreprise. Ils sont inscrits à l'***actif*** du bilan pour la somme prêtée.

A – La réalisation du prêt

Le montant du prêt est enregistré au ***débit*** du compte « 274 Prêts » par le ***crédit*** du compte « 512 Banques ».

274.	Prêts	X	
512	Banques		X
	« X » Prêt accordé		

B – Le remboursement du prêt

L'encaissement effectué au titre du remboursement du prêt comprend deux parties :

- ***l'amortissement du prêt*** : partie de la créance remboursée lors de chaque échéance ;
- ***les intérêts*** : rémunération du prêteur pour le service financier rendu.

À chaque échéance, le montant de l'amortissement est enregistré au ***crédit*** du compte « 274 Prêts » ; le montant des intérêts constitue un produit financier comptabilisé au ***crédit*** du compte « 762 Produits des autres immobilisations financières ». Le montant de l'annuité (amortissement plus intérêts) est porté au ***débit*** du compte « 512 Banques ».

512	Banques	X	
274	Prêts		X
762	Produits des autres immobilisations financières		X
	Avis de crédit n° …		

La trésorerie : les espèces, les chèques, les virements

Chapitre **13**

1 Généralités

Les opérations de trésorerie réalisées par l'entreprise au moyen d'espèces, de chèques et/ou de virements bancaires ou postaux traduisent :

- soit des ***flux d'encaissements***;
- soit des ***flux de décaissements***.

Les espèces, les chèques et les virements constituent des ***instruments de paiement*** au comptant.

Leur traitement comptable ne présente aucune difficulté particulière.

2 Les opérations de caisse : les espèces

A – Principe

En principe, chaque encaissement ou règlement effectué en espèces doit être ***justifié*** par un document interne intitulé pièce de caisse (ou reçu) établi par l'entreprise. Cependant, des ***mesures de simplification*** existent pour les entreprises individuelles soumises au régime simplifié d'imposition. Elles dispensent notamment de produire des justificatifs pour les petites dépenses (pourboire, frais de stationnement, péage autoroutier...) payées en espèces, qui n'excédent pas 150 € et dans la limite de 1‰ du chiffre d'affaires réalisé.

B – La comptabilisation

Les opérations d'***encaissement*** sont portées au ***débit*** du compte « 531 Caisse » par la ***contrepartie*** d'un compte de tiers ou de produits.

Les opérations de ***décaissement*** sont portées au ***crédit*** du compte « 531 Caisse » par la ***contrepartie*** d'un compte de tiers ou de charges.

Le compte « 531 Caisse » présente un solde soit ***débiteur***, soit ***nul*** ; il ne peut en aucun cas être créditeur.

Le solde ***débiteur*** est porté dans le poste « ***Disponibilités*** » à l'actif du bilan.

L'entreprise doit ***vérifier*** fréquemment la concordance entre les espèces détenues en caisse et le solde du compte « 531 Caisse ».

Exemple

Le 15 mai, l'entreprise Pradoux achète divers produits d'entretien réglés en espèces, facture n° 185 d'un montant toutes taxes comprises de 18,50 €.

Comptabiliser l'opération.

• Écriture

		2/5		
6063		Fournitures d'entretien et de petit équipement	15,47	
44566		TVA sur autres biens et services	3,03	
	531	Caisse		18,50
		FA n° 185 : 18,50/1,196 = 15,47; pièce de caisse n° …		

À NOTER • Conformément au décret du 16 juin 2010, le paiement en espèces n'est désormais autorisé que pour une dette inférieure à :
- 3 000 € lorsque le débiteur a son domicile fiscal en France ou agit pour les besoins d'une activité professionnelle ;
- 15 000 € lorsque le débiteur n'a pas son domicile fiscal en France et n'agit pas pour les besoins d'une activité professionnelle.

3 Les opérations de banque : les chèques

Le Code de commerce stipule :

> *Article L123-24 du Code de commerce* :
> « Tout commerçant est tenu de se faire ouvrir un compte dans une banque, un établissement de crédit ou un bureau de chèques postaux ».

A – Définition

Le chèque bancaire ou postal est un écrit par lequel une personne, le ***tireur***, titulaire d'un compte bancaire ou postal, donne l'ordre à son banquier ou à son centre financier, le ***tiré***, de payer à vue une somme déterminée à une autre personne appelée le ***bénéficiaire***. Ce dernier peut être le tireur lui-même ou une autre personne.

B – La comptabilisation

L'entreprise doit créer une ***subdivision*** du compte « 512 Banques » ou « 514 Chèques postaux » pour chaque compte bancaire ou postal ouvert.

Les chèques ***émis*** par l'entreprise sont portés au ***crédit*** du compte « 512 Banques » par la ***contre-partie*** d'un compte de tiers, de charges ou de tout autre compte concerné, dès leur émission.

Les chèques ***reçus*** sont portés au ***débit*** du compte « 512 Banques » par la ***contrepartie*** d'un compte de tiers, de produits ou de tout autre compte concerné, lors de la réception de l'avis de crédit de la banque.

Pour des raisons pratiques, l'entreprise peut décider de ne pas porter directement sur son compte « 512 Banques » ou « 514 Chèques postaux » le montant des chèques remis par des tiers. Dans ce cas, l'entreprise utilise le ***compte d'attente*** « 5112 Chèques à encaisser ».

On distingue deux étapes :

① **À la réception des chèques**

↓

Le compte « 5112 Chèques à encaisser » est ***débité*** du montant des chèques reçus par le ***crédit*** du compte de tiers concerné.

5112	Chèques à encaisser	X	
411	Clients		X
	« G » ch n° …		

② **À la réception de l'avis de crédit**

↓

Le compte « 5112 Chèques à encaisser » est soldé au ***crédit*** par la ***contrepartie*** du compte « 512 Banques ».

512/514	Banques ou Chèques postaux	X	
5112	Chèques à encaisser		X
	Bordereau n° …		

À NOTER • L'entreprise ne passe aucune écriture comptable lors de la remise des chèques auprès de son établissement bancaire ou postal • Dans l'énoncé d'un exercice, lorsque le terme « chèque » est employé sans qualificatif, cela sous-entend chèque bancaire ; la précision est fournie lorsqu'il s'agit d'un chèque postal.

Le solde ***débiteur*** du compte banque ou chèques postaux est porté dans le poste « ***Disponibilités*** » à l'actif du bilan ; alors que le ***solde créditeur*** figure au passif dans le poste « ***Emprunts auprès des établissements de crédit*** ».

L'entreprise doit régulièrement ***contrôler*** la concordance des soldes de ses propres comptes banques et chèques postaux avec les relevés bancaires ou postaux à l'aide de l'état de rapprochement (se reporter au chapitre 19).

Exemple

Le 15 mai l'entreprise Pradoux reçoit de son client Philex un chèque de 1 753,45 € en règlement de sa facture n° 3 247.

Le 16 mai elle remet ce chèque à l'encaissement auprès de sa banque.

Le 22 mai l'entreprise reçoit l'avis de crédit concernant ce chèque.

Comptabiliser l'ensemble des opérations.

• Écritures

		15/5		
5112		Chèques à encaisser	1 753,45	
	411	Clients		1 753,45
		Philex, CH n° …		
		22/5		
512		Banques	1 753,45	
	5112	Chèques à encaisser		1 753,45
		Avis de crédit n° …		

4 Les opérations de banque : les virements

A – Définition

Le virement est une opération qui consiste, à partir d'un « ordre de virement », à ***transférer des fonds*** d'un compte bancaire ou postal à un autre compte bancaire ou postal. Il sert :

– de moyen de paiement direct du compte du débiteur à celui du créancier ;

– à transférer des fonds d'un compte de trésorerie de l'entreprise à un autre compte de trésorerie de la même entreprise.

B – La comptabilisation

Les ***paiements*** par virement sont portés au ***crédit*** du compte « 512 Banques » par la ***contrepartie*** d'un compte de tiers, de charges ou de tout autre compte concerné, dès l'ordre de virement donné.

Les ***encaissements*** par virement sont portés au ***débit*** du compte « 512 Banques » par la ***contrepartie*** d'un compte de tiers, de produits ou de tout autre compte concerné, à la réception de l'avis de crédit de la banque.

La trésorerie : les effets de commerce

Chapitre **14**

1 Définition et présentation

Les effets de commerce (ou traites) sont à la fois un ***instrument de crédit***, de ***paiement*** et un ***moyen*** pour l'entreprise fournisseur de ***disposer de fonds*** en cas de besoin, sans attendre le règlement de son client à la date prévue. On distingue la lettre de change et le billet à ordre.

A – La lettre de change

La lettre de change est un écrit, sur support papier, par lequel une personne, le ***tireur***, donne l'ordre à une autre personne, le ***tiré***, de payer à une certaine échéance une somme déterminée à un ***bénéficiaire***, qui est le tireur lui-même ou un tiers.

Elle constitue un acte de commerce par la forme.

Généralement, le tireur présente la lettre de change à l'***acceptation*** au tiré afin que ce dernier s'engage à payer l'effet à la date d'échéance. Toutefois, l'acceptation n'est pas obligatoire.

L'acceptation nécessite la ***circulation*** suivante de l'effet :

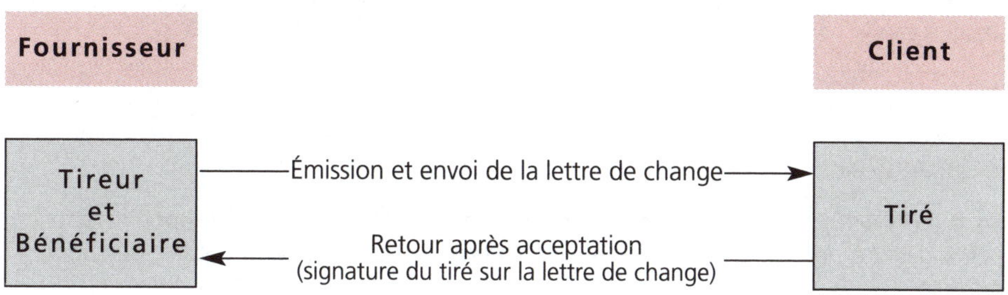

La lettre de change comporte des mentions obligatoires :

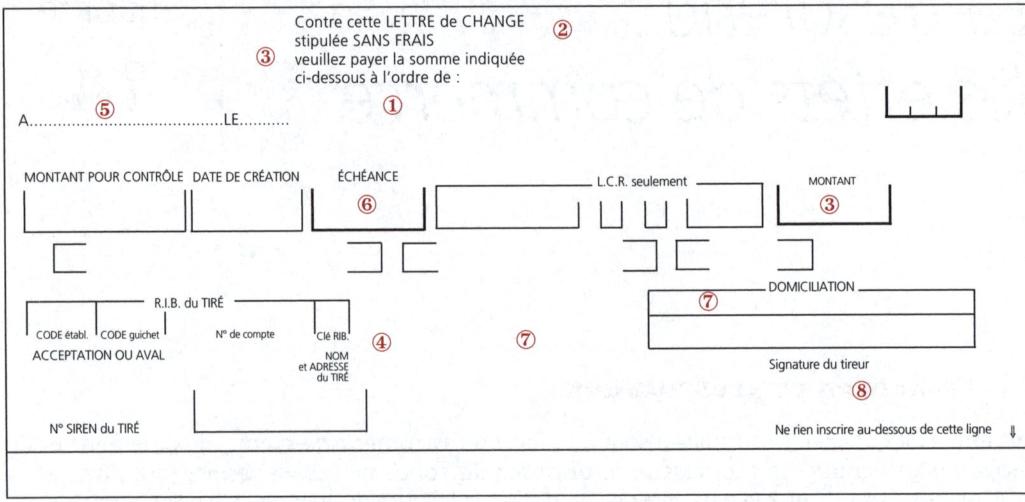

Contre cette LETTRE de CHANGE ②
stipulée SANS FRAIS
③ veuillez payer la somme indiquée
ci-dessous à l'ordre de :
①
A......⑤......LE..........

MONTANT POUR CONTRÔLE | DATE DE CRÉATION | ÉCHÉANCE ⑥ | L.C.R. seulement | MONTANT ③

R.I.B. du TIRÉ
CODE établ. | CODE guichet | N° de compte | Clé RIB.
ACCEPTATION OU AVAL
NOM et ADRESSE du TIRÉ ④
⑦
DOMICILIATION ⑦
Signature du tireur ⑧
N° SIREN du TIRÉ
Ne rien inscrire au-dessous de cette ligne ⇓

① Nom et adresse du tireur et bénéficiaire
② Dénomination « LETTRE DE CHANGE »
③ Ordre de payer une somme déterminée et montant
④ Nom et adresse du tiré
⑤ Date et lieu d'émission
⑥ Indication de la date de paiement
⑦ Lieu de paiement, en principe, la domiciliation bancaire du tiré
⑧ Signature du tireur, manuscrite ou non

La forme actuelle de la lettre de change papier est la ***lettre de change relevé papier*** (LCR). Elle permet le recouvrement d'une créance sans faire circuler matériellement le titre qui la représente.

Toutes les lettres de change sont traitées par les banques sous la forme de lettres de change relevé. Elles procèdent par échange informatique à l'aide du système interbancaire de télécompensation.

B – Le billet à ordre

Le billet à ordre est un écrit, sur support papier, par lequel une personne appelée ***souscripteur*** s'engage à payer à une certaine échéance une somme déterminée, à une autre personne appelée ***bénéficiaire***.

Fournisseur | **Client**

Bénéficiaire ← Émission et envoi du billet à ordre — **Souscripteur**

Le billet à ordre comporte des mentions obligatoires :

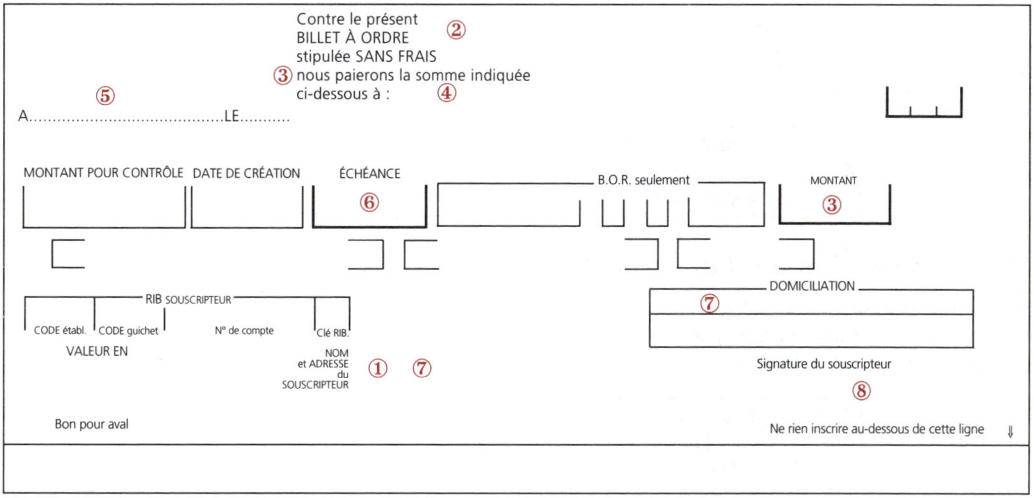
Contre le présent
BILLET À ORDRE ②
stipulée SANS FRAIS
③ nous paierons la somme indiquée
ci-dessous à : ④
⑤
A..LE...........
MONTANT POUR CONTRÔLE
DATE DE CRÉATION
ÉCHÉANCE ⑥
B.O.R. seulement
MONTANT ③
RIB SOUSCRIPTEUR
CODE établ.
CODE guichet
N° de compte
Clé RIB
VALEUR EN
NOM et ADRESSE du SOUSCRIPTEUR ① ⑦
DOMICILIATION ⑦
Signature du souscripteur ⑧
Bon pour aval
Ne rien inscrire au-dessous de cette ligne

① Nom et adresse du souscripteur
② Dénomination « BILLET À ORDRE »
③ Promesse de payer une somme déterminée et montant
④ Nom du bénéficiaire
⑤ Date et lieu d'émission
⑥ Indication de la date de paiement
⑦ Lieu de paiement, en principe, la domiciliation bancaire du souscripteur
⑧ Signature du souscripteur, manuscrite ou non

La forme actuelle du billet à ordre est le billet à ordre relevé (BOR) qui est traité par les banques.

Contrairement à la lettre de change, le billet à ordre est ***émis par le client***; c'est donc ce dernier qui a le contrôle du règlement. Il est peu utilisé dans les relations interentreprises.

À NOTER • Les traites circulent toujours pour leur valeur nominale.

2 La comptabilisation des effets de commerce

Le traitement comptable de la lettre de change et du billet à ordre est identique.

A – La création des effets de commerce

Tout effet de commerce constitue en même temps :

- chez le *fournisseur*, un ***effet à recevoir***: créance mobilisable mise en portefeuille ;
- chez le *client*, un ***effet à payer***: engagement de payer mentionné sur un échéancier.

1) La comptabilisation chez le fournisseur

Lors de l'entrée des effets en portefeuille, leur montant est porté au ***débit*** du compte « 413 Clients – Effets à recevoir » par le ***crédit*** du compte « 411 Clients ».

413	Clients – Effets à recevoir	X	
411	Clients		X
	« G » traite n° …		

2) La comptabilisation chez le client

Après acceptation de la lettre de change ou émission du billet à ordre, le montant des effets est enregistré au ***crédit*** du compte « 403 Fournisseurs – Effets à payer » par la ***contrepartie*** du compte « 401 Fournisseurs ».

401	Fournisseurs	X	
403	Fournisseurs – Effets à payer		X
	« H » traite n° …		

À NOTER • L'effet à recevoir reste une créance inscrite au compte principal « 41 Clients » et l'effet à payer, une dette inscrite au compte principal « 40 Fournisseurs » • Les effets à payer aux fournisseurs d'immobilisations s'enregistrent dans le compte « 405 Fournisseurs d'immobilisations – Effets à payer ».

Exemple

- le 2 juin l'entreprise Latour envoie la LCR n° 47 à son client Stein d'un montant de 750,00 € pour acceptation ;
- le 7 juin le client Stein envoie, en règlement de sa facture d'un montant de 1 335,00 €, le BOR n° 155 ;
- le 10 juin, l'entreprise Latour reçoit la LCR n° 47 acceptée.

Comptabiliser les opérations chez le fournisseur Latour et chez le client Stein.

• Écritures

Chez le fournisseur Latour

	7/6		
413	Clients – Effets à recevoir	1 335,00	
411	Clients		1 335,00
	Stein BOR n° 155		
	10/6		
413	Clients – Effets à recevoir	750,00	
411	Clients		750,00
	Stein LCR n° 47		

Chez le client Stein

	7/6		
401	Fournisseurs	1 335,00	
403	Fournisseurs – Effets à payer		1 335,00
	Latour BOR n° 155		
	10/6		
401	Fournisseurs	750,00	
403	Fournisseurs – Effets à payer		750,00
	Latour LCR n° 47		

B – L'endossement des effets à recevoir

Les effets à recevoir peuvent être endossés pour ***régler une dette à l'égard d'un tiers*** (intitulé endossataire) ; ce dernier devient propriétaire de l'effet. Cette pratique est toutefois marginale.

Chez l'endosseur le compte « 413 Clients – Effets à recevoir » est ***crédité*** par la ***contrepartie*** du compte de tiers concerné. Pour l'endossataire l'effet endossé à son ordre constitue un effet à recevoir.

Exemple

L'entreprise Latour endosse, le 2 mai, la LCR n° 47 de 2 750,00 € à son fournisseur Artis.

Comptabiliser l'opération.

• Écriture

Chez Latour

	2/5		
401	Fournisseurs – Effets à payer	2 750,00	
413	Clients – Effets à recevoir		2 750,00
	Artis endos LCR n° 47		

Chez le fournisseur Artis

	2/5		
413	Clients – Effets à recevoir	2 750,00	
411	Clients		2 750,00
	Latour endos LCR n° 47		

C – L'encaissement des effets à recevoir

Le tireur ou le bénéficiaire (fournisseur) encaisse les effets à recevoir (LCR, BOR) par l'intermédiaire d'un établissement bancaire ou postal. Il s'agit d'une ***remise à l'encaissement***.

L'opération se déroule en deux temps :

① **Avant l'échéance**

Le tireur remet les effets endossés à son établissement bancaire ou postal accompagné d'un bordereau de remise à l'encaissement.
L'entreprise ***débite*** le compte « 5113 Effets à l'encaissement », afin de suivre cette opération, par le ***crédit*** du compte « 413 Clients – Effets à recevoir ».

5113	Effets à l'encaissement	X	
413	Clients – Effets à recevoir		X
	Bordereau n° …		

② **Après l'échéance**

Le montant des effets, diminués de la commission perçue par la banque en rémunération du service rendu, est porté sur le compte bancaire du bénéficiaire.
Le compte « 5113 Effets à l'encaissement » est ***crédité*** pour solde par le ***débit*** des comptes « 512 Banques » ou « 514 Chèques postaux » pour le net encaissé, « 6275 Frais sur effets » pour le montant de la commission hors taxes et « 44566 TVA sur autres biens et services » pour la TVA relative à la commission.

512/514	Banques ou Chèques postaux	X	
6275	Frais sur effets	X	
44566	TVA sur autres biens et services	X	
5113	Effets à l'encaissement		X
	Avis de crédit n° …		

Exemple

L'entreprise Latour remet à l'encaissement la LCR n° 95 de 1 700,00 € le 25 octobre.

Le 2 novembre, la banque lui adresse un avis de crédit avec le décompte suivant :

Net encaissé : 1 688,04 € ; commissions 10,00 €, TVA 1,96 €.

Comptabiliser ces opérations.

• Écritures

	25/10		
5113	Effets à l'encaissement	1 700,00	
413	Clients – Effets à recevoir		1 700,00
	Bordereau d'encaissement n° …		

	2/11		
512	Banques	1 688,04	
6275	Frais sur effets	10,00	
44566	TVA sur autres biens et services	1,96	
5113	Effets à l'encaissement		1 700,00
	Avis de crédit n° …		

D – La négociation des effets à recevoir

En cas de ***besoin de financement***, le tireur peut « escompter » ses effets de commerce, auprès d'un établissement bancaire, ***avant leur date d'échéance***. Cette opération n'a aucune conséquence sur l'engagement du client.

Elle se déroule en ***deux temps*** :

① **Remise des effets à l'escompte**

Le tireur remet les effets endossés à son établissement bancaire accompagné d'un bordereau de remise à l'escompte.
L'entreprise ***débite*** le compte « 5114 Effets à l'escompte », afin de suivre cette opération, par le ***crédit*** du compte « 413 Clients – Effets à recevoir ».

5114	Effets à l'escompte	X	
413	Clients – Effets à recevoir		X
	Bordereau n° …		

② **Réception de l'avis de débit**

Le montant des effets, diminués des ***agios*** (intérêts et commissions), est porté sur le compte bancaire du bénéficiaire.
Le compte « 5114 Effets à l'escompte » est ***crédité*** pour solde par le ***débit*** des comptes « 512 Banques » pour le net encaissé, « 6616 Intérêts bancaires », « 6275 Frais sur effets » pour le montant de la commission hors taxes et « 44566 TVA sur autres biens et services » pour la TVA relative à la commission.

512/514	Banques ou Chèques postaux	X	
6616	Intérêts bancaires	X	
6275	Frais sur effets	X	
44566	TVA sur autres biens et services	X	
5113	Effets à l'encaissement		X
	Avis de crédit n° …		

Exemple

L'entreprise Latour remet à l'escompte la LCR n° 87 d'un montant de 2 750,00 € le 3 juin. Le 10 juin, la banque lui adresse l'avis de crédit accompagné du décompte suivant :

Net encaissé : 2 709,14 € ; escompte 28,90 €, commissions 10,00 € ; TVA 1,96 €.

Comptabiliser ces opérations.

• Écritures

Compte	Libellé	Débit	Crédit
	3/6		
5114	Effets à l'escompte	2 750,00	
413	Clients – Effets à recevoir		2 750,00
	Bordereau de remise à l'escompte n° …		
	10/6		
512	Banques	2 709,14	
6616	Intérêts bancaires	28,90	
6275	Frais sur effets	10,00	
44566	TVA sur autres biens et services	1,96	
5114	Effets à l'escompte		2 750,00
	Avis de crédit n° …		

À NOTER • La Banque Postale n'escompte pas les effets de commerce.

E – Le paiement des effets à payer

Le tiré ou souscripteur ***donne l'ordre de payer***, à sa banque, les traites arrivées à échéance d'après le ***relevé des traites*** à payer adressé par sa banque. Après avoir effectué le règlement de ces effets, l'établissement bancaire ou postal envoie un avis de débit.

Le compte « 403 Fournisseurs – Effets à payer » est soldé au ***débit*** par le ***crédit*** du compte de trésorerie concerné.

Compte	Libellé	Débit	Crédit
403	Fournisseurs – Effets à payer	X	
512/514	Banques ou Chèques postaux		X
	Avis de débit n° …		

Exemple

L'entreprise Latour reçoit l'avis de débit, le 2 mai, d'un montant de 950,00 €, concernant l'échéance de la LCR n° 100.

• Écriture

Compte	Libellé	Débit	Crédit
	2/5		
403	Fournisseurs – Effets à payer	950,00	
512	Banques		950,00
	Avis de débit n° …		

À NOTER • Les établissements bancaires ou La Banque Postale ne prélèvent pas d'agios sur cette opération.

F – Les effets impayés

1) La comptabilisation chez le fournisseur

Lorsque le tiré ou le souscripteur ***ne paye pas*** l'effet à la date d'échéance, le tireur ou le bénéficiaire constate que l'effet est impayé.

Plusieurs cas peuvent se présenter :

Situation antérieure	Écritures			
Effet non endossé Renaissance de la créance client et annulation de l'effet	411 413	Clients Clients – Effets à recevoir *« G » traite n° …*	X	 X
Effet endossé à un fournisseur Renaissance de la créance majorée des frais et renaissance de la dette	411 401 512	Clients Fournisseurs Banques *(montant des frais bancaires)* *« G » traite n° … ; Avis de débit n° …*	X	 X X
Effet escompté Renaissance de la créance et récupération des fonds par la banque, majorés des intérêts et des frais	411 413	Clients Banques *« G » traite n° … ; Avis de débit n° …*	X	 X
Effet remis à l'encaissement Renaissance de la créance majorée des frais et annulation de la remise à l'encaissement	411 5113 512	Clients Effets à l'encaissement Banques *(montant des frais bancaires)* *« G » traite n° … ; Avis de débit n° …*	X	 X X

2) La comptabilisation chez le client

Le client constate uniquement la ***renaissance de sa dette*** et l'annulation de l'effet à payer :

403	Fournisseurs – Effets à payer	X	
401	Fournisseurs		X
	« H » traite n° …		

Le fournisseur et le client doivent ***négocier*** afin de régulariser la situation.

À NOTER • Si le client est insolvable, le créancier devra créer une dépréciation pour créance douteuse (voir le chapitre 25).

Exemple

La LCR numéro 8 d'un montant de 1 500,00 €, tirée sur le client Stouve, et remise à l'encaissement par l'entreprise Latour est rejetée par la banque le 16 juin faute de provision. Les frais bancaires s'élèvent à 70,00 €.

Comptabiliser ces opérations chez Latour et Stouve.

- Écritures

Chez Latour

	16/6		
411	Clients	1 570,00	
5113	Effets à l'encaissement		1 500,00
512	Banques		70,00
	Stouve LCR n° 8 impayée		

Chez Stouve

	16/6		
403	Fournisseurs – Effets à payer	1 500,00	
401	Fournisseurs		1 500,00
	Latour LCR n° 8 impayée		

G – Les prorogations de l'échéance

En cas de difficulté, le client peut demander à son fournisseur un ***report d'échéance***.

1) La comptabilisation chez le fournisseur

L'opération se déroule en trois temps :

Annulation de l'effet à recevoir

411	Clients	X	
413	Clients – Effets à recevoir		X
	« G » *Annulation traite n° …*		

Mise en compte des divers frais et des intérêts de retard

411	Clients	X	
763	Revenus des autres créances		X
626	Frais postaux et de télécommunications		X
	« G » *Intérêts et frais*		

Création de la nouvelle traite majorée des frais et des intérêts de retard

413	Clients – Effets à recevoir	X	
411	Clients		X
	« G » *traite n° …*		

2) La comptabilisation chez le client

Comme chez le fournisseur, l'opération se déroule en trois temps :

Annulation de l'effet à payer

403	Fournisseurs – Effets à payer	X	
401	Fournisseurs		X
	« H » *Annulation traite n° …*		

Mise en compte des divers frais et des intérêts de retard	661	Charges d'intérêts	X	
	626	Frais postaux et de télécommunications		X
	401	Fournisseurs		
		« H » Intérêts et frais		
Création de la nouvelle traite majorée des frais et des intérêts de retard	401	Fournisseurs	X	
	403	Fournisseurs – Effets à payer		X
		« H » traite n° ...		

À NOTER • Lorsqu'il est impossible d'annuler l'effet, le fournisseur peut effectuer une « avance de fonds » à son client afin de lui permettre de faire face à l'échéance ; le fournisseur tire ensuite une nouvelle traite • Les intérêts de retard ne sont pas soumis à la TVA.

Exemple

L'entreprise Latour reçoit de son client Criou, le 25 avril, une demande de prorogation concernant la LCR n° 175 à échéance du 30 avril d'un montant de 1 500,00 €. L'annulation de l'effet est acceptée. L'entreprise tire le 30 mai, un nouvel effet, à échéance du 30 juin ; nouveau montant : 1 525,00 € (ancien nominal 1 500,00 € + intérêts de retard 25,00 €).

Comptabiliser ces opérations.

• Écritures

Chez le fournisseur Latour

	25/4		
411	Clients	1 500,00	
413	Clients – Effets à recevoir		1 500,00
	Criou, annulation de l'effet		
	30/5		
411	Clients	25,00	
7631	Revenus des créances commerciales		25,00
	Criou, intérêts de retard		
	d°		
413	Clients – Effets à recevoir	1 525,00	
411	Clients		1 525,00
	Criou, nouvel de l'effet		

Chez le client Criou

	25/4		
403	Fournisseurs – Effets à payer	1 500,00	
401	Fournisseurs		1 500,00
	Latour, annulation de l'effet		
	30/5		
66181	Intérêts des dettes commerciales	25,00	
401	Fournisseurs		25,00
	Latour, intérêts de retard		
	d°		
401	Fournisseurs	1 525,00	
403	Fournisseurs – Effets à payer		1 525,00
	Latour, nouvel de l'effet		

3 Les autres formes de mobilisation de créances

Il existe d'autres procédés de mobilisation de créances, moins coûteux et moins lourds à gérer que la remise d'effets à l'escompte :

- la lettre de change relevé magnétique (LCRM) ;
- le crédit de mobilisation des créances commerciales (CMCC) ;
- la cession de créances professionnelles – Loi Dailly.

A – Définition

LCR magnétique

L'entreprise regroupe plusieurs créances de clients différents, saisit les données des LCRM sur un ***support magnétique*** qu'elle transmet à sa banque. La LCR magnétique escomptée n'est pas considérée par la loi comme un effet de commerce ; elle est assimilée à un ***crédit bancaire***.

CMCC

L'entreprise négocie avec sa banque un ***montant de crédit*** en fonction de l'importance des créances présentées. L'entreprise souscrit ***un billet à ordre*** de la banque, correspondant au montant des créances, qui est escompté.

Créances professionnelles Loi Dailly

La cession de créances consiste pour l'entreprise à ***céder*** tout ou partie de ses ***créances professionnelles*** à un établissement bancaire à titre de garantie du crédit que ce dernier lui accorde.
Les créances cédées sont portées sur un document intitulé « Bordereau de cession de créances professionnelles ».

Du point de vue comptable, ces mobilisations de créances constituent des ***concours bancaires courants,*** définis comme des ***dettes*** à l'égard des banques contractées pour des besoins de trésorerie qui résultent des opérations d'exploitation de l'entreprise.

B – La comptabilisation des LCR magnétiques et des CMCC

La LCR magnétique et le CMCC s'enregistrent de manière identique en trois étapes :

① **Escompte des LCR magnétiques ou du billet à ordre**

Le compte « 519 Concours bancaires courants » est ***crédité*** pour le montant des LCR magnétiques ou du billet à ordre par le ***débit*** des comptes « 512 Banques » pour le net encaissé, « 6616 Intérêts bancaires », « 6275 Frais sur effets » pour le montant de la commission hors taxes et « 44566 TVA sur autres biens et services » pour la TVA relative à la commission.

Voir écriture page suivante.

512	Banques	X	
6616	Intérêts bancaires	X	
6275	Frais sur effets	X	
44566	TVA sur autres biens et services	X	
519	Concours bancaires courants		X
	Avis de crédit n° …		

② **Règlement des clients**

Le compte « 512 Banques » est ***débité*** par la ***contrepartie*** du compte « 411 Clients ».

512	Banques	X	
411	Clients		X
	Avis de crédit n° …		

③ **Remboursement du crédit**

Le compte « 519 Concours bancaires courants » est ***débité*** pour solde par la ***contrepartie*** du compte « 512 Banques ».

519	Concours bancaires courants	X	
512	Banques		X
	Avis de débit n° …		

C – La comptabilisation des créances professionnelles – Loi Dailly

L'entreprise sélectionne, à partir des factures établies, les créances qu'elle souhaite ***céder*** à sa banque. Elle les porte sur le bordereau de cession de créances professionnelles. La banque ***verse*** immédiatement les fonds sur le compte bancaire de l'entreprise sous déduction d'***agios***. Le plus souvent, l'entreprise assure elle-même le recouvrement sur ses clients et ***rembourse***, par la suite, la banque.

L'opération comprend quatre étapes :

① **Cession des créances**

Le compte « 4116 Clients – Créances professionnelles cédées » est ***débité*** par la ***contrepartie*** du compte « 411 Clients ».

4116	Clients – Créances professionnelles cédées	X	
411	Clients		X
	Bordereau n° …		

② Crédit accordé par la banque

Le compte « 512 Banques » est ***débité*** pour le net porté en compte, les intérêts retenus par la banque sont enregistrés au ***débit*** du compte « 661 Charges d'intérêts » et le compte « 519 Concours bancaires courants » est ***crédité*** pour le montant du crédit accordé.

512	Banques	X	
6616	Intérêts bancaires	X	
519	Concours bancaires courants		X
	Avis de crédit n° …		

③ Encaissement des créances pour le compte de la banque *

Le compte « 512 Banques » est ***débité*** par la ***contrepartie*** du compte « 4116 Clients – Créances professionnelles cédées » au fur et à mesure des échéances.

512	Banques	X	
4116	Clients – Créances professionnelles cédées		X
	Avis de crédit n° …		

* Le recouvrement des créances clients peut être effectué par la banque elle-même. Dans ce cas, cette dernière informe les clients de l'entreprise qu'ils devront la régler directement à l'échéance. L'entreprise, lors de la réception de l'avis de la banque, solde les comptes « 4116 Clients – Créances professionnelles cédées » par son ***débit*** et « 519 Concours bancaires courants » par son ***crédit***.
Cette pratique est peu utilisée.

④ Remboursement du crédit

Le compte « 519 Concours bancaires courants » est ***débité*** pour solde par la ***contrepartie*** du compte « 512 Banques ».

519	Concours bancaires courants	X	
512	Banques		X
	Avis de débit n° …		

Exemple

Le 15 avril, l'entreprise Latour cède à sa banque des créances pour un nominal de 8 750,00 € ; les intérêts retenus s'élèvent à 285,00 €. Les clients règlent définitivement le 15 mai.

Comptabiliser les opérations.

• Écritures

Compte	Libellé	Débit	Crédit
	15/4		
4116	Clients – Créances professionnelles cédées	8 750,00	
411	Clients		8 750,00
	Bordereau n° …		
	15/4		
512	Banques	8 465,00	
661	Charges d'intérêts	285,00	
519	Concours bancaires courants		8 750,00
	Avis de crédit n° …		
	15/5		
512	Banques	8 750,00	
4116	Clients – Créances professionnelles cédées		8 750,00
	Avis de crédit n° …		
	15/5		
519	Concours bancaires courants	8 750,00	
512	Banques		8 750,00
	Avis de débit n° …		

Les opérations de financement

Chapitre **15**

1 Définition et classification

Les opérations de financement servent à la ***couverture*** des besoins de financement durables (investissements…) de l'entreprise.

On distingue :

Les emprunts auprès des établissements financiers	Les subventions d'investissement	Le crédit-bail
Dettes financières résultant de l'octroi de prêts remboursables à terme.	***Aides*** accordées par l'État, certains établissements publics… en vue d'acquérir ou de créer des valeurs immobilisées ou de financer des activités à long terme (voir chapitre 17).	***Location*** d'un bien, contre versement d'une redevance, avec ***option possible d'acquisition*** à la fin du bail.

À NOTER • Il existe d'autres moyens de financement durables tels que l'augmentation de capital, l'émission d'emprunts obligataires qui nécessitent un traitement comptable approfondi, ne faisant pas l'objet de cet ouvrage.

2 La comptabilisation de l'emprunt

L'entreprise distingue la réalisation de l'emprunt de son remboursement.

A – La réalisation de l'emprunt

Les emprunts constituent des ***dettes financières*** pour l'entreprise. Ils sont inscrits au ***passif*** du bilan pour la somme empruntée.

Le montant de l'emprunt est enregistré au ***crédit*** du compte « 164 Emprunts auprès des établissements de crédit » par le ***débit*** du compte « 512 Banques ».

512	Banques	X	
164	Emprunts auprès des établissements de crédit		X
	Avis de crédit n° … ; tableau d'amortissement		

B – Le remboursement de l'emprunt

Le versement effectué au titre du remboursement de l'emprunt comprend deux parties :

- ***l'amortissement de l'emprunt*** : partie de la dette remboursée lors de l'échéance ;
- ***les intérêts*** : rémunération du prêteur pour le service financier rendu.

Annuité de remboursement = Amortissement + Intérêts
Total du versement à effectuer
à intervalles de temps fixes

L'établissement financier remet à l'entreprise emprunteuse un tableau dénommé « Tableau d'amortissement » qui met en évidence les éléments suivants :

Date	Montant de l'emprunt	Amortissement	Intérêts	Annuité	Emprunt restant dû
....	....	....	....	....	....
....	....	....	....	....	....
....	....	....	....	....	....

Il existe trois modes de remboursement des emprunts :

- ***remboursement à annuités variables*** : versements inégaux ;
- ***remboursement à annuités constantes*** : versements égaux ;
- ***remboursement in fine*** : versements égaux des intérêts et remboursement de l'emprunt en une seule fois à la fin de la période.

Pour les deux premiers modes, à chaque échéance, le montant de l'amortissement est enregistré au ***débit*** du compte « 164 Emprunts auprès des établissements de crédit » et le montant des intérêts, qui constitue une charge financière, est comptabilisé au ***débit*** du compte « 6611 Intérêts des emprunts et dettes ». Le montant de l'annuité est porté au ***crédit*** du compte « 512 Banques ».

164	Emprunts auprès des établissements de crédit	X	
6611	Intérêts des emprunts et dettes	X	
512	Banques		X
	Prélèvement n° … ; tableau d'amortissement		

Pour le mode in fine, seul les intérêts sont comptabilisés à chaque échéance ; l'amortissement de l'emprunt est enregistré lors de la dernière échéance.

À NOTER • Les coûts d'emprunt (intérêts, frais d'émission…) directement attribuables pour financer l'acquisition ou la production d'immobilisations incorporelles ou corporelles qui demandent une longue période de préparation ou de construction avant de pouvoir être utilisées ou vendues peuvent être, sur option, soit comptabilisés en charges, soit incorporés au coût d'acquisition de l'immobilisation.

Exemple

L'entreprise Larvor souscrit, le 1er mars N, auprès du Crédit Agricole, un emprunt de 80 000,00 €, remboursable en 8 ans (amortissement constant), au taux d'intérêt de 6 % l'an.

Enregistrer la constatation de l'emprunt et la première annuité.

• Calculs

– amortissement constant	: 80 000/8	=	10 000,00 €
– intérêts	: 80 000 x 0,06	=	4 800,00 €
– annuité	: 10 000 + 4 800	=	14 800,00 €

• Écritures

	1/3/N		
512	Crédit Agricole	80 000,00	
164	Emprunts auprès des établissements de crédit		80 000,00
	Emprunt contracté		
	1/3/N + 1		
164	Emprunts auprès des établissements de crédit	10 000,00	
6611	Intérêts des emprunts et dettes	4 800,00	
512	Crédit Agricole		14 800,00
	Remboursement de l'emprunt (1/5 + intérêts)		

3 La comptabilisation du crédit-bail

Le crédit-bail est un moyen de réduire les dépenses d'investissement (biens mobiliers ou immobiliers), et par conséquent les avances de fonds nécessaires à cet investissement, tout en laissant à l'utilisateur la ***jouissance*** du bien moyennant le paiement d'un ***loyer***.

L'entreprise a la possibilité d'***acquérir*** les biens à la fin du bail (levée de l'option d'achat) pour un prix fixé à l'avance tenant compte, au moins pour partie, des versements effectués à titre de loyer.

L'opération de crédit-bail nécessite trois intervenants :

- le ***locataire***, utilisateur du bien ;
- le ***fournisseur d'immobilisations***, choisi par le locataire ;
- la ***société de crédit-bail***, propriétaire du bien acheté au fournisseur.

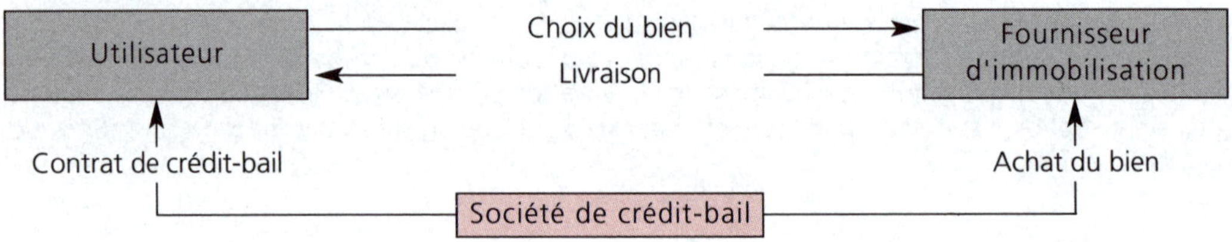

A – La redevance

L'utilisateur s'engage à payer des redevances périodiques à la société de crédit-bail.

La redevance comprend :

	Amortissement du bien
+	Rémunération de la société de crédit-bail
+	Prime de risque
=	**Montant de la redevance**

Elle est soumise à la taxe sur la valeur ajoutée.

La redevance constitue une charge d'exploitation enregistrée au ***débit*** du compte « 612 Redevances de crédit-bail » pour le montant hors taxes du loyer, la TVA est portée au ***débit*** du compte « 44566 TVA sur autres biens et services ». Le montant toutes taxes comprises de la redevance, versé à la société de crédit-bail, est comptabilisé au ***crédit*** du compte « 512 Banques ».

612	Redevances de crédit-bail	X	
44566	TVA sur autres biens et services	X	
512	Banques		X
	Prélèvement n° …		

B – La levée de l'option d'achat

À la fin du contrat, lorsque le locataire lève l'option d'achat, il devient propriétaire du bien.

L'écriture est identique à celle de l'acquisition d'un bien.

Exemple

L'entreprise Kolb accepte un contrat de crédit-bail portant sur du matériel industriel, le 15 avril N, aux conditions suivantes : redevance annuelle de 1 000,00 €, TVA 19,60 %.

Lors de l'exercice N + 5, l'entreprise acquiert ce matériel au prix hors taxes de 20 000,00 € (TVA 19,60 %).

Enregistrer ces opérations.

• Écritures

		Débit	Crédit
	15/4/N		
6122	Crédit-bail mobilier	1 000,00	
44566	TVA sur autres biens et services	196,00	
512	Banques		1 196,00
	FA n° …		
	N + 5		
215	Matériel industriel	20 000,00	
44562	TVA sur immobilisations	3 920,00	
512	Banques		23 920,00
	FA n° … ; Ch n° …		

Les relations avec le personnel et les organismes sociaux[1]

Chapitre **16**

1 Généralités

Le personnel, pris au sens large, regroupe toutes les personnes pour lesquelles l'entreprise établit un bulletin de paie.

Les charges de personnel d'une entreprise comprennent :

Le salaire brut	Les charges sociales patronales
↓	↓
Partie essentielle des charges de personnel correspondant à la ***rémunération des salariés*** et aux ***cotisations sociales salariales***.	Calculées en fonction du montant des salaires bruts.

Tout employeur, quelle que soit son activité, doit établir un bulletin de paie pour chaque salarié et lui remettre obligatoirement lors du versement de chaque paie.

Il s'agit de justifier par un document la ***rémunération versée*** en contrepartie du ***travail fourni***.

La loi de simplification et de clarification du droit et d'allégement des procédures du 13 mai 2009 autorise l'employeur à délivrer à ses salariés ***des bulletins de paie sous forme électronique***, sous réserve de l'accord de ces derniers.

La durée légale du travail est, en principe, de 151,67 heures par mois, soit ***35 heures*** par semaine de travail effectif. Plusieurs dispositions particulières permettent de nombreuses formes d'aménagement du temps de travail...

(1) Pour un développement complet, voir chez le même éditeur, dans la même collection : *Droit du travail et de la Sécurité sociale*, édition 2010-2011, par D. Grandguillot.

Le bulletin de paie n'est soumis à aucune condition de forme. Il comporte cependant un certain nombre de ***mentions obligatoires*** concernant : le salarié, l'employeur, la durée du travail, la rémunération, les cotisations, la conservation du bulletin de paie. Il doit être lisible et compréhensible.

L'employeur n'est plus dans l'obligation de tenir un livre de paie. En contrepartie, l'employeur doit ***conserver pendant cinq ans*** un double des bulletins de paie soit sur support papier, soit sur moyens informatiques à condition qu'ils présentent des garanties de contrôle équivalentes. Toutefois, il est utile pour l'organisation comptable de récapituler l'ensemble des éléments de calcul des bulletins de paie sur un document.

2 Les éléments de calcul du salaire

A – La hiérarchie des calculs

Les éléments de calcul du salaire sont les suivants :

Salaire brut	Salaire de base + Heures supplémentaires + Éléments accessoires (avantages en nature, primes...) – Éléments venant minorer le salaire brut (absences...)
–	
Cotisations sociales salariales	Contribution des salariés au financement de la protection sociale (voir tableau page 192).
=	
Salaire net de cotisations	Salaire brut – Cotisations sociales salariales (déduction faite de la réduction de cotisations salariales au titre des heures supplémentaires)
–	
Autres retenues	Acompte ; avance ; montant des chèques-restaurant pour la part supportée par les salariés ; opposition.
+	
Indemnités	Remboursement de frais engagés par le salarié (indemnités de transport). Ces indemnités ne sont pas soumises aux cotisations sociales.
=	
Net à payer	Salaire brut – Retenues + Indemnités

B – La terminologie

Afin de mener à bien la comptabilisation des charges de personnel, il est utile de connaître la définition et la destination des éléments essentiels du bulletin de paie.

Terme	Définition et destination

Salaire de base : Rémunération stable fixée à l'avance entre l'employeur et le salarié, avant déduction des cotisations.

Heures supplémentaires : Elles ouvrent droit à majoration de salaire et/ou au repos compensateur à partir de la 36e heure et selon le régime applicable. Elles font l'objet d'une détaxation (voir page 196).

Éléments accessoires : Ils s'ajoutent au salaire de base et sont soumis aux cotisations. On distingue :
- les avantages en nature ;
- les indemnités ;
- les primes ;
- les gratifications.

Salaire brut : Base de calcul de l'ensemble des cotisations destinées à la protection sociale :

Salaire de base + Heures supplémentaires + Éléments accessoires
– Éléments venant minorer le salaire brut (absences).

Salaires plafonnés : Salaires maximum, fixés par décret chaque année, le 1er janvier, au-delà desquels aucune cotisation n'est due. Cette limitation a pour objet d'amoindrir :
- les cotisations des hauts salaires ;
- le niveau des prestations servies.

Tranches : Parties du salaire brut soumises à cotisations.
On distingue trois tranches **A**, **B** et **C** délimitées chacune par un plancher et un plafond, soit au 1er janvier 2010 :

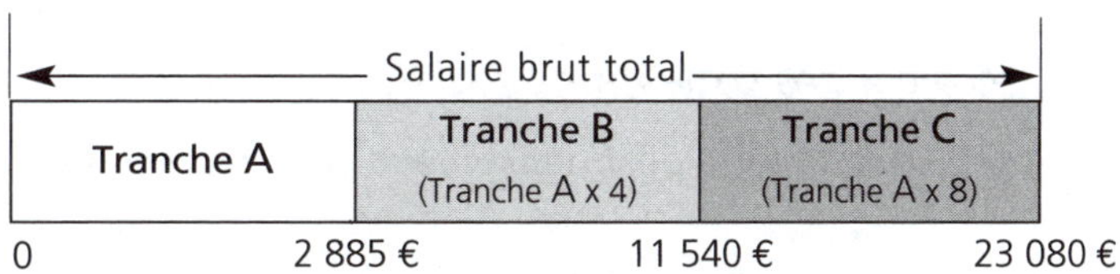

Cotisations ou retenues : Contribution des salariés au financement de la protection sociale.
Elles s'expriment en pourcentage et se calculent soit sur la tranche **A** uniquement ; soit sur les tranches **A**, **B** et **C** ; soit sur la totalité du salaire (voir tableau page 192).
Le total des cotisations salariales est retenu par l'employeur qui les verse directement aux différents organismes sociaux.

Terme	Définition et destination
Indemnité de transport	Elle s'ajoute au net après cotisations ; elle n'est soumise ni à cotisation, ni à l'impôt. Par exemple, pour la région parisienne, son montant est égal à 50 % du pass Navigo (carte orange).
Acompte	Il est déduit du net après cotisations. Il représente un paiement partiel et anticipé du salaire.
Avance	Elle est déduite du net après cotisations. Elle représente un prêt de l'employeur à son salarié.
Chèque-restaurant	La part mise à la charge du salarié est déduite de la rémunération due.
Opposition	Elle est déduite du net après cotisation. Elle correspond à une retenue sur le salaire à la suite d'une décision de justice (saisie-arrêt).
Net à payer	Montant que l'employeur doit régler au salarié en espèces, par chèque barré, ou par virement. Il correspond à la somme algébrique du Net après cotisations et des éléments qui viennent s'y ajouter ou s'y retrancher.
Net imposable	(Salaire brut hors heures supplémentaires – Total des cotisations) + Total de la CSG non déductible et de la CRDS. Cette somme figure sur le bulletin de paye ; elle est déclarée par le salarié et par l'employeur au service des impôts.

3 Les charges patronales

A – Le calcul des cotisations sociales patronales

L'employeur ***contribue au financement*** de la protection sociale des salariés (voir tableau page 192).

B – Les déclarations sociales

La contribution salariale est ***retenue par l'employeur*** sur chaque paie. Le versement de l'ensemble des cotisations patronales et salariales incombe à l'employeur.

Lors de chaque versement des cotisations, l'employeur adresse, soit sur support papier, soit par télédéclaration sur Internet, un ***bordereau*** récapitulatif aux différents organismes de recouvrement concernés.

Ces déclarations peuvent être effectuées également à l'aide de la ***déclaration unifiée des cotisations sociales*** (DUCS) qui permet de transmettre sur un ***support unique*** les déclarations auprès des différents organismes sociaux.

1) Les organismes de recouvrement

Les cotisations sociales ***sont versées par l'employeur*** à divers organismes collecteurs qui sont :

Organismes	Cotisations
URSSAF	• Assurances maladie, veuvage, vieillesse. • Allocations familiales. • Accidents du travail. • Versement transport (charge fiscale). • Contribution sociale généralisée et Contribution au remboursement de la dette sociale. • Aide au logement. • Taxe sur la prévoyance.
Pôle emploi (fusion de l'ANPE et des ASSEDIC)	• Assurance chômage. • AGS.
Caisses adhérentes de l'ARRCO **Caisses adhérentes de l'AGIRC**	• Retraite complémentaire des salariés. • Retraite des cadres. • Cotisations APEC, GMP, CET et AGFF.

2) La périodicité et les dates de paiement des cotisations dues

La périodicité et les dates de paiement varient en fonction de l'***effectif*** de l'entreprise :

Entreprise

De moins de 10 salariés	De 10 à moins de 50 salariés	De 50 salariés et plus
Périodicité ***trimestrielle***, paiement avant le 15 du trimestre civil suivant.	Périodicité ***mensuelle***, paiement avant le 15 du mois suivant.	Périodicité ***mensuelle***, paiement avant le 5 du mois suivant.

Les employeurs doivent adresser également à l'URSSAF, avant le 1er février, une déclaration nominative des salaires indiquant les sommes perçues par chaque salarié au cours de l'année civile écoulée. L'imprimé prévu à cet effet s'intitule DADS 1.

4 Le tableau des cotisations sociales

Le tableau, présenté page suivante, indique le détail des charges sociales sur salaire brut, leur base de calcul et s'il s'agit d'une cotisation à la charge du salarié (salariale) ou de l'employeur (patronale) ; les taux n'ont pas été indiqués compte-tenu de leurs variations fréquentes :

Nature de la charge	Base	Part salariale	Part patronale
CSG (part non déductible)	97 % du salaire brut	X	
CSG (part déductible)	97 % du salaire brut	X	
CRDS	97 % du salaire brut	X	
Sécurité sociale			
• Maladie	Salaire brut	X	X
• Veuvage	Salaire brut	X	
• Vieillesse plafonnée	Tranche A	X	X
• Vieillesse déplafonnée	Salaire brut		X
• Allocations familiales	Salaire brut		X
• Accident du travail	Salaire brut		X
• Aide logement plafonnée	Tranche A		X
• Aide logement déplafonnée (20 salariés et plus)	Salaire brut		X
Pôle emploi			
• Chômage	Tranches A + B	X	X
• AGS	Tranches A + B		X
Retraite complémentaire			
• Non cadres :			
ARRCO	Tranche A	X	X
ARRCO	Tranche B	X	X
AGFF	Tranche A	X	X
AGFF	Tranche B	X	X
• Cadres :			
ARRCO	Tranche A	X	X
AGIRC	Tranche B	X	X
AGIRC	Tranche C	X	X
AGFF	Tranche A	X	X
AGFF	Tranche B	X	X
GMP	Tranche B (minimale)	X	X
CET	Tranches A + B + C	X	X
APEC (cadres)	Tranche B	X	X
Prévoyance	Tranche A		X
Versement transport	Salaire brut		X
Contribution de solidarité pour l'autonomie	Salaire brut		X
Taxe sur la prévoyance	Salaire brut[1]		X

(1) Taxe assise sur les contributions patronales de prévoyance complémentaire des salaires.

À NOTER • Si le salaire brut total est inférieur au plafond, le salaire plafonné est égal au salaire brut total • Il est permis de regrouper en une seule ligne les cotisations salariales et patronales versées aux mêmes organismes et calculées sur la même assiette. Toutefois, un récapitulatif détaillé de chaque cotisation avec son taux et son montant doit être communiqué au salarié une fois l'an.

Une des fonctions des logiciels de paie est de calculer automatiquement les cotisations sociales en distinguant la part salariale de la part patronale. Le logiciel permet également d'éditer des états récapitulatifs des charges sociales afin de remplir les différents bordereaux.

5 La comptabilisation des charges de personnel

Les coûts relatifs aux rémunérations du personnel, en contrepartie du travail fourni, ainsi que ***les charges sociales patronales*** sont enregistrés au compte « 64 Charges de personnel ».

Les créances et dettes envers le personnel sont comptabilisées dans les comptes « 42 Personnel et comptes rattachés ».

Les dettes envers les organismes collecteurs sont enregistrées dans les comptes « 43 Sécurité sociale et autres organismes sociaux ».

A – La comptabilisation des salaires

1) Les avances et les acomptes

Le montant des avances et des acomptes versés au personnel, au cours du mois, est inscrit au ***débit*** du compte « 425 Personnel – Avances et acomptes » par le ***crédit*** d'un compte de trésorerie. Le compte « 425 Personnel – Avances et acomptes » sera soldé lors de l'enregistrement des salaires.

425	Personnel – Avances et acomptes	X	
5..	Comptes de trésorerie		X
	Acompte PC n° …		

2) L'enregistrement de la paie

D'après le Plan comptable général, il s'effectue en deux étapes :

① **Constatation des salaires bruts**

↓

Le compte « 641 Rémunérations du personnel », ou ses subdivisions, est ***débité*** du montant brut des salaires et du montant des indemnités de transport par la ***contrepartie*** du compte « 421 Personnel – Rémunérations dues ».

641	Rémunérations du personnel	X	
421	Personnel – Rémunérations dues		X
	D'après le livre de paie du mois de …		

② **Constatation des retenues salariales**

Le compte « 421 Personnel – Rémunérations dues » est ***débité*** du montant total des retenues par le ***crédit*** des comptes :

- « 425 Personnel – Avances et acomptes » pour solde ;
- « 427 Personnel – Oppositions » pour le montant des oppositions sur salaire ;
- « 431 Sécurité sociale » pour les cotisations salariales destinées à la Sécurité sociale ;
- « 437 Autres organismes sociaux » pour les cotisations salariales destinées au Pôle emploi, aux caisses de retraite et pour le montant des chèques-restaurant mis à la charge des salariés ;
- « 641 Rémunérations du personnel » pour le montant des avantages en nature.

421	Personnel – Rémunérations dues	X	
431	Sécurité sociale		X
437	Autres organismes sociaux		X
425	Personnel – Avances et acomptes		X
427	Personnel – Oppositions		X
641	Rémunérations du personnel		X
	D'après le livre de paie du mois de …		

3) Le règlement des salaires

Le compte « 421 Personnel – Rémunérations dues » est soldé par son ***débit*** pour le montant des nets à payer des bulletins de paie, par le ***crédit*** d'un compte de trésorerie.

421	Personnel – Rémunérations dues	X	
5..	Comptes de trésorerie		X
	Bulletins de paie n° … ; virement n° …		

À NOTER • L'achat de chèques-restaurant est comptabilisé au ***débit*** du compte « 437 Autres organismes sociaux » par le ***crédit*** d'un compte de tiers ou de trésorerie • En pratique, une deuxième méthode d'enregistrement de la paie consiste à comptabiliser en une seule écriture le montant brut au ***débit*** du compte « 641 Rémunérations du personnel », les retenues au ***crédit*** des comptes intéressés et le net à payer au ***crédit*** du compte « 421 Personnel – Rémunérations dues ».

B – La comptabilisation des charges sociales patronales

Elle s'effectue, ***mensuellement*** ou ***trimestriellement***, en deux étapes :

① **Les charges sociales patronales**

↓

Le montant total des cotisations sociales patronales sont comptabilisées au ***débit*** du compte « 645 Charges de sécurité sociale et de prévoyance » ; la contribution de l'employeur aux chèques-restaurant est portée au ***débit*** du compte « 647 Autres charges sociales ». Les dettes sociales correspondantes sont inscrites au ***crédit*** des comptes« 431 Sécurité sociale » pour les cotisations patronales destinées à la Sécurité sociale, et « 437 Autres organismes sociaux » pour les cotisations patronales destinées aux ASSEDIC, aux caisses de retraite et pour le montant des chèques-restaurant mis à la charge de l'employeur.

Compte	Libellé	Débit	Crédit
645	Charges de sécurité sociale et de prévoyance	X	
647	Autres charges sociales	X	
431	Sécurité sociale		X
437	Autres organismes sociaux		X
	État des charges patronales		

② **Les règlements aux organismes sociaux**

↓

Les dettes envers les organismes sociaux sont soldées au ***débit*** des comptes « 431 Sécurité sociale » et « 437 Autres organismes sociaux » par la ***contrepartie*** d'un compte de trésorerie.

Compte	Libellé	Débit	Crédit
431	Sécurité sociale	X	
437	Autres organismes sociaux	X	
5..	Comptes de trésorerie		X
	Bordereaux n° …; ch n° …		

À NOTER • Les cotisations patronales relatives au versement de transport, à l'aide au logement et à la taxe sur les contributions de prévoyance complémentaire constituent des charges fiscales comptabilisées au ***débit*** d'une subdivision du compte « 63 Impôts, taxes et versements assimilés » (voir chapitre 17) • Les entreprises qui ont recours soit au personnel intérimaire, soit au personnel détaché d'une société appartenant au même groupe doivent comptabiliser la facturation du service reçu au ***débit*** des comptes « 6211 Personnel intérimaire » ou « 6214 Personnel détaché ou prêté à l'entreprise » et non au ***débit*** du compte « 641 Charges de personnel ».

6 La détaxation des heures supplémentaires

La loi en faveur du travail, de l'emploi et du pouvoir d'achat (loi TEPA), applicable depuis le 1er octobre 2007, comporte des mesures relatives à la détaxation des heures supplémentaires. Il s'agit :

– *pour le salarié* :

→ d'une exonération d'impôt sur le revenu pour les heures supplémentaires effectuées au-delà de la durée légale du travail ;

→ d'une réduction des cotisations sociales de Sécurité sociale pour les heures supplémentaires ouvrant droit à l'exonération de l'impôt sur le revenu. Le taux de réduction ne peut excéder 21,50 % ;

– ***pour l'employeur*** : d'une déduction forfaitaire des cotisations patronales pour toute heure supplémentaire ouvrant droit à l'exonération de l'impôt sur le revenu. La déduction est de 0,50 € par heure supplémentaire, portée à 1,50 € pour les entreprises d'au plus 20 salariés

Ce régime de faveur s'applique également aux sommes versées pour le paiement de ***jours de réduction du temps de travail*** (RTT) et de ***jours de repos*** acquis en 2009 et 2010 dans le cadre de la loi sur le pouvoir d'achat du 8 février 2008. Par ailleurs, ce dispositif de la loi TEPA fait l'objet d'une adaptation suite aux mesures en matière de ***durée du travail*** décidées par la loi portant rénovation de la démocratie sociale et réforme du temps de travail du 20 août 2008.

Exemple

L'entreprise Cil vous fournit un état récapitulatif des éléments relatifs à la paie du mois d'avril :

Acomptes versés au cours du mois	:	8 583,00 €
Salaires bruts	:	74 151,00 €
Cotisations sociales salariales		
– Sécurité sociale (dont CSG et CRDS)	:	9 391,00 €
– Chômage	:	2 474,00 €
– Retraites complémentaires		
• non-cadres	:	1 555,00 €
• cadres	:	4 082,00 €
Indemnités de transport	:	1 041,00 €

Cotisations patronales

– Sécurité sociale	:	18 050,00 €
– Chômage et AGS	:	3 874,00 €
– Retraites complémentaires		
• non-cadres	:	2 744,00 €
• cadres	:	6 637,00 €

Enregistrer les opérations nécessaires, y compris les règlements effectués aux organismes sociaux.

• Écritures

Comptes	Libellé	Débit	Crédit
425	Personnel – Avances et acomptes	8 583,00	
512	Banques		8 583,00
	Vir n°…		
641	Rémunérations du personnel *(74 151 + 1 041)*	75 192,00	
421	Personnel – Rémunérations dues		75 192,00
	Livre de paie du mois, état récapitulatif n°…		
421	Personnel – Rémunérations dues	26 085,00	
431	Sécurité sociale		9 391,00
437	Autres organismes sociaux *(2 474 +1 555 + 4 082)*		8 111,00
425	Personnel – Avances et acomptes		8 583,00
	Livre de paie du mois, état récapitulatif n°…		
421	Personnel – Rémunérations dues	49 107,00	
512	Banques		49 107,00
	Vir n°… ; bulletins n°		
645	Charges de sécurité sociale et de prévoyance	31 305,00	
431	Sécurité sociale		18 050,00
437	Autres organismes sociaux *(3 874 + 2 744 + 6 637)*		13 255,00
	État des charges patronales n°…		
431	Sécurité sociale *(9 391 + 18 050)*	27 441,00	
437	Autres organismes sociaux *(8 111 + 13 255)*	21 366,00	
512	Banques		48 807,00
	Bordereaux n° …, Ch n°…		

Les opérations avec les administrations[1]

Chapitre 17

1 La déclaration de TVA

A – La présentation des régimes

Les obligations des redevables relatives aux déclarations périodiques et aux paiements de la TVA auprès du Trésor public diffèrent selon le régime dont ils relèvent :

Régimes

Régimes d'imposition		**Régime micro-entreprises**
Régime du réel normal	**Régime du réel simplifié**	
Régime de droit commun (étudié dans ce chapitre).	Régime réservé aux petites entreprises et caractérisé par des obligations allégées (une seule déclaration par an).	Régime réservé aux très petites entreprises bénéficiant de la « *franchise en base* » qui dispense les assujettis de la déclaration et du paiement de la TVA.

Les redevables de la TVA sont tenus de produire une déclaration de TVA et de payer ***spontanément*** l'impôt dû au Trésor public.

---

(1) Pour un développement complet, voir chez le même éditeur, dans la même collection :
Fiscalité française, édition 2010, par B. et F. Grandguillot (réédition actualisée chaque année en janvier).

B – Le régime du réel normal

Selon le régime du réel normal, à chaque fin de mois ou de trimestre, l'entreprise doit constater sa situation vis-à-vis du Trésor public pour calculer soit :

→ le montant à ***reverser*** à l'État ;
→ le ***crédit*** de TVA.

L'entreprise remplit à cet effet l'imprimé fiscal CA3, sur lequel elle reporte :

– le montant des ***opérations réalisées*** imposables ou non ;

– les éléments de calcul de la ***TVA à déclarer***.

La déclaration doit parvenir à l'administration fiscale entre le 15 et le 24 du mois suivant la période concernée d'après le statut juridique de l'entreprise et son lieu d'imposition.

L'administration fiscale a créé le service « ***TéléTVA*** » qui permet à toutes les entreprises soumises au régime réel d'imposition à la TVA de ***déclarer et de régler*** leur TVA par voie électronique. Les redevables qui réalisent un chiffre d'affaires supérieur à 500 000 € au titre de l'exercice précédent et ceux qui relèvent de la Direction des grandes entreprises (DGE) sont dans l'obligation d'adhérer au service « ***TéléTVA*** ».

À NOTER • Lorsque la TVA exigible annuelle est inférieure à 4 000 €, la déclaration est trimestrielle.

C – La détermination de la TVA à déclarer sous le régime du réel normal

Le ***montant global*** de la TVA déductible est retranché du montant de la TVA collectée de la même période.

Le calcul est le suivant :

	TVA collectée sur les ventes du mois **M**
+	TVA sur acquisitions et achats de prestations intracommunautaires du mois **M**
–	TVA déductible sur les acquisitions d'immobilisations du mois **M***
–	TVA déductible sur les autres biens et services du mois **M*** (y compris sur les acquisitionset les achats de prestations intracommunautaires)
=	**TVA à décaisser pour le mois M** ou **Crédit de TVA à reporter pour le mois M**

* Le redevable peut exercer son droit à déduction dès lors qu'il possède le document justificatif (facture…) à la date limite de dépôt de la déclaration de TVA.

Le montant de la TVA collectée correspond au ***solde créditeur*** du compte « 44571 TVA collectée ».

Le montant de la TVA sur acquisitions intracommunautaires correspond au ***solde créditeur*** du compte « 4452 TVA due intracommunautaire ».

Le montant de la TVA déductible sur les acquisitions d'immobilisations correspond au ***solde débiteur*** du compte « 44562 TVA sur immobilisations ».

Le montant de la TVA déductible sur les autres biens et services correspond aux ***soldes débiteurs*** des comptes « 44566 TVA sur autres biens et services », « 445(.) TVA due sur prestations de services » et « 445662 TVA déductible intracommunautaire ».

Au terme de ce calcul, deux cas peuvent se présenter pour l'entreprise :

TVA collectée > TVA déductible

↓

Constatation d'une dette vis-à-vis du Trésor public intitulée : ***TVA à décaisser***.

TVA déductible > TVA collectée

↓

Constatation d'une créance vis-à-vis du Trésor public intitulée : ***crédit de TVA à reporter***.

À NOTER • La TVA non déductible portant sur l'achat de biens et services est un élément du prix d'achat et non un impôt.

Les sommes portées sur la déclaration sont arrondies à l'euro le plus proche.

D – La comptabilisation de la TVA à déclarer sous le régime du réel normal

1) La TVA à décaisser

L'écriture de détermination de la TVA due consiste à ***solder*** pour la période considérée :

- le compte « 44571 TVA collectée » par son ***débit*** ;
- le compte « 445(.) TVA due sur prestations de services » par son ***débit*** ;
- le compte « 4452 TVA due intracommunautaire » par son ***débit*** ;
- le compte « 44562 TVA sur immobilisations » par son ***crédit*** ;
- le compte « 44566 TVA sur autres biens et services » par son ***crédit*** ;
- le compte « 445662 TVA déductible intracommunautaire » par son ***crédit*** ;

et à comptabiliser le montant de la TVA due au ***crédit*** du compte « 44551 TVA à décaisser ».

Compte	Libellé	Débit	Crédit
44571	TVA collectée	X	
445(.)	TVA due intracommunautaire	X	
4452	TVA due sur prestations de services	X	
44562	TVA sur immobilisations		X
44566	TVA sur autres biens et services		X
445662	TVA déductible intracommunautaire		X
44551	TVA à décaisser		X
	CA3 n° …		

2) Le paiement de la TVA à décaisser

L'entreprise doit régler ***sa dette*** auprès du Trésor public, entre le 15 et le 24 du mois suivant.

Le paiement de la TVA et l'envoi de la déclaration sont donc ***simultanés***.

Le compte « 44551 TVA à décaisser » est ***débité*** pour solde par la ***contrepartie*** d'un compte de trésorerie.

		Débit	Crédit
44551	TVA à décaisser	X	
512	Banques		X
	Ch n° ...		

3) Le crédit de TVA

Lorsque le montant de la TVA collectée est inférieur au montant de la TVA récupérable, l'entreprise constate une créance au ***débit*** du compte « 44567 Crédit de TVA à reporter ».

Les comptes de TVA utilisés pour la période considérée sont soldés au même titre que pour la détermination de la TVA due.

		Débit	Crédit
44571	TVA collectée	X	
445(.)	TVA due sur prestations de services	X	
4452	TVA due intracommunautaire	X	
44567	Crédit de TVA à reporter	X	
44562	TVA sur immobilisations		X
44566	TVA sur autres biens et services		X
445662	TVA déductible intracommunautaire		X
	CA3 n° ...		

Si l'entreprise constate un crédit de TVA ***exceptionnel***, ce dernier viendra, en principe, ***en diminution*** de la prochaine TVA due à l'État :

> TVA due pour le mois M – Crédit de TVA du mois M – 1 = **TVA à décaisser pour le mois M**

Toutefois, depuis le 1er janvier 2009, les entreprises qui remplissent une déclaration mensuelle peuvent ***demander le remboursement*** du crédit de TVA porté sur la déclaration, à condition que son montant soit au moins égal à 760 €. Elles doivent remplir à cet effet le formulaire 3519.

Si la situation de crédit de TVA est ***fréquente***, voire ***permanente*** (dans le cas d'une activité d'exportation par exemple), l'entreprise a la possibilité de demander un ***remboursement*** mensuel du crédit de TVA.

Par ailleurs, les entreprises soumises à l'obligation de télédéclarerr et de télépayer leur TVA doivent également télétransmettre leur demande de remboursement de TVA en recourant au service « TéléTVA ».

À NOTER • Seuls les comptes « 44551 TVA à décaisser » et « 44567 Crédit de TVA à reporter » figurent au bilan, après l'écriture de détermination de la TVA.

Exemple

La situation des comptes de TVA de l'entreprise Penven est la suivante pour les mois de juin et juillet :

Nature des comptes	Juin	Juillet
TVA collectée sur les ventes	23 200	38 200
TVA due sur prestations de services	3 400	
TVA due intracommunautaire	4 500	1 200
TVA déductible sur immobilisations	10 000	1 500
TVA déductible sur autres biens et services	22 500	17 500
TVA déductible intracommunautaire	4 500	1 200

Déterminer pour chaque mois la TVA due et présenter les écritures de comptabilisation, sachant que l'entreprise ne demande pas le remboursement mensuel du crédit de TVA.

- Écritures concernant le mois de juin

  Le calcul du crédit de TVA est le suivant :

  (23 200 + 3 400 + 4 500) – (10 000 + 22 500 + 3 400 + 4 500) = – 9 300 €.

		5/7		
4452		TVA due intracommunautaire	4 500,00	
445(.)		TVA due sur prestations de services	3 400,00	
44571		TVA collectée	23 200,00	
44567		Crédit de TVA à reporter	9 300,00	
	44562	TVA sur immobilisations		10 000,00
	44566	TVA sur autres biens et services		25 900,00
	445662	TVA déductible intracommunautaire		4 500,00
		Détermination du crédit de TVA de juin ; CA3 n° …		

- Écritures concernant le mois de juillet

  Le calcul de la détermination de la TVA due est le suivant :

  (38 300 + 1 200) – (1 500 +17 500 +1 200 + 9 300) = 10 000 €.

		5/8		
4452		TVA due intracommunautaire	1 200,00	
44571		TVA collectée	38 300,00	
	44551	TVA à décaisser		10 000,00
	44562	TVA sur immobilisations		1 500,00
	44566	TVA sur autres biens et services		17 500,00
	445662	TVA déductible intracommunautaire		1 200,00
	44567	Crédit de TVA à reporter		9 300,00
		Détermination de la TVA due de juillet ; CA3 n° …		
		10/8		
44511		TVA à décaisser	10 000,00	
	512	Banques		10 000,00
		Ch n° …		

2 Les impôts et taxes

L'entreprise supporte des charges ***à caractère fiscal*** (impôt sur les sociétés exclu) destinées soit à subvenir aux dépenses publiques, soit à financer des actions d'intérêt économique ou social. Ces impôts sont généralement versés annuellement.

A – Les différentes taxes

L'entreprise supporte différentes taxes, soit en tant qu'employeur, soit en tant que propriétaire de certains biens ou selon la nature de certaines opérations effectuées.

1) Les charges fiscales assises sur les salaires

La base d'imposition est déterminée par le montant des salaires retenus pour le calcul des cotisations sociales :

Taxe sur les salaires	• concerne les employeurs non assujettis à la TVA sur 90 % au moins de leur chiffre d'affaires ; • taux variant de 4,25 % à 13,60 % suivant des tranches.
Participation à la formation professionnelle continue	• contribution au financement de la formation professionnelle continue ; • concerne tout employeur, quel que soit l'effectif ; • le taux applicable est fonction de l'effectif : – moins de 10 salariés : taux de 0,55 % ; – de 10 à 19 salariés : taux de 1,05 % ; – plus de 20 salariés : taux de 1,60 %.
Participation à l'effort de construction	• contribution à l'investissement dans la construction de logements ; • concerne tout employeur ayant plus de 20 salariés (taux 0,45 %).
Versement transport	• contribution au financement des transports en commun ; • concerne toute entreprise de plus de 9 salariés dans certaines agglomérations de plus de 10 000 habitants (taux variables).
Taxe d'apprentissage et contribution au développement de l'apprentissage	• contribution au financement et au développement de l'enseignement technique et de l'apprentissage ; • concerne les entreprises qui exercent une activité industrielle, commerciale ou artisanale ; • contribution au développement de l'apprentissage de 0,18 % qui s'ajoute à la taxe ; • contribution supplémentaire de 0,10 qui est due par les entreprises d'au moins 250 salariés si les apprentis représentent moins de 3 % de l'effectif.

2) Les charges fiscales assises sur d'autres critères

La base d'imposition varie en fonction de l'objectif de la taxe :

Contribution économique territoriale (CET)	• concerne les personnes physiques ou morales et les sociétés non dotées de la personnalité morale qui exercent habituellement une activité professionnelle non salariée ; • composée de la cotisation foncière des entreprises (CFE) et de la cotisation sur la valeur ajoutée des entreprises (CVAE) ; • la CFE est calculée sur les valeurs locatives foncières, dont le taux est déterminé par les communes ou les EPCI ; • la CVAE est prélevée selon un barème progressif et due uniquement à partir de 500 000 € de chiffre d'affaires.
Taxe foncière	• concerne les entreprises propriétaires ou locataires de constructions à usage commercial ou industriel ; • tarif fixé chaque année par la loi de finances.
Taxe sur les véhicules de sociétés	• concerne toutes les entreprises qui utilisent de manière habituelle des véhicules de tourisme ; • il existe deux tarifs : – soit, suivant la puissance du véhicule ; – soit, en fonction de l'émission de CO_2.
Taxe sur les voitures particulières les plus polluantes	• taxe due depuis le 1er juillet 2006, lors de la délivrance des cartes grises ; • concerne les voitures à forte émission de CO_2 ; • il existe deux tarifs : – soit, suivant la puissance du véhicule ; – soit, en fonction de l'émission de CO_2.
Taxe additionnelle à la taxe sur les cartes grises (taxe écopastille)	• concerne les voitures neuves fortement émettrices de CO_2 acquises à partir de 2008 ; • principe de tarification identique à la taxe « cartes grises ».
Taxe additionnelle à la taxe sur les conventions d'assurance	• concerne les voitures neuves fortement émettrices de CO_2 acquises à partir de 2009 ; • montant 160 €.
Droits d'enregistrement	• concernent les entreprises qui accomplissent des opérations juridiques (ventes de biens, apports de sociétés...) ; • donnent lieu au versement de droits fixes, proportionnels ou progressifs.

B – La comptabilisation

Ces différentes taxes s'enregistrent dans les subdivisions du compte « 63 Impôts, taxes et versements assimilés » en tenant compte de la nature de l'assiette fiscale et du tiers collecteur.

1) Les charges fiscales assises sur les salaires

L'écriture diffère suivant l'organisme collecteur :

Nature de l'opération	Écritures			
Au profit de l'administration fiscale	631	Impôts, taxes et versements assimilés sur rémunérations (administration des Impôts)	X	
	447	Autres impôts, taxes et versements assimilés		X
		Avis d'imposition n° …		
Au profit des organismes collecteurs	633	Impôts, taxes et versements assimilés sur rémunérations (autres organismes)	X	
	46	Créditeurs divers		X
		Taxe … ; organisme « Z »		

Certaines dépenses liées à la nature de la taxe peuvent être déduites de l'impôt à payer, par exemples :

- les salaires ou honoraires d'un formateur et les achats de matériel pédagogique sont déduits de la participation à la formation professionnelle ;
- les subventions versées à des centres de formation ainsi que les salaires des apprentis sont déduits de la taxe d'apprentissage ;
- …

Ces dépenses, lors de leur constatation, doivent être enregistrées au ***débit*** des comptes concernés par le ***crédit*** des comptes de tiers correspondants.

2) Les charges fiscales assises sur d'autres critères

L'écriture diffère suivant l'organisme collecteur :

Nature de l'opération	Écritures			
Au profit de l'administration fiscale	635	Autres impôts, taxes et versements assimilés (administration des Impôts)	X	
	447	Autres impôts, taxes et versements assimilés		X
		Avis d'imposition n° …		
Au profit des organismes collecteurs	637	Autres impôts, taxes et versements assimilés (autres organismes)	X	
	46	Créditeurs divers		X
		Taxe … ; organisme « Z »		

Exemple

L'entreprise Leroux reçoit le 1er mars l'avis d'imposition concernant la taxe d'apprentissage, montant 565,00 €, qu'elle règle le 4 avril.

Enregistrer ces opérations.

• Écritures

	1/03/N		
6312	Taxe d'apprentissage	565,00	
447	Autres impôts, taxes et versements assimilés		565,00
	Avis n° …		
	4/04/N		
447	Autres impôts, taxes et versements assimilés	565,00	
512	Banques		565,00
	Ch n° …		

3 Les subventions

L'entreprise peut aussi recevoir ***des aides financières*** (subventions) non remboursables, de la part de l'État, des collectivités publiques ou par des tiers.

A – Les catégories de subventions

Il existe trois types de subventions en fonction de leur objet :

Subvention d'investissement
- Acquérir ou créer des valeurs immobilisées.
- Financer des activités à long terme.

Subvention d'exploitation
- Compenser l'insuffisance de certains produits d'exploitation.
- Faire face à certaines charges d'exploitation.

Subvention d'équilibre
- Compenser la perte globale que l'entreprise aurait constatée si elle n'avait pas bénéficié de cette subvention.

B – La comptabilisation

D'après le Plan comptable général, les subventions d'investissement constituent un élément des ***capitaux propres*** du bilan. Elles sont inscrites au ***crédit*** du compte « 13 Subventions d'investissement » dès qu'elles sont acquises et jusqu'à ce qu'elles aient rempli leur objet.

Les subventions d'exploitation représentent des ***produits d'exploitation***. Elles sont portées au ***crédit*** du compte « 74 Subventions d'exploitation » dès qu'elles sont reçues.

Les subventions d'équilibre constituent un élément des ***produits exceptionnels***. Elles sont enregistrées au ***crédit*** du compte « 7715 Subventions d'équilibre » dès qu'elles sont octroyées à l'entreprise.

On distingue deux phases de comptabilisation :

- l'octroi de la subvention ;
- puis son encaissement.

1) L'octroi de la subvention

L'écriture diffère suivant la nature de la subvention :

Nature de l'opération	Écritures			
Subventions d'investissement	441	État – Subventions à recevoir	X	
	131	Subventions d'équipement		X
	138	Autres subventions d'équipement		X
		Notification n° …		
Subventions d'exploitation	441	État – Subventions à recevoir	X	
	74	Subventions d'exploitation		X
		Notification n° …		
Subventions d'équilibre	441	État – Subventions à recevoir	X	
	7715	Subventions d'équilibre		X
		Notification n° …		

À NOTER • L'enrichissement généré par la subvention d'investissement constitue un produit, réparti sur plusieurs exercices, à la date d'inventaire (voir chapitre 23).

2) L'encaissement de la subvention

L'écriture est identique pour toutes les subventions : le compte « 441 État – Subventions à recevoir » est ***crédité*** pour solde par la ***contrepartie*** d'un compte de trésorerie.

512	Banques	X	
441	État – Subventions à recevoir		X
	Avis de crédit n° …		

Exemple

L'entreprise Orion reçoit le 15 juin N une notification de l'octroi d'une subvention de 45 000,00 € pour financer un matériel destiné à économiser l'énergie.

Le 25 septembre N, elle reçoit un chèque du montant de la subvention.

Enregistrer ces opérations.

• Écritures

	15/6/N		
441	État, Subventions à recevoir	45 000,00	
131	Subventions d'équipement		45 000,00
	Notification n°… concernant l'obtention de la subvention		
	25/9/N		
512	Banques	45 000,00	
441	État, Subventions à recevoir		45 000,00
	Ch n°… concernant le règlement de la subvention		

PARTIE 3

Les opérations de fin d'exercice

L'organisation des travaux de fin d'exercice

Chapitre 18

1 Généralités

Les opérations d'inventaire permettent l'établissement des ***comptes annuels*** (bilan, compte de résultat, annexe) en respectant les principes d'***image fidèle du patrimoine***, d'***indépendance des exercices*** et de ***prudence***.

En outre, l'inventaire apporte aux associés des sociétés des informations complémentaires, indispensables pour apprécier la bonne gestion et la santé financière de l'entreprise.

> *Article 410-8 du Plan comptable général* :
> « Toute entité contrôle au moins une fois tous les douze mois les données d'inventaire. L'inventaire est un relevé de tous les éléments d'actif et de passif, au regard desquels sont mentionnées la quantité et la valeur de chacun d'eux à la date d'inventaire. Les données d'inventaire sont conservées et organisées de manière à justifier le contenu de chacun des postes du bilan.
> Les données d'inventaire sont regroupées sur le livre d'inventaire.
> Les comptes annuels sont transcrits chaque année sur le livre d'inventaire, sauf lorsqu'ils sont publiés en annexe au registre du commerce et des sociétés ».

2 Le schéma d'organisation

La date de fin d'exercice ne correspond pas nécessairement à la fin de l'année civile ; sa détermination dépend du choix effectué par l'entreprise en fonction de différents critères (nature de l'activité...).

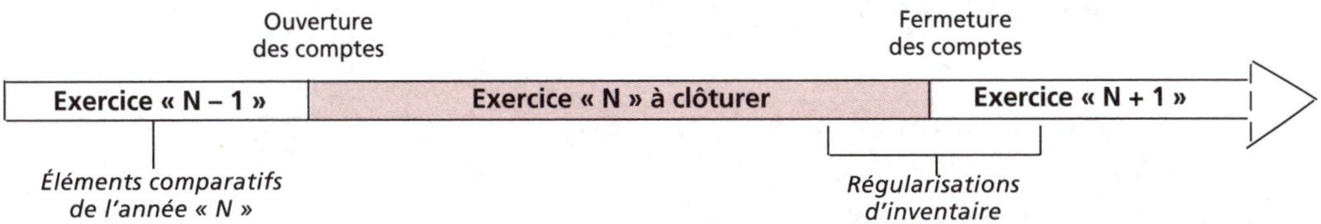

À partir de la dernière balance de vérification de l'exercice, l'entreprise effectue une série d'opérations consignées au journal à la suite des écritures courantes de l'exercice écoulé.

Le processus suppose différents travaux résumés dans le schéma de la page suivante :

Balance avant inventaire

– Comptes mouvementés durant l'exercice –

↓

Inventaire extra-comptable

- état de rapprochement ;
- état des espèces ;
- état des stocks ;
- état des charges et des produits ;
- état des immobilisations ;
- état des valeurs mobilières de placement ;
- état des amortissements ;
- état des dépréciations ;
- état des provisions.

→ documents estimatifs et descriptifs de l'inventaire.

↓

Écritures de régularisation

- du compte banque et du compte caisse ;
- des stocks ;
- des charges et des produits ;
- des immobilisations ;
- des valeurs mobilières de placement ;
- des amortissements ;
- des dépréciations ;
- des provisions.

→ correction et modification des comptes d'après l'inventaire extra-comptable.

↓

Balance après inventaire

– Comptes de l'exercice et comptes d'inventaire –

→ *Compte de résultat*

Charges	Produits

↓

Écritures de regroupement

– Détermination du résultat –

↓

Balance d'inventaire

– Comptes de bilan seulement –

– Comptes de charges et de produits soldés –

→ *Bilan*

Actif	Passif

Compte de résultat ↓ *L'annexe* ↑ *Bilan*

À NOTER • Les écritures d'inventaire peuvent être reconstituées par comparaison entre la balance avant inventaire et la balance après inventaire • Avant tout travail, il faut vérifier la date d'inventaire.

L'état de rapprochement

Chapitre **19**

1 Le principe

L'entreprise doit ***vérifier*** régulièrement son compte bancaire ou postal avec les relevés de compte fournis par les organismes financiers afin de contrôler la réciprocité et la simultanéité des enregistrements effectués dans chaque comptabilité.

Théoriquement, les opérations et les soldes figurant sur les deux documents doivent être identiques mais mouvementés en sens contraire. En pratique, il existe des différences qui sont dues :

- aux décalages de date d'enregistrement des opérations ;
- aux erreurs de montant effectuées par l'une ou l'autre des parties.

Afin de respecter l'image fidèle de l'entreprise, il est obligatoire de dresser un état de rapprochement au moins tous les douze mois et à la clôture de l'exercice.

Les soldes des comptes de trésorerie déterminés à l'aide des états de rapprochement figurent dans le bilan de fin d'exercice :

- à l'actif si le solde est débiteur ;
- au passif si le solde est créditeur.

2 La méthode

A – Le pointage

Le pointage des opérations portées à la fois sur le compte de l'entreprise et sur le relevé bancaire permet de ***repérer*** et d'***identifier les différences*** qui figureront sur l'état de rapprochement. Les sommes portées :

- au débit du compte « 512 Banques » correspondent à celles portées au crédit du relevé bancaire ;
- au crédit du compte « 512 Banques » correspondent à celles portées au débit du relevé bancaire.

Après pointage, on constate que certaines sommes figurent sur le compte « 512 Banques » alors qu'elles ne sont pas encore portées sur le « Relevé bancaire » et vice versa ; ces différences font l'objet de l'état de rapprochement bancaire.

B – L'état de rapprochement

L'état de rapprochement est un document ***extra-comptable*** qui permet d'expliquer les différences entre le solde du compte « 512 Banques » et le solde du « Relevé bancaire ». L'entreprise dresse, généralement, deux tableaux :

- un tableau appelé : « ***Compte banque au grand-livre*** » ;
- un tableau intitulé : ***« Compte envoyé par la banque ».***

Compte banque au grand-livre		
– 512 Banques –		
	D	C
Solde fin de période au ...	X ou	X
Frais, commissions*		X
Effets impayés		X
Prélèvements automatiques		X
Domiciliations échues		X
Intérêts débiteurs		X
Virements des clients	X	
Intérêts créditeurs	X	
Avis d'encaissement	X	
Avis de négociation	X	
Totaux	X	X
Solde débiteur		**X**

* tenir compte de la TVA

Solde fin de période : indiquer le solde du compte « 512 Banques ».

Frais, commissions à Avis de négociation : corriger ce solde à l'aide des opérations qui figurent sur le « Relevé de compte » et non encore enregistrées dans la comptabilité de l'entreprise.

SD = SC

Compte envoyé par la banque		
– Relevé bancaire –		
	D	C
Solde fin de période au ...	X ou	X
Chèques émis non présentés	X	
Versements espèces		X
Remises de chèques		X
Totaux	X	X
Solde créditeur	**X**	

Solde fin de période : indiquer le solde du « Relevé bancaire ».

Chèques émis non présentés à Remises de chèques : corriger ce solde à l'aide des opérations qui figurent dans la comptabilité de l'entreprise et non encore enregistrées dans la comptabilité de la banque.

À NOTER • Si une différence demeure entre les deux soldes rectifiés, elle provient d'une erreur (inversion de chiffres) • Plusieurs opérations de même nature enregistrées dans le compte « 512 Banques » peuvent correspondre à une somme globale portée sur le « Relevé bancaire » (le total d'une remise de chèques peut correspondre à plusieurs chèques enregistrés pendant la période considérée).

Le volume important des opérations de banque traitées dans les gandes entreprises rend fastidieux et couteux l'établissement d'états de rapprochement manuels. Pour remédier à ces inconvénients, l'entreprise peut choisir ***l'automatisation des rapprochements bancaires*** en s'équipant soit d'un logiciel autonome, soit d'un logiciel comptable intégrant un module de rapprochement bancaire.

3 Les écritures de redressement

L'entreprise doit ***ajuster*** son compte banque en enregistrant dans sa comptabilité les ***opérations manquantes*** récapitulées dans le tableau « Compte banque au grand-livre ».

Elle enregistre, en général, deux écritures :

Opérations relatives aux encaissements

↓

Le compte « 512 Banques » est ***débité*** du montant total des opérations portées dans la colonne débit du tableau « Compte banque au grand-livre » par le ***crédit*** des comptes concernés.

512	Banques	X	
411	Clients		X
76	Produits financiers *(à détailler)*		X
5113	Effets à l'encaissement*		X
5114	Effets à l'escompte*		X
…	…		X
	État de rapprochement du mois de …		

* ou « 413 Clients – Effets à recevoir ».

Opérations relatives aux décaissements

↓

Le compte « 512 Banques » est ***crédité*** du montant total des opérations portées dans la colonne crédit du tableau « Compte banque au grand-livre » par le ***débit*** des comptes concernés.

Voir écriture page suivante.

627	Services bancaires	X	
44566	TVA sur autres biens et services	X	
411	Clients	X	
6..	Comptes de charges concernés	X	
4..	Comptes de tiers concernés	X	
403	Effets à payer	X	
661	Charges d'intérêts	X	
...	...	X	
512	Banques		X
	État de rapprochement du mois de ...		

À NOTER • Les frais sur encaissements et négociations des effets peuvent figurer dans l'écriture relative aux encaissements • Le tableau « Compte envoyé par la banque » ne fait l'objet d'aucune écriture puisque les opérations ont déjà été comptabilisées par l'entreprise.

Exemple

Les documents suivants vous sont confiés :

– état de rapprochement au 30 avril N :

Compte banque au grand-livre			
Date	Libellé	Débit	Crédit
30/04	Solde débiteur	85 302,00	
	Frais de tenue de compte		75,00
	Impayé Thomazi		6 340,00
	Solde débiteur		78 887,00
	Totaux	85 302,00	85 302,00

Compte envoyé par le Crédit mutuel maritime			
Date	Libellé	Débit	Crédit
30/04	Solde créditeur		76 577,00
	CH n°2486	615,00	
	CH n°2487	1 240,00	
	CH n°2490	725,00	
	Remise de chèques		4 890,00
	Solde créditeur	78 887,00	
	Totaux	81 467,00	81 467,00

– opérations réalisées au cours du mois de mai :

Voir tableaux page ci-contre.

51221 CMM			
Date	Libellé	Débit	Crédit
2/05	Solde débiteur	85 302,00	
3/05	Encaissement coupons VMP	930,00	
3/05	Impayé Thomazi		6 340,00
3/05	Frais de tenue de compte		75,00
4/05	Virement du client Leclerc	2 135,00	
5/05	Chèque n° 2491 : fournisseur Cléris		128,50
6/05	Remise de chèques	3 170,00	
7/05	Remise à l'escompte	18 120,00	
10/05	Agios sur remise du 7 mai		210,00
12/05	Chèque n° 2492 : Trésor public (TVA)		4 812,00
16/05	Virement du client Zabo	2 830,40	
20/05	Chèque n° 2493 : fournisseur Lesure		1 638,50
22/05	Domiciliation échue		2 400,00
23/05	Remise à l'encaissement nette	1 860,60	
26/05	Dépôt d'espèces	2 000,00	
28/05	Chèque n° 24934 : loyer		5 000,00
31/05	Remise de chèques	6 820,00	
31/05	Solde débiteur		102 564,00
	Totaux	123 168,00	123 168,00

Crédit Mutuel Maritime Relevé de compte de la sociétés Rabelais — *Folio 1*			
Date	Mouvements	Débit	Crédit
2/05	*Solde créditeur*		76 577,00
2/05	Chèque n° 2486	615,00	
2/05	Chèque n° 2487	1 240,00	
2/05	Virement Leclerc		2 135,00
2/05	Remise de chèques		4 890,00
2/05	Encaissement coupons VMP		930,00
8/05	Remise de chèques		3 170,00
10/05	Négociation : net porté en compte		17 910,00
12/05	Virement Zabo		2 830,40
14/05	Intérêts débiteurs	180,00	
18/05	Remise à l'encaissement		1 910,00
18/05	Frais sur encaissement (TTC)*	49,40	
20/05	Prélèvement France Télécom	3 512,50	
20/05	Intérêts créditeurs		820,00
24/05	Acquisitions SICAV	12 000,00	
24/05	Domiciliations échues	1 860,60	
27/05	Chèque n° 2492	4 812,00	
28/05	Dépôt d'espèces		2 000,00
30/05	Frais de tenue de compte (TTC)*	35,00	
31/05	*Solde créditeur*	88 867,90	
	Totaux	113 172,40	113 172,40

* TVA taux normal.

Présenter l'état de rapprochement à fin mai et passer les écritures nécessaires.

• État de rapprochement à fin mai

Compte banque au grand-livre			
	Libellé	Débit	Crédit
	Solde débiteur	102 564,00	
14/5	Intérêts débiteurs		180,00
20/5	Prélèvement TÉLECOM		3 512,50
20/5	Intérêts créditeurs	820,00	
24/5	Acquisition SICAV		12 000,00
24/5	Domiciliation échue		1 860,60
30/5	Frais tenue de compte		35,00
	Totaux	103 384,00	17 588,10
	Solde au 31 mai		85 795,90
			103 384,00

– reprendre le solde du compte « 51221 CMM » au 31 mai soit : 102 564,00 € ;
– le prélèvement Télécom est effectué toutes taxes comprises. Le montant hors taxes doit être comptabilisé dans le compte de charge pour la somme de 2 936,87 € (3 512,50 / 1,196) et la TVA (573,63) dans le compte « 44566 TVA sur autres biens et services » ;
– la négociation d'effets d'un montant de 17 910,00 € ne doit pas figurer dans le tableau, puisque nous retrouvons cette somme dans le compte « 51221 CMM », en faisant la différence entre :
18 120,00 – 210,00 = 17 910,00 €.
– le raisonnement est identique pour la remise à l'encaissement(1 910,00 – 49,40).
– les frais de tenue de compte doivent être comptabilisés hors taxes, TVA 19,60 % (35,00 / 1,196).

Compte envoyé par le CMM			
	Libellé	Débit	Débit
	Solde créditeur		88 867,90
	Chèque n° 2490	725,00	
	Chèque n° 2491	128,50	
	Chèque n° 2493	1 638,50	
	Domiciliation échue	2 400,00	
	Chèque n° 2494	5 000,00	
	Remise chèques		6 820,00
	Totaux	9 892,00	95 687,90
	Solde au 31 mai	85 795,90	
		95 687,90	

– reprendre le solde du relevé de compte au 31 mai soit : 88 867,90 € ;
– le chèque n° 2490 d'un montant de 725,00 € doit être repris dans ce tableau puisque la banque ne l'a toujours pas payé.

• Écritures de redressement

			Débit	Crédit
		15/4		
51221		CMM	820,00	
	768	Autres produits financiers		820,00
		Tableau de rapprochement n° …		
		15/5		
661		Charges d'intérêts	180,00	
626		Frais postaux et de télécommunications	2 936,87	
500		Valeurs mobilières de placement	12 000,00	
403		Fournisseurs – Effets à payer	1 860,60	
627		Services bancaires et assimilés	29,26	
44566		TVA sur autres biens et services*	581,37	
	51221	CMM		17 587,50
		Tableau de rapprochement n° …		

* 575,63 + 5,74

Les régularisations de stocks

Chapitre **20**

1 Généralités

L'inventaire intermittent consiste ***à évaluer*** à la fin de l'exercice comptable ***la valeur du stock final*** après avoir réalisé un inventaire physique. Les différents comptes de stock n'enregistrent aucun mouvement au cours de l'exercice.

Le stock final au dernier jour de l'exercice « N » devient le stock initial au premier jour de l'exercice « N + 1 ».

À l'inventaire, il faut :

- ***annuler*** les stocks initiaux constatés au début de l'exercice ;
- ***créer*** les stocks finals détenus en magasin à la fin de l'exercice ;
- ***intégrer*** dans le compte de résultat les variations des stocks afin de prendre en compte pour le calcul du résultat la consommation des biens achetés (marchandises, matières et approvisionnements) et la production des biens fabriqués (produits et en-cours de production...).

2 Les stocks

Les stocks et productions sont constitués de l'ensemble des biens ou des services qui interviennent dans le ***cycle d'exploitation de l'entreprise*** pour être :

– soit vendus en l'état ou au terme d'un processus de production à venir ou en-cours ;

– soit consommés au premier usage dans le processus de production ou de prestation de services.

Les stocks sont des éléments constitutifs de l'***actif circulant*** ; ils sont regroupés dans les comptes de la ***classe 3***.

On distingue :

Les stocks proprement dits

Les marchandises.
Les approvisionnements.
Les produits intermédiaires, finis, résiduels.

La production en-cours

Les biens ou services en cours d'élaboration, non achevés.

3 L'évaluation des stocks

A – L'inventaire physique

L'inventaire physique des stocks sert à valoriser les quantités réelles dont l'entreprise est propriétaire à la fin de l'exercice.

Stock final = Quantités recensées x Coût unitaire

B – Le coût d'entrée

Les ***stocks de biens*** achetés sont évalués au ***coût d'acquisition***.

Les ***stocks de produits et les en-cours de production*** sont évalués au ***coût de production.***

En principe, les coûts d'achat et les coûts de production à prendre en compte sont fournis par la comptabilité analytique et sont calculés d'après l'une des trois méthodes préconisées par le Plan comptable général :

Coût unitaire moyen pondéré en fin de période	Coût unitaire moyen pondéré après chaque entrée	FIFO « First in, First out » ou PEPS « Premier entré, Premier sorti »
$\dfrac{\text{Valeur du stock initial + Valeur des achats}}{\text{Quantité du stock initial + Quantité achetée}}$	$\dfrac{\text{Valeur du stock précédent + Valeur des achats}}{\text{Quantité du stock initial + Quantité achetée}}$	Premier entré, premier sorti

Conformément aux ***règles comptables*** relatives à l'évaluation des actifs, les stocks finals figurant au bilan doivent désormais être évalués ***net d'escompte*** alors qu'au cours de l'exercice les escomptes relatifs aux achats sont encore comptabilisés en produits financiers.

Il est donc nécessaire d'effectuer un calcul pour déterminer la valeur du stock final à inscrire au bilan :

Stock final avant déduction des escomptes	–	Escomptes de règlement comptabilisés en produits financiers*	=	**Stock final net d'escompte**

* Pour les stocks évalués d'après la méthode du coût unitaire moyen pondéré : escomptes relatifs aux achats compris dans la durée moyenne de stockage.
Pour les stocks évalués d'après la méthode du premier entré, premier sorti : escomptes relatifs aux achats entrant dans l'évaluation du stock final.

En outre, les coûts d'emprunt peuvent être inclus dans le coût d'entrée des stocks selon les mêmes dispositions que pour les immobilisations.

4 La comptabilisation

L'enregistrement comptable fait apparaître deux types de comptes :

Comptes de bilan **Classe 3 comptes de stocks**		**Comptes de résultat** **Classe 6 comptes de charges** **Classe 7 comptes de produits**
31 Matières premières (et fournitures)	Approvisionnements et marchandises →	603**1** Variation des stocks de matières premières (et fournitures)
32 Autres approvisionnements	Approvisionnements et marchandises →	603**2** Variation des stocks des autres approvisionnements
37 Stocks de marchandises	Approvisionnements et marchandises →	603**7** Variation des stocks de marchandises
33 En-cours de production de biens	Production →	713**3** Variation des en-cours de production de biens
34 En-cours de production de services	Production →	713**4** Variation des en-cours de production de services
35 Stocks de produits	Production →	713**5** Variation des stocks de produits

La comptabilisation s'effectue en deux étapes :

- l'***annulation*** des stocks initiaux ;
- la ***création*** des stocks finals.

A – L'annulation des stocks initiaux

L'annulation des stocks initiaux s'enregistre au ***crédit*** d'une subdivision d'un compte de la classe 3.

L'appauvrissement qui en résulte est porté au ***débit*** du compte « 603 Variations des stocks » pour les stocks relatifs aux approvisionnements et aux marchandises ou « 713 Variations des stocks » pour les stocks relatifs à la production.

Annulation des stocks initiaux relatifs aux approvisionnements et aux marchandises

Compte	Libellé		
6031	Variation des stocks de matières premières (et fournitures)	X	
6032	Variation des stocks des autres approvisionnements	X	
6037	Variation des stocks de marchandises	X	
31	Matières premières (et fournitures)		X
32	Autres approvisionnements		X
37	Stocks de marchandises		X
	État des stocks		

Annulation des stocks initiaux relatifs à la production

Compte	Libellé		
7133	Variation des en-cours de production de biens	X	
7134	Variation des en-cours de production de services	X	
7135	Variation des stocks de produits	X	
33	En-cours de production de biens		X
34	En-cours de production de services		X
35	Stocks de produits		X
	État des stocks		

B – La création des stocks finals

La création des stocks finals s'enregistre au ***débit*** d'une subdivision d'un compte de la classe 3. ***L'enrichissement*** qui en résulte est porté au ***crédit*** du compte « 603 Variation des stocks » pour les stocks relatifs aux approvisionnements et aux marchandises ou « 713 Variation des stocks » pour les stocks relatifs à la production.

Création des stocks finals relatifs aux approvisionnements et aux marchandises

Compte	Libellé		
31	Matières premières (et fournitures)	X	
32	Autres approvisionnements	X	
37	Stocks de marchandises	X	
6031	Variation des stocks de matières premières (et fournitures)		X
6032	Variation des stocks des autres approvisionnements		X
6037	Variation des stocks de marchandises		X
	État des stocks		

Création des stocks finals relatifs à la production

Compte	Libellé		
33	En-cours de production de biens	X	
34	En-cours de production de services	X	
35	Stocks de produits	X	
7133	Variation des en-cours de production de biens		X
7134	Variation des en-cours de production de services		X
7135	Variation des stocks de produits		X
	État des stocks		

À NOTER • Les entreprises commerciales possèdent des stocks de marchandises et, accessoirement, des stocks d'autres approvisionnements • Les entreprises industrielles peuvent posséder toutes les natures de stocks prévues par le Plan comptable général.

5 Les soldes des comptes de variation des stocks

Les soldes des comptes de variation expriment la différence de la valeur du stock net d'escompte entre le début et la fin de l'exercice.

La nature des soldes des comptes « 603 Variation des stocks (approvisionnements et marchandises) » et « 713 Variation des stocks (en-cours de production, produits) » permet de déterminer le ***signe*** de la variation figurant dans le compte de résultat :

Comptes	Nature du solde	Signe	Conséquences
603 Variation des stocks (approvisionnements et marchandises)	Solde débiteur	(+)	Augmentation de charges : consommation de stocks.
	Solde créditeur	(–)	Diminution de charges : surstockage.
713 Variation des stocks (en-cours de production, produits)	Solde créditeur	(+)	Augmentation des produits : surstockage.
	Solde débiteur	(–)	Diminution de produits : consommation de stocks.

6 Les incidences des variations des stocks sur le résultat

Les variations des stocks relatives aux achats – subdivisions du compte « 603 Variation des stocks (approvisionnements et marchandises) » – viennent corriger le montant des achats pour obtenir le ***coût d'achat des marchandises vendues*** ou bien le ***coût d'achat des matières et approvisionnements consommés*** qui entre dans la formation du résultat.

Achats
±
Variation des stocks
=
Coût d'achat des marchandises vendues
et/ou
Coût d'achat des matières et approvisionnements consommés

Les variations des stocks relatives à la production – subdivisions du compte « 713 Variation des stocks (en-cours de production, produits) » – viennent corriger la production vendue pour obtenir la ***production de l'exercice*** qui entre dans la formation du résultat.

Production vendue
±
Variation des stocks
=
Production de l'exercice

7 Le cas particulier des emballages récupérables

Le travail consiste à dénombrer tous les emballages récupérables non-identifiables ***appartenant*** à l'entreprise, de manière à évaluer le stock final de ces emballages.

Les emballages suivent le ***circuit*** suivant :

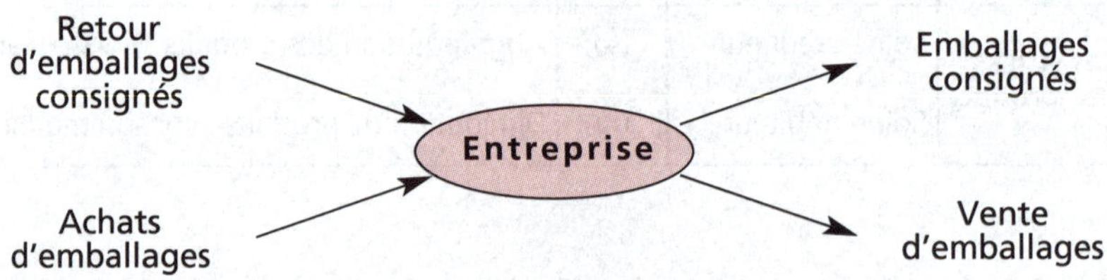

Le stock d'emballages se détermine à l'aide de ***deux méthodes*** :

Détermination du stock

Le stock final théorique	**Le stock final réel**
Stock initial + Achats – Ventes (au coût d'achat)	Stock en magasin + Emballages consignés (au coût d'achat) – Emballages à rendre

Différence éventuelle
=
Les manquants (vol, mise au rebut)

L'entreprise tient, en quantité, ces différents mouvements sur une fiche de stock. Elle doit vérifier en quantité les soldes des comptes :

– « 4196 Clients – Dettes pour emballages et matériels consignés » ;
– « 4096 Fournisseurs – Créances pour emballages et matériel à rendre ».

Exemple

L'entreprise Samba vous communique les données concernant les stocks :

Éléments	Matières premières	Marchandises	Produits finis
Stocks initiaux net d'escompte	45 000	53 000	222 500
Stocks finals net d'escompte	54 500	47 500	230 000

Comptabiliser les écritures de variation des stocks.

• Écritures

	31/12/N		
6031	Variation des stocks de matières premières	45 000,00	
6037	Variation des stocks de marchandises	53 000,00	
7135	Variation des stocks de produits finis	222 500,00	
310	Stocks de matières premières		45 000,00
370	Stocks de marchandises		53 000,00
355	Stocks de produits finis		222 500,00
	Annulation des stocks		
	31/12/N		
310	Stocks de matières premières	54 500,00	
370	Stocks de marchandises	47 500,00	
355	Stocks de produits finis	230 000,00	
6031	Variation des stocks de matières premières		54 500,00
6037	Variation des stocks de marchandises		47 500,00
7135	Variation des stocks de produits finis		230 000,00
	Création des stocks de l'exercice		

Les ajustements des comptes de charges et de produits

Chapitre **21**

1 Généralités

Les ajustements des comptes de charges et de produits consistent :

- ***à rattacher au résultat*** de l'exercice toutes les charges et tous les produits de l'exercice mais eux seuls, afin de respecter le principe d'indépendance des exercices. Cependant les charges et les produits enregistrés pendant l'exercice ne correspondent pas nécessairement à ceux qui lui incombent, ce qui entraîne l'obligation de régularisation ;
- ***à répartir sur la durée de l'emprunt***, à la suite d'une décision de gestion, des frais d'émission des emprunts engagés pendant l'exercice dont le montant est trop important pour être supporté sur un seul exercice.

2 La régularisation des charges et des produits

A – Les principes

La régularisation des charges et des produits consiste à :

Exclure de l'exercice

↓

Les charges et les produits qui ont été comptabilisés, mais ***qui ne concernent qu'en partie ou pas du tout l'exercice*** qui s'achève (fournitures et prestations non reçues, non fournies ou non consommées). Il s'agit :

↓ des charges constatées d'avance

↓ des produits constatés d'avance

Inclure dans l'exercice

↓

Les charges et les produits qui n'ont pas été comptabilisés, faute de document justificatif, alors ***qu'ils concernent l'exercice considéré*** (fournitures et prestations reçues ou fournies). Il s'agit :

↓ des charges à payer

↓ des produits à recevoir

B – La comptabilisation des charges constatées d'avance

La partie ou la totalité de la charge hors taxes qui se rapporte à l'exercice suivant est transférée au ***crédit*** du compte de charge concerné par le ***débit*** du compte de régularisation actif « 486 Charges constatées d'avance ».

Aucune régularisation de TVA n'est à effectuer car sa déductibilité est intervenue lors de l'enregistrement de la facture.

486	Charges constatées d'avance	X	
6...	Comptes de charges		X
	État des charges constatées d'avance		

C – La comptabilisation des produits constatés d'avance

La partie ou la totalité du produit hors taxes qui se rapporte à l'exercice suivant est transférée au ***débit*** du compte de produit concerné par le ***crédit*** du compte de régularisation passif « 487 Produits constatés d'avance ». Aucune régularisation de TVA n'est à effectuer car son exigibilité est intervenue lors de l'enregistrement de la facture.

7...	Comptes de produits	X	
487	Produits constatés d'avance		X
	État des produits constatés d'avance		

À NOTER • Le compte « 486 Charges constatées d'avance » représente le dernier poste de l'actif circulant • Le compte « 487 Produits constatés d'avance » est le dernier poste des dettes.

D – La comptabilisation des charges à payer

La charge se rapportant à l'exercice à clôturer dont le montant est suffisamment ***connu*** et ***évaluable*** doit être enregistrée et intégrée dans le compte de résultat, même si la pièce justificative n'est pas encore établie. Les ***dettes à venir*** correspondantes sont rattachées aux comptes de tiers concernés (le numéro de compte porte un « **8** » en troisième ou quatrième rang).

Comptes de gestion		Comptes de tiers
607 Achats de marchandises	→	40**8** Fournisseurs – Factures non parvenues
61/62 Autres charges externes 606 Achats non stockés de matières et fournitures	}	40**8** Fournisseurs – Factures non parvenues ou 46**8**6 Divers – Charges à payer
63 Impôts, taxes et versements assimilés	→	44**8**6 État – Charges à payer
64 Charges de personnel	→	42**8**6 Personnel – Charges à payer 43**8**6 Organismes sociaux – Charges à payer
661 Charges d'intérêts	→	16**8**8 Intérêts courus
709 RRR accordés par l'entreprise	→	419**8** RRR à accorder et autres avoirs à établir

1) Les charges à payer

La charge hors taxes qui se rapporte à l'exercice à clôturer est portée au ***débit*** du compte de charge intéressé ; si la charge supporte la TVA et si cette dernière est déductible, son montant est enregistré au ***débit*** du compte « 44586 TCA sur factures non parvenues ». Le compte de charges à payer rattaché au compte de tiers est ***crédité*** pour le montant toutes taxes comprises.

6...	Comptes de charges	X	
44586	TCA sur factures non parvenues*	X	
4.8	Comptes de tiers concernés (*charges à payer*)		X
168	Intérêts courus		X
	État des charges à payer		

* ou 44566 si l'entreprise est en possession de la facture à la date limite de la déclaration de TVA.

2) Les rabais, remises et ristournes à accorder

La réduction commerciale à accorder concerne l'exercice à clôturer, bien que l'avoir ne soit pas encore établi. Les comptes « 709 Rabais, remises et ristournes accordés par l'entreprise » et « 44587 TCA sur factures à établir » sont ***débités***, respectivement du montant de la réduction hors taxes et du montant de la TVA, par le ***crédit*** du compte « 4198 Rabais, remises et ristournes à accorder et autres avoirs à établir » pour le montant toutes taxes comprises.

709	Rabais, remises et ristournes accordés par l'entreprise	X	
44587	TCA sur factures à établir	X	
4198	RRR à accorder et autres avoirs à établir		X
	État des charges à payer		

E – La comptabilisation des produits à recevoir

Le produit ou la diminution de la charge se rapportant à l'exercice à clôturer dont le montant est suffisamment ***connu*** et ***évaluable*** doit être enregistré et intégré dans le compte de résultat, même si la pièce justificative n'est pas encore établie. Les ***créances à venir*** correspondantes sont rattachées aux comptes de tiers concernés (le numéro de compte porte un « **8** » en 3e ou 4e rang).

Comptes de gestion		Comptes de tiers
707 Ventes de marchandises	→	41**8** Clients – Produits non encore facturés
706 Prestations de services 708 Produits des activités annexes	}	41**8** Clients – Produits non encore facturés ou 46**8**7 Divers – Produits à recevoir
64 Charges de personnel	→	42**8**7 Personnel – Produits à recevoir 43**8**7 Organismes sociaux – Produits à recevoir
63 Impôts, taxes et versements assimilés	→	44**8**7 État – Produits à recevoir
762 Produits des autres immobilisations financières	→	276**8** Intérêts courus
609 RRR obtenus sur achats	→	409**8** RRR à obtenir et autres avoirs non encore reçus

1) Les produits à recevoir

Le produit ou la diminution de la charge hors taxes qui se rapporte à l'exercice à clôturer est porté au ***crédit*** du compte de gestion intéressé ; si ce dernier supporte la TVA son montant est enregistré au ***crédit*** du compte « 44587 TCA sur factures à établir ». Le compte de produits à recevoir rattaché au compte de tiers est ***débité*** pour le montant toutes taxes comprises.

2768	Intérêts courus	X	
4.8	Comptes de tiers concernés (*produits à recevoir*)	X	
7.. ou 6..	Comptes de gestion		X
44587	TCA sur factures à établir		X
	État des produits à recevoir		

2) Les rabais, remises et ristournes à obtenir

La réduction commerciale à obtenir concerne l'exercice à clôturer, bien que l'avoir ne soit pas encore reçu. Les comptes « 609 Rabais, remises et ristournes obtenus sur achats » et « 44586 TCA sur factures non parvenues » sont ***crédités***, respectivement du montant de la réduction hors taxes et du montant de la TVA par le ***débit*** du compte « 4098 Rabais, remises et ristournes à obtenir et autres avoirs non encore reçus » pour le montant toutes taxes comprises.

4098	RRR à obtenir et autres avoirs non encore reçus	X	
609	Rabais, remises et ristournes obtenus sur achats		X
44586	TCA sur factures non parvenues		X
	État des produits à recevoir		

Exemple

Le chef comptable de l'entreprise Lanverne vous transmet, au 31 décembre N, les informations suivantes concernant les charges et les produits :

- la prime annuelle d'assurance a été réglée le 1er avril N pour un montant de 900,00 € ;
- des ristournes doivent être accordées à nos clients sur le chiffre d'affaires réalisé, leur montant s'élève à 700,00 € hors taxes (TVA 19,60 %) ;
- le loyer du 1er trimestre N + 1 de 2 500,00 € sera réglé le 15 janvier N + 1 ;
- plusieurs factures reçues de nos fournisseurs ont été comptabilisées, mais les marchandises n'ont pas encore été livrées : montant hors taxes 1 800,00 €, TVA : 19,60 % ;
- le fournisseur Pock a livré des marchandises pour 7 300,00 € hors taxes (TVA 19,60 %), la facture correspondante nous parviendra courant janvier N + 1 ;
- les congés payés s'élèvent à 6 100,00 € ;
- le locataire d'un local appartenant à l'entreprise a réglé son loyer trimestriel d'un montant de 1 372,50 € pour la période du 1er décembre N au 28 février N + 1 ;

– des marchandises ont été livrées au client Polleti pour un montant de 4 200,00 € hors taxes, la facture n'est toujours pas établie (TVA 19,60 %).

Effectuer les régularisations nécessaires au 31 décembre N.

• Écritures

Compte	Libellé	Débit	Crédit
	31/12/N		
486	Charges constatées d'avance	225,00	
616	Primes d'assurance		225,00
	État des charges n° … ; 900 x 3/12		
	d°		
709	Rabais, remises et ristournes accordés par l'entreprise	700,00	
44587	TCA sur factures à établir	137,20	
4198	RRR à accorder et autres avoirs à établir		837,20
	État des charges n° …		
	d°		
486	Charges constatées d'avance	1 800,00	
607	Achats de marchandises		1 800,00
	État des charges n° …		
	d°		
607	Achats de marchandises	7 300,00	
44586	TCA sur factures non parvenues	1 430,80	
408	Fournisseurs – Factures non parvenues		8 730,80
	État des charges n° …		
	d°		
6412	Congés payés	6 100,00	
4282	Dettes provisionnées pour congés à payer		6 100,00
	État des charges n° …		
	d°		
7083	Locations diverses	915,00	
487	Produits constatés d'avance		915,00
	État des produits n° … ; 1 372,50 x 2/3		
	d°		
418	Clients – Produits non encore facturés	5 023,20	
707	Ventes de marchandises		4 200,00
44587	TCA sur factures à établir		823,20
	État des produits n° …		

Le loyer du 1er trimestre N + 1, réglé le 15 janvier N + 1, concerne l'exercice « N + 1 » ; de ce fait, il n'entraîne aucune écriture d'inventaire.

F – La contre-passation

À l'ouverture de l'exercice suivant (N + 1), il faut contre-passer les écritures de régularisation de charges et de produits.

Les charges et les produits constatés d'avance sont alors ***transférés*** dans l'exercice qui les concerne. Les charges à payer et les produits à recevoir sont ***annulés*** et seront enregistrés en opérations courantes au moment de la comptabilisation du document comptable.

3 Les charges à répartir sur plusieurs exercices

A – Le principe

Il s'agit de charges ***engagées*** pendant l'exercice que l'entreprise décide d'étaler sur plusieurs exercices en raison de leur importance.

Les charges à répartir sur plusieurs exercices ne concernent plus que les ***frais d'émission d'emprunt*** (commissions bancaires, frais de publicité légale…). En effet, le Plan comptable général 2005 a ***supprimé*** la possibilité d'étaler sur plusieurs exercices les dépenses constituant antérieurement les charges différées, les charges à étaler et les frais d'acquisition d'immobilisations. Les deux premières sont supportées sur un seul exercice ; quant aux frais d'acquisition d'immobilisations, rappelons qu'ils peuvent, sur option, être intégrés au coût d'acquisition de l'immobilisation.

B – La comptabilisation

Le traitement comptable des charges à répartir s'échelonne ***sur plusieurs exercices*** :

① **En cours d'exercice « N » : enregistrement de la charge**

↓

Le compte de charge intéressé « 6272 Commissions et frais sur émission d'emprunts » et le compte « 44566 TVA sur autres biens et services », s'il y a lieu, sont ***débités*** par la ***contrepartie*** du compte de trésorerie concerné.

6272	Commissions et frais sur émission d'emprunts	X	
44566	TVA sur autres biens et services	X	
512	Banques		X
	Frais d'émission d'emprunts à répartir		

② **À l'inventaire « N » : constatation de la décision de l'étalement de la charge**

La totalité de la charge est portée au ***débit*** du compte de régularisation actif « 4816 Frais d'émission des emprunts » par le ***crédit*** du compte « 791 Transferts de charges d'exploitation ».

4816	Frais d'émission des emprunts	X	
791	Transferts de charges d'exploitation		X
	Étalement de la charge		

③ **Répartition de la charge à l'inventaire « N » et « N + ... »**

La part de la charge à rattacher à l'exercice concerné est portée au ***débit*** du compte « 6812 Dotations aux amortissements des charges d'exploitation à répartir ». L'amortissement de la charge est comptabilisé directement au ***crédit*** du compte « 4816 Frais d'émission des emprunts ».

6812	Dotations aux amortissements des charges d'exploitation à répartir	X	
4816	Frais d'émission des emprunts		X
	Amortissement de la charge		

À NOTER • Le transfert de charges effectué au crédit du compte « 79 Transferts de charges » permet d'annuler l'effet de la charge sur le résultat de l'exercice « N » tout en conservant la charge dans le compte de résultat • Pour les exercices suivants (« N + ... »), seule l'écriture d'amortissement est enregistrée • Le solde débiteur du compte « 4816 Frais d'émission des emprunts » représente la quote-part de la charge restant à amortir.

Exemple

Au cours de l'exercice « N », l'entreprise Joncourt a contracté un emprunt auprès de sa banque. Elle a supporté à cet effet des frais s'élevant à 6 300,00 € hors taxes qu'elle décide de répartir sur trois ans.

Comptabiliser les opérations nécessaires à l'inventaire.

• Écritures

	31/12/N		
4816	Frais d'émission des emprunts	6 300,00	
791	Transferts de charges d'exploitation		6 300,00
	Étalement de la charge en « N »		
	d°		
6812	Dotations aux amortissements des charges d'exploitation à répartir	2 100,00	
4816	Frais d'émission des emprunts		2 100,00
	Amortissement de la charge 6 300/3		

Les amortissements des immobilisations

Chapitre **22**

1 Introduction

Depuis le 1er janvier 2005, les ***dispositions*** du Plan comptable général relatives à l'amortissement et à la dépréciation des actifs, conformément au règlement 2002-10 de l'ex-Comité de la réglementation comptable, sont appliquées de manière obligatoire. Il en est résulté de ***profondes modifications*** des règles comptables relatives aux amortissements et aux dépréciations des immobilisations incorporelles et corporelles qui font appel à des notions introduites et expliquées dans ce chapitre.

Par ailleurs, ces règles comptables ont des ***conséquences fiscales*** qui nécessitent des mesures particulières, soit pour aligner les règles fiscales sur les règles comptables soit au contraire pour affirmer une divergence. Dans cet objectif, une instruction administrative, publiée le 30 décembre 2005, a précisé l'évolution et l'adaptation des règles fiscales engendrées par la réforme des règles comptables relatives aux actifs.

2 Définitions et notions

L'entreprise doit, dans le respect de la règle de ***prudence***, constater à chaque inventaire, l'amortissement annuel de chaque immobilisation amortissable afin de présenter une ***image fidèle*** de son patrimoine.

Les travaux d'inventaire relatifs aux amortissements consistent à ***évaluer*** ces amortissements et à les ***comptabiliser***.

L'article suivant du Plan comptable général stipule :

> ***Article 322-1 du Plan comptable général*** :
>
> « 1. Un actif amortissable est un actif dont l'utilisation est déterminable.
>
> 3. L'amortissement d'un actif est la répartition systématique de son montant amortissable en fonction de son utilisation ».

Ces deux définitions introduisent plusieurs notions qu'il est utile d'expliciter.

A – L'utilisation déterminable

L'utilisation d'une immobilisation est ***déterminable*** lorsque l'usage de cette dernière est ***limité dans le temps*** en raison de l'un des trois critères suivants :

- physique : usure par l'usage ou le temps ;
- technique : obsolescence ;
- juridique : période de protection légale ou contractuelle.

Si plusieurs critères s'appliquent, on retiendra celui qui mène à la durée la plus courte.

B – La mesure de l'utilisation

L'utilisation du bien se mesure par la ***consommation*** des avantages économiques attendus de l'actif, c'est-à-dire par son potentiel à générer des flux de trésorerie. Elle peut être déterminée par une ***unité de mesure*** telle que :

- l'unité de temps : durée d'utilisation ;
- l'unité d'œuvre : nombre de pièces produites, nombre de kilomètres effectués…

Du point de vue comptable, c'est la durée d'utilisation ***réelle*** dans l'entreprise qui doit être prise en compte et non plus les durées d'usage fiscales, sauf pour les PME (voir page 250).

C – La valeur amortissable

La répartition de la valeur amortissable de l'immobilisation s'effectue selon le ***rythme*** de consommation des avantages économiques attendus de l'actif par l'entreprise.

Le montant amortissable d'un actif est sa ***valeur brute*** (valeur d'entrée dans le patrimoine) sous déduction, le cas échéant, de sa valeur résiduelle.

D – La valeur résiduelle

La valeur résiduelle est le montant, ***déduction faite des coûts de sortie*** attendus, que l'entreprise obtiendrait de la cession de l'actif sur le marché à la fin de son utilisation.

Valeur résiduelle = Prix de cession – Coûts de sortie*

* Coûts externes ou internes directs permettant à l'actif d'être vendu (frais d'actes, coût d'enlèvement…).

Elle doit être déterminée lors de l'***entrée*** de l'actif dans le patrimoine. Du point de vue comptable, elle n'est prise en compte dans la valeur amortissable que si elle est à la fois :

– ***significative*** : c'est-à-dire si elle ***modifie*** sensiblement le montant des amortissements calculés (durée d'utilisation nettement inférieure à la durée de vie probable) ;

– ***mesurable*** : c'est-à-dire s'il est possible de déterminer de manière ***fiable***, dès l'origine, la valeur de marché à la revente du bien en fin de période d'utilisation, d'après un catalogue de prix d'occasion par exemple.

Exemple

Le coût d'acquisition d'un véhicule utilitaire, mis en circulation le 1er octobre N, s'élève à 24 000,00 €. L'entreprise cède systématiquement ses véhicules utilitaires au bout de trois ans d'utilisation à 25 % de leur prix d'acquisition. Les coûts de sortie sont estimés à 6 % du prix de cession.

Calculer la valeur résiduelle et la base amortissable du véhicule.

• Valeur résiduelle

Prix de cession	–	Coûts de sortie		
(24 000 x 25 %)	–	(6 000 x 6 %)		
6 000	–	360	=	5 640 €

• Base amortissable

Valeur brute	–	Valeur résiduelle		
24 000	–	5 640	=	18 360 €

À NOTER • D'après les règles fiscales, la valeur résiduelle ne doit pas minorer la base amortissable ; cette dernière correspond donc à la valeur d'origine de l'actif.

3 La nature des immobilisations amortissables et non amortissables

En pratique, les définitions relatives à l'amortissement, applicables depuis 2005, ne changent pas la nature des immobilisations amortissables. Bien que désormais, les durées d'utilisation doivent être ***propres à l'entreprise***, nous précisons à titre indicatif les durées d'usage prévues par l'administration fiscale.

Voir tableau page suivante.

Biens amortissables

Utilisation déterminable

Immobilisations	Durée d'usage
Immobilisations incorporelles	
Brevets, licences	5 ans
Immobilisations corporelles	
Constructions	20 à 50 ans
Matériel et outillage	4 à 10 ans
Agencements, installations	5 à 20 ans
Matériel de transport	4 à 5 ans
Mobilier	10 ans
…	

Biens non amortissables

Utilisation indéterminable

Immobilisations
Immobilisations incorporelles
Droit au bail
Fonds commercial
Marques
Immobilisations corporelles
Terrains (sauf carrières et terrains de gisement)
Immobilisations financières

À NOTER • Un bien non amortissable peut devenir amortissable dans le cas, par exemple, de la décision de la suppression d'une marque à une échéance donnée ; son utilisation devenant déterminable, la marque sera amortie sur la durée entre la date de décision et l'échéance • Les frais d'établissement doivent être amortis en cinq ans maximum.

4 Les modalités de calcul de l'amortissement

A – Le plan d'amortissement

1) Principe

Il doit être établi pour ***chaque bien*** amortissable un plan d'amortissement ***définitif*** à la ***date d'entrée*** du bien à l'actif, en prenant en compte les caractéristiques propres à l'entreprise.

La nouvelle définition du plan d'amortissement est donnée à l'article 322-1 du Plan comptable général :

> *Article 322-1 du Plan comptable général* :
>
> « 3. Le plan d'amortissement est la traduction comptable de la répartition de la valeur amortissable d'un actif selon le rythme de consommation des avantages économiques attendus en fonction de son utilisation probable ».

Le plan d'amortissement se présente sous la forme d'un ***tableau*** prévisionnel de la répartition de la valeur amortissable du bien, par tranches successives et sur une période déterminée.

Pour les immobilisations ***non décomposables***, un ***plan unique*** est retenu pour l'ensemble de l'immobilisation.

Pour les immobilisations ***décomposables*** (voir chapitre 12), il est nécessaire d'établir un plan d'amortissement ***propre à chaque composant*** constituant l'immobilisation, élaboré d'après ses caractéristiques spécifiques (durée d'utilisation, mode d'amortissement...). Plusieurs plans d'amortissement sont donc établis pour une même immobilisation.

Afin de mener à bien le calcul et la comptabilisation des amortissements, il est utile de connaître la définition des éléments caractéristiques du plan d'amortissement :

Terme		Définition
Méthode d'amortissement choisie	:	***Mode linéaire*** : mode appliqué à défaut de mode mieux adapté, amortissement fiscal minimum obligatoire ; ***Mode dégressif*** : amortissement fiscal facultatif et limitatif ; ***Amortissement dérogatoire*** : amortissement facultatif prévu par des textes fiscaux particuliers ou amortissement obligatoire pour tenir compte des divergences entre les règles comptables et les règles fiscales.
Durée d'amortissement	:	Durée d'utilisation probable en fonction des caractéristiques propres de l'entreprise.
Taux d'amortissement	:	Calculé le plus souvent d'après la durée d'utilisation : $\frac{100}{\text{Durée d'utilisation}}$ ou bien, le cas échéant, d'après le nombre d'unités d'œuvre.
Base de calcul de l'amortissement	:	***Valeur d'origine*** (VO) ou brute, c'est-à-dire le coût d'entrée dans le patrimoine : • pour les biens acquis à titre onéreux : Valeur d'origine = Coût d'acquisition hors taxes (*si TVA déductible*) (Prix d'achat net HT + Frais liés à l'acquisition HT) • pour les biens créés par l'entreprise pour elle-même : Valeur d'origine = Coût de production La valeur résiduelle peut venir en déduction de la valeur d'origine dans les conditions précitées (voir page 238).

Terme		Définition
Annuité d'amortissement	:	***Montant annuel*** de la répartition du coût de l'actif calculé en appliquant le taux d'amortissement à la base amortissable.
Amortissements cumulés	:	***Somme*** des annuités pratiquées.
Valeur nette comptable (VNC)	:	***Valeur obtenue par différence*** entre la valeur d'origine et les amortissements cumulés. Elle peut être minorée par d'éventuelles dépréciations (voir chapitre 24) : VNC = Valeur d'origine – Amortissements cumulés – Dépréciations
Point de départ de l'amortissement	:	***Date de début de consommation*** des avantages économiques attendus. Elle correspond le plus souvent à la date de mise en service du bien.

2) La modification du plan d'amortissement

Certains ***événements*** survenus au cours de l'utilisation de l'actif peuvent entraîner la modification du plan d'amortissement.

Le Plan comptable général consacre un article à ce sujet :

> *Article 322-4 du Plan comptable général* :
>
> « 6. Le plan d'amortissement est défini à la date d'entrée du bien à l'actif. Toutefois, toute modification significative de l'utilisation prévue, par exemple durée ou rythme de consommation des avantages économiques attendus de l'actif, entraîne la révision prospective de son plan d'amortissement. De même, en cas de dotation ou de reprise de dépréciations résultant de la comparaison entre la valeur actuelle d'un actif immobilisé et sa valeur nette comptable, il convient de modifier de manière prospective la base amortissable ».

L'***utilisation prévue*** peut être modifiée à la suite :

- de changements des conditions d'exploitation du bien ;
- de changements techniques ;
- d'évolutions du marché.

La ***base amortissable*** peut être modifiée à la suite :

- de dépenses ultérieures améliorant l'état ou le niveau de performance du bien ;
- du renouvellement d'un composant pour une valeur différente de sa valeur d'origine ;
- du remplacement d'un élément non identifié à l'origine comme composant ;
- de la constatation d'une dépréciation de l'actif, lorsque sa valeur actuelle est devenue inférieure à sa valeur nette comptable (voir dépréciation d'un actif, chapitre 24) ; ou encore, de la reprise d'une dépréciation de l'actif.

B – La détermination du mode d'amortissement

Les amortissements comptables, calculés d'après les règles précitées, peuvent se révéler moins avantageux pour l'entreprise que ceux admis par l'administration fiscale. En conséquence, pour bénéficier des avantages fiscaux, l'entreprise devra pour chaque actif amortissable :

- ***calculer les amortissements comptables***, d'après les modalités de calcul énoncées par le Plan comptable général et d'après l'utilisation du bien par l'entreprise ;
- ***calculer les amortissements fiscaux*** déductibles du résultat imposable, d'après les modalités de calcul prévues par l'administration fiscale ;
- ***constater des amortisssements dérogatoires*** résultant des divergences entre les règles comptables et fiscales. Ces derniers correspondent à la différence entre l'amortissement comptable et l'amortissement fiscal.

1) Le mode d'amortissement comptable

Le mode d'amortissement comptable doit correspondre à l'***utilisation effective*** du bien.

Le fait de ***définir*** le mode d'amortissement et de ***conseiller*** une méthode, dans le cadre d'un article, constitue une nouveauté du Plan comptable général. L'entreprise se référait antérieurement aux règles fiscales.

> *Article 322-4 du Plan comptable général* :
>
> « 5. Le mode d'amortissement doit permettre de traduire au mieux le rythme de consommation des avantages économiques attendus de l'actif par l'entité. Il est appliqué de manière constante pour tous les actifs de même nature ayant des conditions d'utilisation identiques.
>
> Le mode linéaire est appliqué à défaut de mode mieux adapté ».

2) Les modes d'amortissement fiscaux

Les deux méthodes pratiquées et préconisées par l'administration fiscale sont respectivement le mode linéaire et le mode dégressif dont les modalités de calcul sont résumées dans le tableau des pages suivantes :

<table>
<tr><th>Éléments</th><th>Mode linéaire</th><th>Mode dégressif</th><th>Exemple</th></tr>
<tr><td>Champ d'application</td><td>Mode de droit commun (minimal obligatoire) applicable à toutes les immobilisations amortissables, y compris les frais d'établissement (pour une durée de cinq ans maximum).</td><td>Réservé à certains biens acquis neufs et dont la durée de vie est > 3 ans :
– biens d'équipement industriel ;
– immeubles à usage industriel de construction légère ;
– certaines installations ;
– machines de bureau ;
– matériel de transport d'une charge utile > 2 tonnes.
Le mode dégressif est plus avantageux que le mode linéaire ; c'est pour cela qu'il est restrictif.</td><td>Une machine-outil acquise d'occasion est obligatoirement amortie en mode linéaire.
Une machine-outil acquise neuve peut être amortie soit en mode dégressif, soit en mode linéaire.</td></tr>
<tr><td>Taux d'amortissement</td><td>Taux constant déterminé en fonction de la durée d'usage fiscale :
$T\ \% = \frac{100}{\text{Durée d'utilisation}}$</td><td>Taux dégressif [1] :
T % = Taux linéaire x coefficient
Le coefficient est variable selon la durée d'utilisation du bien :
<table>
<tr><th rowspan="2">Durée</th><th colspan="2">Biens acquis</th></tr>
<tr><th>jusqu'au 31/12/2000</th><th>à partir du 1/1/2001*</th></tr>
<tr><td>3 ou 4 ans</td><td>1,5</td><td>1,25</td></tr>
<tr><td>5 ou 6 ans</td><td>2</td><td>1,75</td></tr>
<tr><td>+ de 6 ans</td><td>2,5</td><td>2,25</td></tr>
</table>
* Coefficients majorés de 0,5 pour les biens acquis entre le 4/12/2008 et le 31/12/2009, dans le cadre du plan de relance de l'économie
Coefficients majorés de 0,25 pour les matériels et outillages acquis ou fabriqués à compter du 1/1/2004 affectés à des opérations de recherches scientifiques et techniques.</td><td>La durée d'utilisation de la machine-outil est de cinq ans :
• Taux linéaire :
100/5 = 20 %
• Taux dégressif, si biens acquis avant 2001 :
100/5 x 2 = 40 %
• Taux dégressif, si biens acquis entre le 1/1/2001 et le 3/12/2008 et à partir du 1/1/2010 :
100/5 x 1,75 = 35 %
• Taux dégressif, si biens acquis entre le 4/12/2008 et le 3/12/2009 :
100/5 x 2,25 = 45 %</td></tr>
<tr><td>Base de calcul de l'amortissement</td><td>Base de calcul constante égale à la valeur d'origine :
– pour les biens acquis à titre onéreux :
VO = Coût d'acquisition HT ;
– pour les biens créés par l'entreprise :
VO = Coût de production.</td><td>Base de calcul dégressive égale :
– à la valeur d'origine pour la première annuité ;
– à la valeur nette comptable (VNC) du bien à la clôture de l'exercice précédent pour les autres annuités.</td><td>Une machine-outil dont la valeur d'origine est de 25 000,00 € a une valeur nette comptable de 15 000,00 € au 31 décembre N – 1.
• Base amortissable en mode linéaire : 25 000 € en N ;
• Base amortissable en mode dégressif : 15 000 € en N.</td></tr>
</table>

(1) Les entreprises de première transformation du bois bénéficient d'une majoration temporaire de 30 % des taux dégressifs pour leur matériel de production de sciage et de valorisation des produits forestiers acquis ou fabriqués entre le 26/9/2008 et le 31/12/2011.

Éléments	Mode linéaire	Mode dégressif	Exemple
Point de départ de l'amortissement	***Date de mise en service*** de l'immobilisation.	***Premier jour*** du mois d'acquisition, d'où une divergence avec la règle comptable précitée (page 240).	La machine-outil a été acquise le 20 mai N et mise en service le 25 du même mois : • Point de départ en mode linéaire : 25 mai N ; • Point de départ en mode dégressif : 1er mai N.
Calcul de l'annuité	Annuité ***constante*** : VO x t % Sauf : – la première annuité dont le montant est réduit ***prorata temporis*** pour les biens acquis en cours d'exercice. Le temps est décompté en ***jours*** (360 j par an, 30 j par mois) ; – la dernière annuité qui est le ***complément*** de la première annuité.	Annuité ***dégressive*** : – première annuité : VO x t % – autres annuités : VNC x t % Pour les biens acquis en cours d'exercice, le montant de la première annuité est réduit ***prorata temporis***. Le temps est décompté en ***mois*** ; la dernière annuité ***n'est pas le complément*** de la première.	La première annuité de la machine-outil acquise le 20 mai pour 25 000,00 € et mise en service le 25 mai s'élève à : • Annuité en mode linéaire : Nombre de jours du 25 mai au 31 décembre : 5 + (7 x 30) = 215 jours $\frac{25\,000 \times 20\,\% \times 215}{360}$ = 2 986,11 • Annuité en mode dégressif : Nombre de mois du 1er mai au 31 décembre, soit 8 mois : $\frac{25\,000 \times 35\,\% \times 8}{12}$ = 5 833,33
Durée de l'amortissement	Amortissement étalé sur la ***durée d'usage fiscale du bien plus un exercice*** pour les biens acquis en cours d'exercice.	Amortissement effectué sur la ***durée d'usage fiscale du bien.*** Pour que la valeur nette comptable soit ***nulle*** à la fin de la dernière année, il faut appliquer la règle suivante : – si : $\text{Taux dégressif} \leq \frac{100}{\text{Nombre d'années restant à courir}}$ – alors : $\text{Annuités restantes} = \frac{\text{VNC}}{\text{Nombre d'années restant à courir}}$ Ces annuités deviennent linéaires.	La durée d'utilisation de la machine est de cinq ans. • Durée de l'amortissement en mode linéaire : 6 exercices ; la dernière annuité est de 2 013,89 €, soit : $\frac{25\,000 \times 20\,\% \times 145}{360}$ • Durée de l'amortissement en mode dégressif : 5 exercices. Les deux dernières annuités sont linéaires car : $35\,\% < \frac{100}{2} = 50\,\%$

À NOTER • Avant tout calcul, vérifier la date d'inventaire de l'entreprise : elle ne correspond pas nécessairement à la date de fin d'année civile (31 décembre) • Simplifier vos calculs : 45 jours = 1,5 mois ; 24 mois = 2 ans • La valeur nette comptable ne peut jamais être négative • Un bien totalement amorti doit figurer au bilan tant que l'entreprise l'utilise bien que sa valeur nette comptable soit nulle • Les véhicules de tourisme s'amortissent toutes taxes comprises.

Exemple 1 : Mode linéaire et mode dégressif

L'entreprise Sica clôture son exercice le 31 mars ; elle vous communique les renseignements suivants concernant deux immobilisations :

– mobilier de bureau : 25 000,00 € hors taxes ; acquis le 25 octobre N, mis en service le 1er novembre ; amortissement linéaire, durée d'utilisation cinq ans ;

– machine-outil : 72 500,00 € hors taxes ; acquise le 18 août N, mise en service le 25 août ; amortissement dégressif, durée d'utilisation huit ans.

Présenter le plan d'amortissement de chaque immobilisation d'après son mode d'amortissement fiscal.

• Plan d'amortissement fiscal du mobilier de bureau (*mode linéaire*)

– base à amortir : 25 000

– taux : 100 / 5 = 20 %

– *prorata temporis* : du 1/11 au 31/03 = 5 mois

– première annuité : $\frac{25\ 000 \times 20\ \% \times 5}{12} = 2\ 083{,}33$

– annuités constantes : 25 000 x 20 % = 5 000

– dernière annuité : $\frac{25\ 000 \times 20\ \% \times 7}{12} = 2\ 916{,}67$

Mobilier de bureau				
Date	Base à amortir	Annuité	Amortissements cumulés	Valeur nette comptable
N	25 000,00	2 083,33	2 083,33	22 916,67
N + 1	25 000,00	5 000,00	7 083,33	17 916,67
N + 2	25 000,00	5 000,00	12 083,33	12 916,67
N + 3	25 000,00	5 000,00	17 083,33	7 916,67
N + 4	25 000,00	5 000,00	22 083,33	2 916,67
N + 5	25 000,00	2 916,67	25 000,00	0,00

- Plan d'amortissement fiscal de la machine-outil (*mode dégressif*)

  - base à amortir : 72 500
  - taux : 100 / 8 x 2,25 = 28,13 %
  - *prorata temporis* : du 1/8 au 31/3 = 8 mois
  - première annuité : $\frac{72\,500 \times 28{,}13\ \% \times 8}{12} = 13\,596{,}17$
  - annuités constantes à partir de N + 6 puisque : $28{,}13 < \frac{100}{2}$

Machine-outil				
Date	Base à amortir	Annuité	Amortissements cumulés	Valeur nette comptable
N	72 500,00	13 596,17	13 596,17	58 903,83
N + 1	58 903,83	16 569,65	30 165,82	42 334,18
N + 2	42 334,18	11 908,60	42 074,42	30 425,58
N + 3	30 425,58	8 558,72	50 633,14	21 866,86
N + 4	21 866,86	6 151,15	56 784,29	15 715,71
N + 5	15 715,71	5 238,57	62 022,86	10 477,14
N + 6	10 477,14	5 238,57	67 261,43	5 238,57
N + 7	5 238,57	5 238,57	72 500,00	0,00

Exemple 2 : Modification du plan d'amortissement

Le plan d'amortissement linéaire d'une photocopieuse acquise le 2 janvier et dont la durée d'utilisation est de cinq ans se présente ainsi :

Photocopieuse				
Date	Base à amortir	Annuité	Amortissements cumulés	Valeur nette comptable
N	9 000,00	1 800,00	1 800,00	7 200,00
N + 1	9 000,00	1 800,00	3 600,00	5 400,00
N + 2	9 000,00	1 800,00	5 400,00	3 600,00
N + 3	9 000,00	1 800,00	7 200,00	1 800,00
N + 4	9 000,00	1 800,00	9 000,00	0,00

À la suite d'une utilisation plus intensive que prévue de la photocopieuse, il a été décidé en « N + 2 » de réduire sa durée d'utilisation à quatre ans au lieu de cinq.

Réviser le plan d'amortissement en conséquence.

- Révision du plan d'amortissement

Le plan d'amortissement est modifié à partir de l'exercice « N + 2 ».

La photocopieuse sera totalement amortie à l'inventaire « N + 4 » puisque la durée d'utilisation restante est ramenée à deux ans.

L'annuité révisée sera de 5 400 / 2 = 2 700 €.

Date	Plan initial			Plan révisé		
	Annuité	Amortissements cumulés	VNC	Annuité	Amortissements cumulés	VNC
N	1 800,00	1 800,00	7 200,00	1 800,00	1 800,00	7 200,00
N + 1	1 800,00	3 600,00	5 400,00	1 800,00	3 600,00	5 400,00
N + 2	1 800,00	5 400,00	3 600,00	2 700,00	6 300,00	2 700,00
N + 3	1 800,00	7 200,00	1 800,00	2 700,00	9 000,00	0
N + 4	1 800,00	9 000,00	0			

C – Le traitement des divergences entre les règles comptables et les règles fiscales

Comme nous l'avons énoncé précédemment, les divergences entre les règles comptables et les règles fiscales relatives aux amortissements obligent les entreprises à recourir, dans certains cas, à l'***amortissement dérogatoire***, si elle désire bénéficier des avantages fiscaux.

Une synthèse des situations les plus fréquentes est présentée dans le tableau ci-dessous :

Origine de la divergence	Situation	Traitement comptable obligaroire
Base amortissable	Au niveau comptable, si l'entreprise doit diminuer la base amortissable du montant de la valeur résiduelle, les amortissements comptables peuvent être de ce fait inférieurs à ceux admis fiscalement.	Constatation d'un amortissement dérogatoire pour garder l'avantage fiscal de l'amortissement minimal.
Durée d'utilisation	La durée d'usage fiscale est plus courte que la durée d'utilité définie par l'entreprise.	Constatation d'un amortissement dérogatoire pour conserver l'avantage fiscal procuré par la durée d'usage.
Mode d'amortissement	L'entreprise souhaite bénéficier de l'avantage fiscal du mode dégressif.	Constatation d'un amortissement dérogatoire pour le complément d'amortissement résultant de l'application du mode dégressif fiscal par rapport au mode d'amortissement comptable pratiqué.

Exemple

Le 8 avril N (2009), l'entreprise Iwan acquiert un ordinateur pour 8 000,00 € hors taxes qu'elle met en service le 15 avril N (2009). L'ordinateur sera utilisé pendant cinq ans et amorti selon le mode linéaire. Toutefois, l'entreprise souhaite bénéficier de l'avantage fiscal du mode dégressif sur une durée d'usage de quatre ans.

Présenter les plans d'amortissement nécessaires et calculer les amortissements dérogatoires qui en découlent.

- Plan d'amortissement comptable

  Annuité constante : 8 000,00 / 5 = 1 600,00 €

  Première annuité : 1 600,00 x 8,5/12 = 1 133,33 €

Exercice	Base à amortir	Annuité	Amortissements cumulés	Valeur nette comptable
N	8 000,00	1 133,33	1 133,33	6 866,67
N + 1	8 000,00	1 600,00	2 733,33	5 266,67
N + 2	8 000,00	1 600,00	4 333,33	3 666,67
N + 3	8 000,00	1 600,00	5 933,33	2 066,67
N + 4	8 000,00	1 600,00	7 533,33	466,67
N + 5	8 000,00	466,67	8 000,00	0

- Plan d'amortissement fiscal

  Taux dégressif : 100/4 x (1,25+ 0,5) = 43,75 %

  Première annuité : 8 000,00 x 43,75 % x 9/12 = 2 625,00 €

Exercice	Base à amortir	Annuité	Amortissements cumulés	Valeur nette comptable
N	8 000,00	2 625,00	2 625,00	5 375,00
N + 1	5 375,00	2 351,56	4 976,56	3 023,44
N + 2	3 023,44	1 511,72	6 488,28	1 511,72
N + 3	1 511,72	1 511,72	8 000,00	0

- Calcul des amortissements dérogatoires

Voir tableau page suivante.

Date	Annuité fiscale	Annuité comptable	Annuité dérogatoire
N	2 625,00	1 133,33	1 491,67
N + 1	2 351,56	1 600,00	751,56
N + 2	1 511,72	1 600,00	– 88,28
N + 3	1 511,72	1 600,00	– 88,28
N + 4	0,00	1 600,00	– 1 600,00
N + 5	0,00	466,67	– 466,67
	8 000,00	8 000,00	0,00

D – Une mesure de simplification pour les PME

Le Comité de la règlementation comptable a adopté un règlement visant à éviter aux PME les contraintes de traitement exposées ci-avant pour bénéficier des avantages fiscaux.

La mesure de simplification consiste à autoriser les PME ne dépassant pas deux des trois seuils suivants :

– total du bilan : 3 650 000 €,

– chiffre d'affaires : 7 300 000 €,

– nombre de salariés : 50,

à conserver dans les comptes individuels les ***durées d'usage*** pour les immobilisations ***non décomposables uniquement***. Les amortissements comptables correspondent alors aux amortissements fiscaux.

Toutefois, ces PME devront constater des amortissements dérogatoires lorsque la ***valeur résiduelle*** est prise en compte du point de vue comptable.

5 La comptabilisation des amortissements

A – Principes

Pour les entreprises ne bénéficiant pas de la mesure de simplification mais profitant des avantages fiscaux, il est nécessaire de distinguer :

L'amortissement comptable

Il correspond à l'amortissement ***économique*** traduisant le rythme d'étalement du coût du bien.

L'amortissement dérogatoire

Il représente la ***quote-part*** d'amortissement correspondant à l'avantage fiscal obtenu par rapport à l'amortissement comptable :

Amortissement dérogatoire
=
Amortissement fiscal – Amortissement comptable

Pour les PME concernées par la mesure de simplification, seul l'amortissement comptable est comptabilisé puisqu'il correspond à l'amortissement fiscal.

B – L'amortissement comptable

À chaque inventaire, l'entreprise doit comptabiliser ***l'annuité*** d'amortissement résultant du plan d'amortissement.

L'amortissement annuel constitue à la fois :

- une ***charge d'exploitation calculée*** (non décaissable) qui ne vient pas amoindrir la trésorerie tant que le bien amortissable n'est pas remplacé. Elle est enregistrée au ***débit*** du compte « 6811 Dotations aux amortissements sur immobilisations incorporelles et corporelles » ;
- un ***amoindrissement*** de la valeur du bien concerné enregistré ***indirectement*** par l'intermédiaire d'une subdivision du compte spécifique : « 28 Amortissements des immobilisations » à son ***crédit***.

L'écriture type est :

6811	Dotations aux amortissements sur immobilisations incorporelles et corporelles	X	
28…*	Amortissements des immobilisations		X
	Plan d'amortissement		

* À subdiviser selon les besoins de l'entreprise.

Au bilan, les amortissements se ***cumulent*** d'un exercice à l'autre et viennent en ***diminution*** de la valeur brute (valeur d'origine) figurant à l'actif.

Dans le compte de résultat, ***seule l'annuité*** de l'exercice considéré est prise en compte.

C – L'amortissement dérogatoire

Les amortissements dérogatoires sont assimilés à des provisions réglementées (voir chapitre 27).

Au cours de l'utilisation de l'immobilisation, deux situations se présentent :

L'annuité fiscale est supérieure à l'annuité comptable

↓

Une dotation complémentaire correspondant à l'amortissement dérogatoire est enregistrée au ***débit*** du compte « 6872 Dotations aux provisions réglementées » par le ***crédit*** du compte «145 Amortissements dérogatoires ».

6872	Dotations aux provisions réglementées	X	
145	Amortissements dérogatoires		X
	Plan d'amortissement n°…		

L'annuité fiscale est inférieure à l'annuité comptable

↓

Il faut ***réintégrer*** aux résultats de l'exercice l'amortissement dérogatoire (négatif) qui en découle.
Le compte «145 Amortissements dérogatoires » est ***débité*** par le ***crédit*** du compte « 7872 Reprises sur provisions réglementées ».

145	Amortissements dérogatoires	X	
7872	Reprises sur provisions réglementées		X
	Plan d'amortissement n°...		

Exemple

La société Iwan vous fournit le tableau suivant relatif à l'amortissement de l'ordinateur :

Date	Annuité fiscale	Annuité comptable	Annuité dérogatoire
N	2 625,00	1 133,33	1 491,67
N + 1	2 351,56	1 600,00	751,56
N + 2	1 571,72	1 600,00	– 88,28
N + 3	1 571,72	1 600,00	– 88,28
N + 4	0,00	1 600,00	– 1 600,00
N + 5	0,00	466,67	– 466,67
	8 000,00	8 000,00	0,00

Comptabiliser les opérations nécessaires au 31 décembre N et au 31 décembre N + 5, en considérant que :

– l'entreprise ne bénéficie pas de la mesure de simplification pour les PME ;

– l'entreprise bénéficie de la mesure de simplification pour les PME.

• L'entreprise ne bénéficie pas de la mesure de simplification pour les PME

	31/12/N		
6811	Dotations aux amortissements sur immobilisations incorporelles et corporelles	1 133,33	
28183	Amortissements du matériel de bureau et matériel informatique		1 133,33
	Annuité comptable de l'ordinateur		

Compte	Libellé	Débit	Crédit
	31/12/N		
6872	Dotations aux provisions réglementées	1 491,67	
145	Amortissements dérogatoires		1 491,67
	Annuité dérogatoire de l'ordinateur		
	31/12/N + 5		
6811	Dotations aux amortissements sur immobilisations incorporelles et corporelles	466,67	
28183	Amortissements du matériel de bureau et matériel informatique		466,67
	Annuité comptable de l'ordinateur		
	31/12/N + 5		
145	Amortissements dérogatoires	466,67	
7872	Reprises sur provisions réglementées		466,67
	Reprise amortissements dérogatoires de l'ordinateur		

- L'entreprise bénéficie de la mesure de simplification pour les PME

  L'annuité dégressive fiscale est comptabilisée en une dotation unique.

Compte	Libellé	Débit	Crédit
	31/12/N		
6811	Dotations aux amortissements sur immobilisations incorporelles et corporelles	2 625,00	
28183	Amortissements du matériel de bureau et matériel informatique		2 625,00
	Annuité dégressive de l'ordinateur		

Au 31 décembre N + 4, aucune opération ne doit être comptabilisée puisque l'ordinateur est totalement amorti au 31 décembre N + 3.

6 Les amortissements des immobilisations décomposables

A – Principes

Rappelons que la valeur brute d'une immobilisation décomposable doit être ventilée ***entre la structure et les autres composants***.

Au niveau comptable, la structure et les composants d'une immobilisation doivent être amortis sur leur propre ***durée d'utilisation*** et en fonction du mode d'amortissement le mieux adapté à chacun d'eux. En conséquence, il est nécessaire d'établir un plan d'amortissement spécifique pour la structure et pour chaque composant. ***Plusieurs plans*** d'amortissement sont donc établis pour une même immobilisation.

B – Les avantages fiscaux

Fiscalement, la structure peut être amortie sur sa ***durée d'usage*** (sauf pour les immeubles de placement) et le composant, identifié à l'origine, peut être amorti sur la durée d'usage de la structure, si celle-ci présente un avantage par rapport à sa propre durée d'utilisation. L'entreprise devra alors constater un ***amortissement dérogatoire*** pour la différence entre l'annuité comptable et l'annuité fiscale résultant de la durée d'usage.

D'autre part, la structure et les composants peuvent bénéficier du ***mode dégressif fiscal*** :

– soit parce qu'ils sont eux-mêmes éligibles au mode dégressif ;

– soit parce que l'immobilisation dans son ensemble est éligible à ce mode.

Dans ce cas, pour déterminer le coefficient dégressif fiscal, la durée à prendre en compte est :

– la durée d'usage pour la structure ;

– la durée réelle pour le composant.

En conséquence, un complément d'***amortissement dérogatoire*** sera comptabilisé entre l'annuité comptable et l'annuité fiscale résultant du mode dégressif.

À NOTER • Pour les PME, l'amortissement des immobilisations décomposables ne bénéficie d'aucune mesure de simplification.

Exemple

L'entreprise Firmin acquiert le 1er janvier N un matériel pour 60 000,00 €. Sa durée réelle d'utilisation prévue est de dix ans.

Un composant d'une valeur de 12 000,00 €, identifié à l'origine, devra être remplacé au bout de cinq ans.

D'après les règles fiscales, ce matériel est éligible au mode dégressif, la durée d'usage fiscale est de huit ans.

Calculer la première annuité (comptable, fiscale, dérogatoire) d'amortissement de la structure et du composant.

• Première annuité de la structure

Base amortissable : 60 000,00 – 12 000,00 = 48 000,00 €.

Annuité comptable d'après la durée réelle : 48 000,00 / 10 = 4 800,00 €.

Annuité fiscale d'après la durée d'usage : 48 000,00 / 8 x 2,25 = 13 500,00 €.

Annuité dérogatoire : 13 500,00 – 4 800,00 = 8 700,00 €.

- Première annuité du composant

  Base amortissable : 12 000,00 €.

  Annuité comptable d'après la durée réelle : 12 000,00 / 5 = 2 400,00 €.

  Annuité fiscale d'après la durée réelle : 12 000,00 / 5 x 1,75 = 4 200,00 €.

  Annuité dérogatoire : 4 200,00 – 2 400,00 = 1 800,00 €.

C – La comptabilisation

La comptabilisation des amortissements comptables et dérogatoires des immobilisations décomposables s'effectue en appliquant les règles énoncées précédemment (voir page 250).

D – Le remplacement d'un composant

1) Le composant est identifié à l'origine

Conformément à l'article 321-14 du Plan comptable général, les coûts de renouvellement du composant sont enregistrés à l'actif et amortis en fonction de son utilisation. La valeur nette comptable du composant remplacé doit être comptabilisée en charges.

Le renouvellement d'un composant dont le coût est supérieur à celui d'origine a pour effet de ***modifier*** :

– le plan d'amortissement : augmentation de la base amortissable ;

– la valeur brute globale de l'immobilisation : augmentation de cette valeur.

Le remplacement d'un composant entraîne les écritures suivantes :

– ***enregistrement en immobilisation*** du nouveau composant pour le montant de la dépense de remplacement :

Compte	Libellé	Débit	Crédit
21...1	Immobilisations corporelles – Composant	X	
44562	TVA sur immobilisations	X	
404	Fournisseurs d'immobilisations		X
ou			
5..	Trésorerie		X
	« A » Nouveau composant FA n° ...		

– ***annulation des amortissements*** du composant remplacé en ***débitant*** le compte « 28 Amortissements ... – Composant » par le ***crédit*** du compte « 21 Immobilisations corporelles – Composant » :

Compte	Libellé	Débit	Crédit
28...	Amortissements ... – Composant	X	
21...1	Immobilisations corporelles – Composant		X
	Solde des amortissements du composant remplacé		

– ***la comptabilisation en charges exceptionnelles*** de la valeur nette comptable du composant remplacé, le cas échéant, au ***débit*** du compte « 675 Valeur comptable des éléments d'actif cédés » par le ***crédit*** du compte « 21 Immobilisations corporelles – Composant » :

Compte	Libellé	Débit	Crédit
675	Valeur comptable des éléments d'actif cédés	X	
21...1	Immobilisations corporelles – Composant		X
	Sortie de la VNC composant remplacé		

À NOTER • En principe, lorsque le composant identifié à l'origine est amorti sur la durée d'utilisation prévue, sa valeur nette comptable lors du remplacement est nulle, puisqu'à cette date il doit être totalement amorti.

Exemple

Le moteur d'une machine-outil identifié à l'origine, en janvier N, comme composant a une valeur de 8 000,00 €. Il est prévu de le remplacer dans quatre ans ; or trois ans après son identification, le moteur est remplacé pour 8 600,00 €.

Présenter les écritures de remplacement nécessaires.

• Écritures de remplacement

Compte	Libellé	Débit	Crédit
	1/1/N + 3		
215.1	Installations techniques, matériel et outillage industriels – Composant moteur	8 600,00	
44562	TVA sur immobilisations	1 685,60	
512	Banques		10 285,60
	FA n°...		
	31/12/N + 3		
2815.1	Amortissements des installations techniques, matériel et outillage industriels – Composant moteur	6 000,00	
215.1	Installations techniques, matériel et outillage industriels – Composant moteur		6 000,00
	Annulation des amortissements : (8 000/4) x 3		
	31/12/N + 3		
675	Valeur comptable des éléments d'actif cédés	2 000,00	
215.1	Installations techniques, matériel et outillage industriels – Composant moteur		2 000,00
	Valeur nette comptable : 8 000 – 6 000		

2) Le composant n'est pas identifié à l'origine

Rappelons qu'un composant non identifié à l'origine doit l'être ***ultérieurement***, lors de l'engagement de la dépense, si les conditions nécessaires à la comptabilisation d'une immobilisation sont réunies. Dans ce cas, il fera l'objet d'un plan d'amortissement ***séparé*** et sera amorti selon sa future utilisation.

En outre, la valeur nette comptable de l'élément remplacé et non identifié à l'origine doit être sortie de l'actif et comptabilisée en ***charges exceptionnelles*** ; or se pose le problème de l'évaluation de la valeur d'origine et de la valeur nette comptable de cet élément. Il est admis que l'évaluation de la valeur d'origine soit estimée à partir du montant de la dépense de remplacement. Quant à la valeur nette comptable, elle est déterminée en fonction du taux d'amortissement de l'immobilisation non décomposée et de la durée sur laquelle l'élément remplacé a été amorti à la date du remplacement.

7 La présentation des amortissements dans les tableaux de synthèse

A – Au bilan

1) Les amortissements comptables

Les comptes « 28.. Amortissements ... » ont un ***solde créditeur*** qui représente le montant des ***amortissements cumulés*** de la date d'entrée du bien dans le patrimoine à la date d'inventaire concernée. Ils figurent à l'actif du bilan en soustraction des comptes d'immobilisations afin d'obtenir la valeur nette comptable.

L'actif du bilan comprend quatre colonnes de sommes :

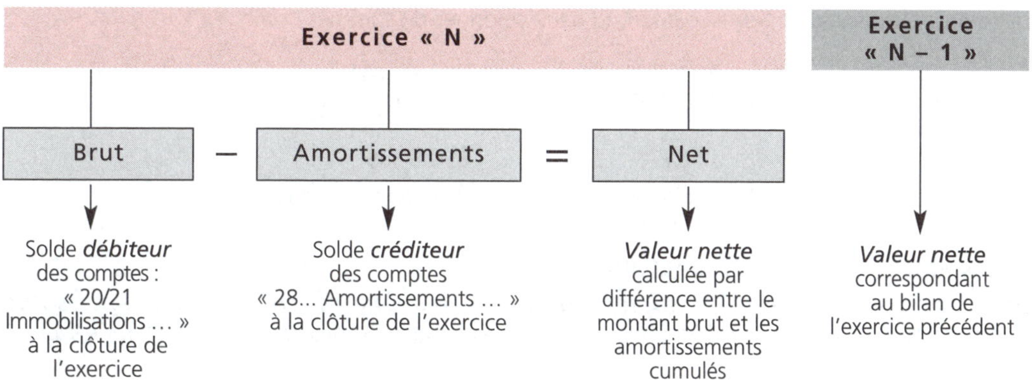

2) Les amortissements dérogatoires

Les amortissements dérogatoires, dont le montant correspond au ***solde créditeur*** du compte « 145 Amortissements dérogatoires », font partie des ***capitaux propres*** au passif du bilan.

Ils sont assimilés aux provisions réglementées qui figurent sur une ligne distincte.

Le passif du bilan comprend deux colonnes de sommes :

Exercice « N »	**Exercice « N – 1 »**
↓	↓
Solde ***créditeur*** des comptes « 14 Provisions réglementées » à la clôture de l'exercice.	Solde ***créditeur*** des comptes « 14 Provisions réglementées » à la clôture de l'exercice précédent.

B – Au compte de résultat

1) Les amortissements comptables

Dans le compte de résultat, ***seule l'annuité*** de l'exercice considéré est prise en compte. Elle est classée selon une décision de gestion :

- annuité ***normale*** → charges d'exploitation : cas le plus fréquent ;
- annuité ***exceptionnelle*** → charges exceptionnelles : lorsque le bien n'est plus utilisé (voir chapitre 28).

Le compte de résultat (charges) comprend deux colonnes de sommes :

Exercice « N »	**Exercice « N – 1 »**
↓	↓
Annuité de l'exercice clôturé.	*Annuité* de l'exercice précédent.

2) Les amortissements dérogatoires

Dans les charges de l'exercice, ***seule la dotation annuelle*** est prise en compte. Le ***solde débiteur*** du compte « 6872 Dotations aux provisions réglementées (immobilisations) » est porté en charges exceptionnelles.

Dans les produits de l'exercice, ce sont ***les diminutions des amortissements dérogatoires*** correspondant au ***solde créditeur*** du compte « 7872 Reprises sur provisions réglementées (immobilisations) » qui sont portées en produits exceptionnels.

Chaque partie du compte de résultat comprend deux colonnes de sommes :

Charges		Produits	
Exercice « N »	**Exercice « N – 1 »**	**Exercice « N »**	**Exercice « N – 1 »**
↓	↓	↓	↓
Charges exceptionnelles		Produits exceptionnels	
Dotations de l'exercice clôturé	Dotations de l'exercice précédent	Reprises de l'exercice clôturé	Reprises de l'exercice précédent

L'échelonnement des subventions d'investissement

Chapitre **23**

1 Les immobilisations subventionnées

Rappelons que les subventions d'investissement octroyées à l'entreprise sont enregistrées au ***crédit*** d'une subdivision du compte « 13 Subventions d'investissement » (voir chapitre 17).

L'***enrichissement*** généré par la subvention d'investissement constitue un ***produit exceptionnel*** ; il est réparti sur plusieurs exercices.

À la clôture de chaque exercice, l'entreprise doit ***virer*** au compte de résultat ***une fraction de la subvention d'investissement***. L'échelonnement est différent selon qu'il s'agit d'une immobilisation amortissable ou non.

2 L'échelonnement de la subvention

A – Les immobilisations amortissables

Le Plan comptable général précise :

> *Article 362-1 du Plan comptable général* :
>
> « La reprise de la subvention d'investissement qui finance une immobilisation amortissable s'effectue sur la ***même durée*** et au ***même rythme*** que l'amortissement de la valeur de l'immobilisation acquise ou créée au moyen de la subvention ».

Si la subvention finance intégralement l'immobilisation, la fraction rapportée au résultat est égale, pour chaque exercice, à la ***dotation aux amortissements***.

Si la subvention est ***partielle***, la fraction rapportée au résultat est égale, pour chaque exercice, au :

Montant de la subvention x Taux d'amortissement

ou

$$\text{Montant de la dotation} \times \frac{\text{Montant de la subvention}}{\text{Montant de l'immobilisation}}$$

B – Les immobilisations non amortissables

La répartition s'effectue par ***fractions égales*** en fonction du nombre d'années pendant lesquelles les immobilisations subventionnées sont inaliénables au terme du contrat ou, à défaut de clause d'inaliénabilité dans le contrat, d'une somme égale au ***1/10***[e] du montant de la subvention.

3 La comptabilisation

Chaque fraction de subvention rapportée au résultat est comptabilisée :

– ***au débit*** du compte « 139 Subventions d'investissement inscrites au compte de résultat » ;

– ***par le crédit*** du compte « 777 Quote-part de subventions d'investissement virée au résultat de l'exercice ».

139	Subventions d'investissement inscrites au compte de résultat	X	
777	Quote-part de subventions d'investissement virée au résultat de l'exercice		X
	Fraction de subvention		

Lorsque la dernière fraction de la subvention a été rapportée au résultat ; ou encore lorsque les soldes des comptes « 131 Subventions d'équipement » et « 139 Subventions d'investissement inscrites au compte de résultat » sont égaux, ces derniers doivent être ***soldés l'un par l'autre*** :

131	Subventions d'équipement	X	
139	Subventions d'investissement inscrites au compte de résultat		X
	Pour solde		

À NOTER • Lorsque la subvention finance des immobilisations décomposées, elle doit être rapportée au résultat en même temps et au même rythme que l'amortissement de la structure et que celui des composants constituant l'immobilisation • Le remplacement d'un composant n'entraîne pas le rapport anticipé au résultat de la fraction de subvention se rapportant au composant remplacé.

4 La présentation dans les tableaux de synthèse

A – Au bilan

Seul figure au passif du bilan, parmi les capitaux propres, le ***montant net*** de la subvention non encore inscrite au compte de résultat :

Solde créditeur du compte « 131 Subventions d'équipement »	–	Solde débiteur du compte « 139 Subventions d'investissement inscrites au compte de résultat »

B – Au compte de résultat

Le ***solde créditeur*** du compte « 777 Quote-part de subventions d'investissement virée au résultat de l'exercice » est inscrit dans les produits exceptionnels sur opérations en capital.

Exemple

Une immobilisation est acquise pour 400 000,00 € en « N », amortie selon le mode linéaire sur quatre ans, et subventionnée à concurrence de 160 000,00 €.

Calculer pour chaque exercice la fraction rapportée au résultat et comptabiliser celle relative à l'exercice « N ».

- Taux d'amortissement de l'immobilisation

  100 : 4 = 25 %

- Échelonnement de la subvention

  160 000 x 25 % = 40 000 €

  (400 000 x 25 %) 160 000 / 400 000 = 40 000 €

  Fraction de la subvention rapportée au résultat pour chaque exercice : 40 000 €.

- Écriture

		31/12/N		
139		Subventions d'investissement inscrites au compte de résultat	40 000,00	
	777	Quote-part de subventions d'investissement virée au résultat de l'exercice		40 000,00
		Fraction de subvention		

À la fin de l'exercice « N + 3 », les comptes « 131 Subventions d'équipement » et « 139 Subventions d'investissement inscrites au compte de résultat » doivent être soldés, l'un par l'autre pour 160 000 €.

Les dépréciations des immobilisations incorporelles et corporelles

Chapitre **24**

1 Principes

En application des ***règles comptables*** en vigueur depuis 2005, l'entreprise doit vérifier à chaque inventaire et pour chaque immobilisation incorporelle ou corporelle, amortissable ou non, s'il existe un ***indice*** montrant que l'actif a pu ***perdre de sa valeur*** de manière significative.

Dans l'affirmative, il faut effectuer un ***test de dépréciation*** qui consiste à déterminer l'existence et le montant de la ***dépréciation***.

2 Les indices de perte de valeur

Le Plan comptable général prévoit à l'article 322-5 une liste non exhaustive d'indices internes et externes à prendre en considération.

Indices

- **Externes**
  - ***baisse*** plus que la normale de la ***valeur du marché*** ;
  - ***changements*** importants, ayant un effet négatif sur l'entreprise, dans l'***environnement*** technique, économique ou juridique ;
  - ***augmentation*** du taux d'intérêt ou de rendement du marché.
- **Internes**
  - ***obsolescence*** ou dégradation physique ***non prévu*** par le plan d'amortissement ;
  - ***changements*** importants, ayant un effet négatif sur l'entreprise, dans le ***mode d'utilisation*** de l'actif ;
  - ***performances*** économiques inférieures aux prévisions.

3 Les règles relatives à l'évaluation des dépréciations

A – Le test de dépréciation

Le Plan comptable général précise :

> *Article 322-5 du Plan comptable général* :
> « 1. Lorsqu'il existe un indice de perte de valeur, un test de dépréciation est effectué : la valeur nette comptable est comparée à sa valeur actuelle ».

La comparaison de la valeur nette comptable à la valeur actuelle (VA) permet de ***déterminer*** s'il y a dépréciation ou pas de l'actif concerné.

En effet, un actif subit une dépréciation si on constate que sa valeur actuelle est devenue ***notablement inférieure*** à sa valeur nette comptable.

Donc : Si
- Valeur actuelle > Valeur nette comptable ⟹ Pas de dépréciation
- Valeur actuelle < Valeur nette comptable ⟹ Dépréciation

Sachant que : Dépréciation = Valeur nette comptable – Valeur actuelle

La dépréciation a pour objet d'***ajuster*** la valeur nette comptable de manière à ***ramener*** l'immobilisation à sa ***valeur actuelle***, à condition que le bien continue d'être ***utilisé*** par l'entreprise.

> À NOTER • Si l'actif cesse d'être utilisé, en cas de mise au rebut par exemple, il y a lieu de constater un amortissement exceptionnel pour la différence entre la valeur nette comptable et la valeur actuelle.

B – Le calcul des dépréciations

L'article 322-1 du Plan comptable général définit la valeur actuelle de la manière suivante : la valeur actuelle est la ***plus élevée*** de la valeur vénale ou de la valeur d'usage.

Pour pouvoir calculer le montant de la dépréciation d'un actif, il est nécessaire de définir et de déterminer la valeur vénale et la valeur d'usage afin de prendre en compte la plus élevée des deux.

Valeur vénale : ***montant*** qui pourrait être obtenu, ***à la date de clôture***, ***de la vente*** d'un actif lors d'une transaction conclue à des conditions normales de marché, ***net des coûts de sortie***.

Valeur d'usage : valeur des ***avantages économiques futurs*** attendus de son ***utilisation*** et de sa ***sortie***. Elle est calculée à partir des estimations de ces avantages économiques futurs attendus. Dans la plupart des cas, la valeur d'usage est déterminée en fonction des ***flux nets de trésorerie attendus***.

En pratique, il est conseillé d'appliquer les modalités de calcul suivantes qui permettent, bien souvent, d'***éviter*** de calculer la valeur d'usage.

① **Déterminer** → la valeur vénale (VV).

↓

② **Comparer** → la valeur vénale à la valeur nette comptable (VNC).

Si : VV > VNC ⇒ ***pas de dépréciation*** donc inutile de calculer la valeur d'usage (VU).

Si : VV < VNC

↓

③ **Calculer** → la valeur d'usage (VU).

↓

④ **Comparer** → la valeur vénale à la valeur d'usage pour déterminer la valeur actuelle qui est la plus élevée des deux :

Si : VV > VU ⇒ VA = VV

Si : VU > VV ⇒ VA = VU

↓

⑤ **Comparer** → la valeur actuelle à la valeur nette comptable pour déterminer s'il y a dépréciation :

Si : VA > VNC ⇒ ***pas de dépréciation***.

Si : VA < VNC

↓

⑥ **Calculer** → la dépréciation : VNC – VA = Dépréciation

Exemple

Un terrain a une valeur nette comptable de 10 000,00 €.

Les hypothèses suivantes vous sont proposées à la suite du test de dépréciation :

Hypothèse	Valeur vénale	Valeur d'usage
1	12 000	
2	8 000	9 400
3	8 000	7 000

Calculer si nécessaire la dépréciation pour chaque hypothèse.

- Hypothèse 1

VV > VNC : 12 000 > 10 000, donc pas de dépréciation

- Hypothèse 2

VV < VNC : 8 000 < 10 000

VV < VU : 8 000 < 9 400

VA = VU : 9 400

VA < VNC : 9 400 < 10 000 ⇒ Dépréciation

VNC – VA : 10 000 – 9 400 = 600

- Hypothèse 3

VV < VNC : 8 000 < 10 000

VV > VU : 8 000 > 7 000

VA = VV : 8 000

VA < VNC : 8 000 < 10 000 ⇒ Dépréciation

VNC – VA : 10 000 – 8 000 = 2 000

À NOTER • Fiscalement, seule la dépréciation calculée d'après la valeur vénale est déductible.

C – L'ajustement des dépréciations sur les exercices ultérieurs

La dépréciation n'est ***pas définitive*** si l'immobilisation continue d'être utilisée. Il faut ***ajuster***, à l'inventaire des exercices suivants, la dépréciation en fonction de l'***évolution*** de l'indice de perte de valeur et de la ***nouvelle estimation*** de la valeur actuelle.

Trois situations sont possibles :

L'indice de perte
- a augmenté → la dépréciation est ***complétée*** ;
- a diminué → la dépréciation est ***réduite*** ;
- a disparu → la dépréciation est ***annulée.***

Exemple

L'entreprise Kerlun a acquis au cours de l'exercice « N » un terrain d'une valeur de 60 000,00 €.

Au 31 décembre N + 1, à la suite du test de dépréciation, la valeur actuelle du terrain est de 45 000,00 €.

Au 31 décembre N + 2, d'après le test de dépréciation, la dépréciation s'élève à 12 000,00 €.

Effectuer les calculs nécessaires au 31 décembre N + 1 et N + 2.

- Dépréciation au 31 décembre N + 1

Dépréciation	=	Valeur comptable	–	Valeur actuelle
15 000 €	=	60 000	–	45 000

- Ajustement au 31 décembre N + 2

Dépréciation N + 2	–	Dépréciation N + 1		
12 000	–	15 000	=	– 3 000 €

4 La comptabilisation

Les travaux comptables se déroulent dans un ordre précis et s'échelonnent sur plusieurs exercices :

Inventaire « N »		**Inventaire « N + 1 » et « N + ... »**
Constatation de la perte de valeur	Création de la dépréciation	Évolution de l'indice de perte
		Nouveau test de dépréciation : réestimation de la valeur actuelle ↓ Ajustement de la dépréciation

A – La constatation de la première dépréciation

La dépréciation d'une immobilisation incorporelle ou corporelle représente à la fois :

- une charge d'exploitation ***calculée*** (non décaissable) qui ne vient pas amoindrir la trésorerie, enregistrée au ***débit*** du compte « 6816 Dotations pour dépréciations des immobilisations incorporelles et corporelles » ;
- une ***diminution*** de la valeur du bien concerné enregistrée, indirectement par l'intermédiaire d'une subdivision du compte spécifique « 29 Dépréciations des immobilisations », à son ***crédit***.

L'écriture type est :

Compte	Libellé	Débit	Crédit
6816	Dotations aux dépréciations des immobilisations incorporelles et corporelles	X	
290* ou	Dépréciations des immobilisations incorporelles		X
291*	Dépréciations des immobilisations corporelles		X
	D'après test de dépréciation		

* À subdiviser selon les besoins de l'entreprise.

B – La comptabilisation des ajustements

Lorsque les ajustements traduisent une ***augmentation*** des dépréciations, leur comptabilisation est ***identique*** à celle relative à la ***constitution*** des dépréciations (voir écriture ci-dessus).

Dans le cas d'une ***diminution*** ou d'une ***annulation*** des dépréciations, le montant de l'ajustement est porté au ***débit*** du compte « 29 Dépréciations des immobilisations » par le ***crédit*** du compte « 7816 Reprises sur dépréciations des immobilisations incorporelles et corporelles ».

Compte	Libellé	Débit	Crédit
290* ou	Dépréciations des immobilisations incorporelles	X	
291*	Dépréciations des immobilisations corporelles	X	
7816	Reprises sur dépréciations des immobilisations incorporelles et corporelles		X
	D'après test de dépréciation		

* À subdiviser selon les besoins de l'entreprise.

Exemple

À partir des informations relatives à la dépréciation du terrain concernant l'entreprise Kerlun (voir page précédente).

Comptabiliser les opérations nécessaires au 31 décembre N + 1 et au 31 décembre N + 2.

- Constitution de la dépréciation au 31 décembre N + 1

Compte débit	Compte crédit	31/12/N + 1	Débit	Crédit
68162		Dotations aux dépréciations des immobilisations corporelles	15 000,00	
	2911	Dépréciations des terrains		15 000,00
		D'après test de dépréciation		

- Ajustement au 31 décembre N + 2

Compte débit	Compte crédit	31/12/N + 2	Débit	Crédit
2911		Dépréciations des terrains	3 000,00	
	78162	Reprises sur dépréciations des immobilisations corporelles		3 000,00
		D'après test de dépréciation		

5 L'incidence des dépréciations sur les immobilisations amortissables

A – Principes

À la clôture d'un exercice, lorsqu'une dépréciation relative à un actif amortissable est constatée l'entreprise doit :

- ***modifier*** la base amortissable pour l'exercice suivant ;
- ***réviser*** le plan d'amortissement en conséquence de manière prospective (c'est-à-dire pour les exercices à venir).

$$\text{Nouvelle base à amortir pour l'exercice suivant} = \text{Valeur nette comptable avant dépréciation} - \text{Dépréciation}$$

Lors d'ajustements ultérieurs de la dépréciation, la base amortissable et le plan d'amortissement seront ***à nouveau modifiés***. Toutefois, le montant de la ***reprise*** des dépréciations est ***limité***. En effet, la valeur nette comptable d'une immobilisation amortissable, majorée du montant de la reprise, ne doit ***pas être supérieure*** à la valeur nette comptable sans aucune dépréciation.

$$\text{Valeur nette comptable} + \text{Reprises} \leq \text{Valeur nette comptable sans dépréciation (Valeur brute – Amortissements cumulés)}$$

B – Les modalités de calcul

Pour respecter les règles énoncées au paragraphe précédent, il est nécessaire d'élaborer deux plans d'amortissement :

- un plan ***sans tenir compte*** des dépréciations et de leurs ajustements, donc avec une base amortissable correspondant à la valeur d'origine ;
- un plan ***intégrant*** dans les calculs l'incidence des dépréciations et de leurs ajustements sur la base amortissable.

À NOTER • La modification de la base amortissable ne modifie pas la valeur brute. En conséquence, l'amortissement est calculé sur une base autre que celle qui figure à l'actif.

Exemple

L'entreprise Vignon a fait l'acquisition d'une machine outil le 1er janvier N pour 80 000 €, amortissable en mode linéaire sur cinq ans.

Fin « N + 1 » à la suite du test de dépréciation, une dépréciation de 27 000 € est constatée.

Fin « N + 2 » d'après les informations du nouveau test de dépréciation, la reprise sur dépréciation prévue est de 19 000 €.

Présenter les plans d'amortissement.

• Plan initial

Machine outil				
Date	Base à amortir	Annuité	Amortissements cumulés	Valeur nette comptable
N	80 000,00	16 000,00	16 000,00	64 000,00
N + 1	80 000,00	16 000,00	32 000,00	48 000,00
N + 2	80 000,00	16 000,00	48 000,00	32 000,00
N + 3	80 000,00	16 000,00	64 000,00	16 000,00
N + 4	80 000,00	16 000,00	80 000,00	0,00

32 000 € représente le montant plafonné de la reprise.

• Plan révisé

– calculs préliminaires :

Annuité linéaire : 80 000 / 5 = 16 000

Amortissements cumulés au 31 décembre N + 1 : 16 000 x 2 = 32 000

VNC au 31/12 N + 1 avant la dépréciation		48 000
Dépréciation	–	27 000
Nouvelle base amortissable	=	21 000
Annuité N + 2 : 21 000 / 3	–	7 000
VNC au 31/12 N + 2	=	14 000
Reprise	+	19 000
Valeur actuelle	=	33 000

D'après le plan initial, la valeur nette comptable au 31 décembre N + 2 ne doit pas être supérieure à 32 000 €. En conséquence, la reprise sera limitée à 18 000 € (32 000 – 14 000).

Les deux dernières annuités seront égales chacune à : 32 000 / 2 = 16 000.

– tableau :

Machine outil						
Date	Base amortissable	Annuité	Amortissements cumulés	Dépréciation		VNC
				Dotations	Reprises	
N	80 000,00	16 000,00	16 000,00	0,00	0,00	64 000,00
N + 1	80 000,00	16 000,00	32 000,00	27 000,00		21 000,00
N + 2	21 000,00	7 000,00	39 000,00		18 000,00	32 000,00
N + 3	32 000,00	16 000,00	55 000,00			16 000,00
N + 4	16 000,00	16 000,00	71 000,00			0,00

Au 31 décembre N + 4, on constate des amortissements cumulés pour 71 000 €, une dépréciation pour 9 000 € (27 000 – 18 000) ; donc une valeur nette comptable nulle : (71 000 + 9 000 = 80 000).

C – Le transfert de la dépréciation en amortissement exceptionnel

1) Les principes

Les divergences entre les règles comptables et les règles fiscales en ce qui concerne la valeur actuelle des immobilisations amortissables et la base de calcul de la dépréciation pénalisent les entreprises. En effet, l'application de ces règles entraîne le plus souvent une dépréciation fiscalement déductible ***inférieure*** à celle comptabilisée.

Afin de ***faciliter la déduction fiscale*** des dépréciations, il est préconisé de transférer, à la fin de chaque exercice, en compte d'amortissement la dépréciation constatée à la clôture d'un exercice précédent, à hauteur de l'amortissement qui aurait été pratiqué en l'absence de dépréciation.

Montant du transfert
=
Dotations aux amortissements
calculées sur la nouvelle base amortissable
–
Dotations aux amortissements qui auraient été
comptabilisées en l'absence de dépréciation

Précisons que ce mécanisme est ***indépendant*** du suivi de l'indice de perte de valeur. Par ailleurs, le montant du transfert ne modifie pas la base amortissable pour le calcul des amortissements ultérieurs.

2) Le schéma comptable

Les dotations complémentaires aux amortissements et les reprises sur dépréciations correspondant au transfert sont enregistrées respectivement en charges exceptionnelles et en produits exceptionnels à la fin de chaque exercice sur la ***durée d'utilisation*** restant à courir du bien.

L'opération de transfert effectuée à la fin de chaque exercice comporte deux écritures :

– constatation de la reprise de la dépréciation pour le montant du transfert :

291*	Dépréciation des immobilisations corporelles	X	
7876	Reprises sur dépréciation exceptionnelles		X
	Transfert de la dépréciation		

* À subdiviser selon les besoins de l'entreprise.

– constatation de la dotation aux amortissements complémentaire correspondant au montant du transfert :

6871	Dotations aux amortissements exceptionnels des immobilisations	X	
28…*	Amortissements des immobilisations		X
	Transfert de la dépréciation		

* À subdiviser selon les besoins de l'entreprise.

Exemple

L'entreprise Calba fait l'acquisition d'un matériel de bureau d'une valeur de 8 000 €, amortissable en mode linéaire pour une durée d'utilisation de cinq ans.

Fin « N + 1 », une dépréciation non déductible fiscalement de 1 200 € doit être constatée. Par ailleurs, d'après les tests de dépréciation elle est justifiée jusqu'en « N + 4 ».

Calculer le montant du transfert à effectuer et le comptabiliser.

• Montant du transfert

De « N » à « N + 1 » l'annuité d'amortissement est de :
8 000 / 5 = 1 600 €.

À la fin « N + 1 », la valeur nette comptable avant la dépréciation s'élève à :
8 000 – (1 600 x 2) = 4 800 €.

La nouvelle base amortissable est de :
4 800 – 1 200 = 3 600 €.

À partir de « N + 2 » l'annuité d'amortissement est de :
3 600 / 3 = 1 200 €.

Le montant du transfert de « N + 2 » à « N + 4 » est de :
1 600 – 1 200 = 400 €.

De « N + 2 » à « N + 4 », 400 € de dépréciation sont transférés en amortissements.

• Comptabilisation

Compte	Libellé	Débit	Crédit
	31/12		
29183	Dépréciations du matériel de bureau et matériel informatique	400,00	
7876	Reprises pour dépréciations exceptionnelles		400,00
	Transfert de la dépréciation		
	31/12		
6871	Dotations aux amortissements exceptionnels des immobilisations	400,00	
28183	Amortissements du matériel de bureau et matériel informatique		400,00
	Transfert de la dépréciation		

Au 31 décembre N + 4, le total des amortissements est de 8 000 € et la dépréciation est nulle.

6 La présentation dans les tableaux de synthèse

A – Au bilan

Les comptes « 290 et 291 Dépréciations des immobilisations … » ont un ***solde créditeur*** qui représente le montant des ***dépréciations à la date de clôture de l'exercice***. Ils figurent à l'actif du bilan en soustraction des comptes concernés afin d'obtenir la valeur actuelle (valeur nette).

L'actif du bilan comprend quatre colonnes de sommes :

Exercice « N »			Exercice « N – 1 »
Brut	– **Dépréciations**	= **Net**	
Solde ***débiteur*** des comptes « 20 et 21 Immobilisations … » à la clôture de l'exercice	Solde ***créditeur*** des comptes « 290 et 291… Dépréciations des immobilisations … » à la clôture de l'exercice	***Valeur actuelle*** calculée par différence entre le montant brut et les dépréciations à déduire ou ***valeur nette comptable*** par différence entre le montant brut, les amortissements cumulés et les dépréciations	***Valeur actuelle ou valeur nette comptable*** correspondant au bilan de l'exercice précédent

B – Au compte de résultat

Dans les charges de l'exercice, ***seule la dotation annuelle*** est prise en compte. Elle est classée sur décision de gestion :

- dépréciation ***normale*** → charges d'exploitation ;
- dépréciation ***exceptionnelle*** → charges exceptionnelles.

Dans les produits de l'exercice, ce sont ***les diminutions de dépréciations*** correspondant aux soldes créditeurs des comptes « 78… Reprises sur dépréciations … » qui sont prises en compte. Les reprises sur dépréciations sont classées, sur décision de gestion, en produits d'exploitation ou exceptionnels.

Chaque partie du compte de résultat comprend deux colonnes de sommes :

Charges		Produits	
Exercice « N »	**Exercice « N – 1 »**	**Exercice « N »**	**Exercice « N – 1 »**
Charges d'exploitation ou exceptionnelles		Produits d'exploitation ou exceptionnels	
Dotations de l'exercice clôturé	Dotations de l'exercice précédent	Reprises de l'exercice clôturé	Reprises de l'exercice précédent

Les dépréciations des autres éléments d'actif

Chapitre **25**

1 Les principes

A – Définition

En application du principe de ***prudence***, l'amoindrissement de la valeur d'un élément d'actif, autre qu'une immobilisation incorporelle et corporelle, résultant de causes dont les effets ne sont pas jugés irréversibles est constaté par une dépréciation.

Cette ***dépréciation non définitive*** figure au bilan en ***diminution du poste d'actif*** concerné.

B – La nature des dépréciations d'actif

Les éléments d'actif qui peuvent nécessiter la constitution de dépréciations sont :

- les participations et les autres immobilisations financières ;
- les stocks ;
- les créances ;
- les valeurs mobilières de placement.

Les comptes de dépréciations correspondants sont identifiés par le chiffre « ***9*** » au deuxième rang (par exemple : « 3***9*** Dépréciations des stocks et en-cours »).

C – Le schéma général de comptabilisation

Le traitement comptable des dépréciations s'échelonne sur ***plusieurs exercices*** :

Inventaire « N » : création de la dépréciation

↓

L'évaluation du risque de perte est égale à : *Valeur brute – Valeur d'inventaire*

La dépréciation représente un ***coût*** et une ***diminution*** de la valeur d'un ***élément d'actif***.

Inventaire « N + 1 » et « N + ... » : ajustement de la dépréciation

↓

La perte probable peut ***évoluer*** en fonction d'événements qui se sont produits au cours de l'exercice :
- soit le risque de perte a ***augmenté***, il faut alors compléter la dépréciation du montant nécessaire ;
- soit la dépréciation est devenue, en tout ou partie, ***sans objet*** ; il est nécessaire de ***réduire*** ou d'***annuler*** la dépréciation et de la rapporter au résultat.

L'enregistrement comptable de ces opérations s'effectue de la manière suivante :

Constitution ou augmentation de la dépréciation

- **À débiter** — Selon le caractère de la dépréciation ↓
  - 681 Dotations aux amortissements, dépréciations et provisions – Charges d'exploitation
  - 686 Dotations aux amortissements, dépréciations et provisions – Charges financières
  - 687 Dotations aux amortissements, dépréciations et provisions – Charges exceptionnelles
- **À créditer** — Selon l'élément d'actif concerné ↓
  - 296 Dépréciations des participations et créances rattachées à des participations
  - 297 Dépréciations des autres immobilisations financières
  - 39 Dépréciations des stocks et en-cours
  - 49 Dépréciations des comptes de tiers
  - 59 Dépréciations des comptes financiers

Diminution ou annulation de la dépréciation

- **À débiter** — Selon l'élément d'actif concerné ↓
  - 296 Dépréciations des participations et créances rattachées à des participations
  - 297 Dépréciations des autres immobilisations financières
  - 39 Dépréciations des stocks et en-cours
  - 49 Dépréciations des comptes de tiers
  - 59 Dépréciations des comptes financiers
- **À créditer** — Selon le caractère de la dépréciation ↓
  - 781 Reprises sur amortissements, dépréciations et provisions – Produits d'exploitation
  - 786 Reprises sur dépréciations et provisions – Produits financiers
  - 787 Reprises sur dépréciations et provisions – Produits exceptionnels

À NOTER • Les ajustements de dépréciations ne se compensent jamais entre eux • Lorsque le risque de perte n'a pas varié, aucun réajustement n'est à effectuer.

2 Les dépréciations des clients douteux

A – Le principe

L'entreprise constate, à l'inventaire, que certains clients n'ont pas réglé leur dette à l'échéance prévue, même après plusieurs lettres de rappel. Leur situation permet de penser qu'un ***risque partiel de non-paiement*** est apparu (effets protestés, dépôt de bilan...).

Cet état de fait correspond pour l'entreprise à une dépréciation non définitive de ses créances.

Il est prudent d'***évaluer*** cette dépréciation et d'en tenir compte dans la détermination du résultat en constituant les dépréciations nécessaires.

Les travaux comptables se déroulent dans un ordre précis et s'échelonnent sur plusieurs exercices :

Inventaire « N »		Inventaire « N + 1 » et « N + ... »		
Reclassement du client	Création de la dépréciation	Évolution de la situation		
Pour le montant toutes taxes comprises de sa créance.	En pourcentage du montant hors taxes de la créance.	Évolution du risque Recouvrement partiel ↓ **Réajustement de la dépréciation**	ou	Règlement définitif de la créance (pour solde) ↓ **Régularisation des comptes**

B – Les nouveaux clients douteux (exercice « N »)

1) Le reclassement du client

L'entreprise doit ***reclasser*** ses clients en ***créances douteuses*** lorsque leur solvabilité est incertaine.

La créance, TVA comprise, est transférée au ***débit*** du compte « 416 Clients douteux » par la ***contrepartie*** du compte « 411 Clients ».

416	Clients douteux	X	
411	Clients		X
	Reclassement du client « X »		

2) La constitution et la comptabilisation de la dépréciation

Le montant de la dépréciation est égal au montant de la *perte probable* (estimation du risque réel). La dépréciation se calcule toujours sur le montant *hors taxes* de la créance.

La dépréciation s'exprime, généralement, en *pourcentage* du montant de la créance douteuse.

Ce pourcentage se détermine dans les énoncés de deux manières :

- perte prévue 30 % → dépréciation 30 % ;
- encaissement prévu 30 % → dépréciation 70 %.

Afin de justifier le montant des dépréciations propre à chaque client, l'entreprise doit constituer un *état* de ses créances douteuses à l'inventaire.

Nom du client	Créances		Pourcentage de la dépréciation	Montant
	Hors taxes	TVA		

La dépréciation représente une charge non décaissable enregistrée au *débit* du compte « 6817 Dotations aux dépréciations des actifs circulants » et un amoindrissement de la valeur de la créance porté au *crédit* du compte « 491 Dépréciation des comptes clients ».

6817	Dotations aux dépréciations des actifs circulants	X	
491	Dépréciations des comptes clients		X
	État des créances douteuses		

C – Les réajustements des dépréciations des anciens clients douteux (exercice « N + 1 » et « N + … »)

1) L'évaluation des réajustements

Les anciens clients douteux pour lesquels la situation a évolué mais n'est pas définitive resteront encore douteux sur l'exercice suivant ; cependant, il est nécessaire d'analyser en fin d'exercice leur nouvelle situation.

Cela consiste à :

- *calculer* la nouvelle dépréciation sur le solde hors taxes de la créance ;
- *comparer* l'ancienne dépréciation à la nouvelle afin d'évaluer le montant du réajustement :

Ajustement = Nouvelle dépréciation – Ancienne dépréciation.

Deux situations sont possibles :

Le risque de perte a augmenté	**Le risque de perte a diminué**
Nouvelle dépréciation > Ancienne dépréciation = Augmentation de la dépréciation	Nouvelle dépréciation < Ancienne dépréciation = Diminution de la dépréciation

Afin de justifier l'évolution des dépréciations propre à chaque client, l'entreprise doit constituer un ***état*** de ses créances douteuses à l'inventaire.

Noms	Créance initiale TTC	Règlement effectué en N	Solde créance HT	Nouvelle dépréciation		Ancienne dépréciation	Réajustement	
				%	montant		+	–

2) La comptabilisation des réajustements

Lorsque les ajustements traduisent une ***augmentation*** des dépréciations, leur comptabilisation est identique à celle relative à la constitution des dépréciations (voir écriture page 278).

Dans le cas d'une ***diminution*** des dépréciations, le montant du réajustement est porté au ***débit*** du compte : « 491 Dépréciation des comptes clients » par le ***crédit*** du compte : « 7817 Reprises sur dépréciations des actifs circulants ».

491	Dépréciations des comptes clients	X	
7817	Reprises sur dépréciations des actifs circulants		X
	État des créances douteuses		

Il est utile d'effectuer le contrôle suivant :

Anciennes dépréciations + réajustements = **Nouvelles dépréciations**

D – La régularisation des créances douteuses pour solde

Lorsque l'entreprise est ***définitivement fixée*** sur la situation de son client, car ce dernier :

– a réglé la ***totalité*** de la créance,

– ou bien, n'a réglé qu'***une partie*** de la créance et ***aucun autre versement*** n'est à espérer de sa part,

elle doit ***solder*** la dépréciation, devenue sans objet, au ***débit*** du compte « 491 Dépréciation des comptes clients » par le ***crédit*** du compte « 7817 Reprises sur dépréciations des actifs circulants ».

491	Dépréciations des comptes clients	X	
7817	Reprises sur dépréciations des actifs circulants		X
	État des créances douteuses		

Puis :

– ***constater*** le cas échéant la ***perte (solde hors taxes de la créance)*** au ***débit*** du compte « 654 Pertes sur créances irrécouvrables » ;
– ***récupérer*** la TVA initialement collectée et non payée par le client au ***débit*** du compte « 44571 TVA collectée » ;
– ***solder*** le compte « 416 Clients douteux » par son ***crédit*** pour le montant toutes taxes comprises de la créance.

D'où l'écriture :

654	Pertes sur créances irrécouvrables	X	
44571	TVA collectée*	X	
416	Clients douteux		X
	X : perte		

* Le compte « 44551 TVA à décaisser » est toléré.

E – Le cas d'une créance totalement irrécouvrable dans l'exercice

Une créance est irrécouvrable lorsque sa ***perte est définitive***. Il est donc inutile de classer le client en « douteux » et de créer une dépréciation ; la créance est virée directement dans un compte de perte.

La perte est portée au ***débit*** du compte « 654 Pertes sur créances irrécouvrables » ou « 6714 Créances devenues irrécouvrables dans l'exercice » sur décision de l'entreprise, pour son montant hors taxes ; la TVA initialement collectée et non payée par le client est comptabilisée au ***débit*** du compte « 44571 TVA collectée ». La créance est soldée pour son montant toutes taxes comprises au ***crédit*** du compte « 411 Clients ».

654	Pertes sur créances irrécouvrables	X	
44571	TVA collectée	X	
411	Clients		X
	« X » irrécouvrable		

À NOTER • Les clients totalement insolvables doivent disparaître du bilan • Les réajustements en moins et l'annulation des dépréciations peuvent faire l'objet d'une seule écriture • L'écriture de reclassement en créances douteuses n'intervient qu'en cas de nouvelles créances douteuses à l'inventaire ; elle s'effectue toutes taxes comprises • Le compte « 654 Pertes sur créances irrécouvrables » est toujours enregistré pour le montant hors taxes • En principe, les règlements des clients sont enregistrés en cours d'exercice à la date du règlement • L'expression « Pour solde » signifie qu'il s'agit du dernier règlement du client, le solde ne sera jamais réglé.

Exemple

À la fin de l'exercice « N », la société Murat vous communique :

– l'état des créances douteuses au 31 décembre N avant inventaire :

Nom	Montant TTC *	Dépréciations	Observations
Raque	9 406,80	4 680,00	Règlement total de la créance.
Masson	4 254,10	535,00	Règlement de 1 000,00 €, porter la dépréciation à 50 %.
Laure	1 500,80	500,00	Règlement de 700,00 €, pour solde définitif de la créance.

* TVA 19,60 %

– les informations suivantes :

- la créance du client Olivier d'un montant toutes taxes comprises de 2 152,80 € ne pourra être réglée qu'à concurrence de 75 % ;
- le client Myriam est totalement irrécouvrable ; sa facture s'élève à 2 093,00 € (TTC).

Présenter l'état des créances douteuses au 31 décembre N et passer les écritures nécessaires.

- État des créances douteuses

– Olivier :

Montant hors taxes de la créance :

$$\frac{2\ 152{,}80}{1{,}196} = 1\ 800{,}00\ €$$

Le risque de perte est de 25 % puisque l'encaissement prévu est de 75 %.

Montant de la dépréciation : 1 800,00 x 25 % = 450,00 €

– Raque :

La créance est nulle puisque le client l'a entièrement réglée.

Il faut annuler la dépréciation existante soit 4 680,00 €.

– Masson :

Solde hors taxes de la créance :

$$\frac{\text{Montant de la créance initiale TTC – Règlement}}{1{,}196} = \frac{4\ 254{,}10 - 1\ 000{,}00}{1{,}196} = 2\ 720{,}82\ €$$

Nouvelle dépréciation : 2 720,82 x 50 % = 1 360,41 € ; ancienne dépréciation : 535,00 €.

Nouvelle dépréciation > ancienne dépréciation ⇒ Réajustement +

1 360,41 > 535,00 = 825,41 €

– Laure :

Solde hors taxes de la créance :

$$\frac{1\ 500{,}80 - 700{,}00}{1{,}196} = 669{,}57\ €$$

La dépréciation est devenue sans objet ; il faut l'annuler pour 500,00 €, constater une perte de 669,57 € et solder la créance douteuse pour un montant de 800,80 €.

– Myriam :

Il ne doit pas figurer sur l'état des créances douteuses puisqu'il est totalement insolvable.

– État des créances douteuses au 31 décembre N, après inventaire :

Noms	Montant solde HT	Ancienne dépréciation	Nouvelle dépréciation		Réajustement	
			%	montant	+	–
Olivier	1 800,00	–		450,00	450,00	
Raque	–	4 680,00	60 %	–		4 680,00
Masson	2 720,82	535,00	40 %	1 360,41	825,41	
Laure	669,57	500,00		–		500,00
		5 715,00		1 810,41	1 275,41	5 180,00

Vérification : 1 810,41 = 5 715,00 + 1 275,41 – 5 180,00 €

• Écritures

	31/12		
416	Clients douteux	2 152,80	
411	Clients		2 152,80
	Olivier, reclassement		
	31/12		
6817	Dotations aux dépréciations des actifs circulants	1 275,41	
	Dépréciations des comptes clients		1 275,41
491	*Création et réajustement, d'après état des créances douteuses*		
	31/12		
491	Dépréciation des comptes clients	5 180,00	
7817	Reprises sur dépréciations des actifs circulants		5 180,00
	Annulation, réajustement, d'après état des créances douteuses		
	31/12		
654	Pertes sur créances irrécouvrables	669,57	
44571	TVA collectée	131,23	
416	Clients douteux		800,80
	Laure, pour solde		
	31/12		
654	Pertes sur créances irrécouvrables	1 750,00	
44571	TVA collectée	343,00	
411	Clients		2 093,00
	Myriam, irrécouvrable		

3 Les dépréciations des titres

A – La nature des titres

L'entreprise possède deux natures de titres :

Portefeuille Titres

Titres acquis pour être conservés ***durablement***	Titres acquis dans un but spéculatif à ***court terme***
Immobilisations financières	**Valeurs mobilières de placement**
261 Titres de participation 271 Titres immobilisés autres que les titres immobilisés de l'activité de portefeuille (droit de propriété) 272 Titres immobilisés (droit de créance) 273 Titres immobilisés de l'activité de portefeuille (TIAP)	503 Actions 506 Obligations

B – Le principe

L'entreprise constate, à l'inventaire, que certains titres ont une ***valeur actuelle (valeur d'inventaire) inférieure à leur valeur comptable***. La situation permet de penser qu'un risque probable de perte est apparu.

Cet état de fait correspond pour l'entreprise à une dépréciation non définitive de ses titres.

Il est prudent d'***évaluer*** cette dépréciation et d'en tenir compte dans la détermination du résultat en constituant les dépréciations nécessaires.

Les travaux comptables se déroulent dans un ordre précis et s'échelonnent sur plusieurs exercices :

Inventaire « N »

- Constatation de la moins-value
- Création de la dépréciation

Inventaire « N + 1 » et « N + ... »

Évolution de la situation

- Titres conservés en portefeuille → **Réajustement de la dépréciation**
- ou Cession des titres[1] → **Régularisation des comptes**

(1) La cession des titres est étudiée au chapitre 28.

C – La constitution et la comptabilisation de la dépréciation (exercice « N »)

1) L'évaluation des dépréciations

Le montant de la dépréciation est égal au montant de la ***perte probable***.

La comparaison entre la valeur d'entrée et la valeur d'inventaire des titres appartenant à la même catégorie de titres de même nature (émis par la même entité et conférant les mêmes droits à ceux qui les détiennent) fait apparaître soit :

Une plus-value latente

Valeur à l'inventaire > Valeur d'entrée

↓

Aucune création de dépréciation.
La plus-value ***n'est jamais comptabilisée***.

Une moins-value latente

Valeur à l'inventaire < Valeur d'entrée

↓

L'entreprise constate un risque probable de perte ; ***elle crée alors une dépréciation***.

Selon la nature des titres, la valeur d'inventaire est fondée sur des ***critères différents*** :

Nature des titres		Valeur d'inventaire
Titres de participation cotés ou non	⇒	Valeur d'utilité
Titres immobilisés de l'activité de portefeuille (TIAP)	⇒	Valeur de marché
Autres titres immobilisés et VMP non cotés	⇒	Valeur probable de négociation
Autres titres immobilisés et VMP cotés	⇒	Cours moyen du dernier mois

Afin de justifier le montant des dépréciations, l'entreprise doit constituer un ***état*** de ses titres en portefeuille, à l'inventaire.

Nature des titres	Coût d'acquisition	Nombre	Valeur d'inventaire	Dépréciation	
				unitaire	totale

2) La comptabilisation des dépréciations

La dépréciation représente une charge financière non décaissable enregistrée au ***débit*** du compte « 6866 Dotations aux dépréciations des éléments financiers » et un amoindrissement de la valeur du titre porté au ***crédit*** d'une subdivision des comptes « 296 Dépréciations des participations et créances rattachées à des participations », « 297 Dépréciations des autres immobilisations financières » ou « 590 Dépréciations des valeurs mobilières de placement ».

6866	Dotations aux dépréciations des éléments financiers	X	
2961	Dépréciations des titres de participation		X
2971	Dépréciations des titres immobilisés		X
590	Dépréciations des valeurs mobilières de placement		X
	État des titres		

D – Les réajustements des dépréciations des titres (exercice « N +1 » et « N + ... »)

1) L'évaluation des réajustements

Il faut analyser, en fin d'exercice, la nouvelle situation des titres qui ont fait l'objet de dépréciations lors de l'inventaire précédent afin d'***ajuster*** ou d'***annuler*** l'ancienne dépréciation.

Cela consiste à :

– ***calculer*** la nouvelle dépréciation pour les titres concernés ;

– ***comparer*** l'ancienne dépréciation à la nouvelle afin d'évaluer le montant du réajustement :

Ajustement = Nouvelle dépréciation – Ancienne dépréciation.

Trois situations sont possibles :

Le risque de perte a augmenté → Nouvelle dépréciation > Ancienne dépréciation = Augmentation de la dépréciation

Le risque de perte a diminué → Nouvelle dépréciation < Ancienne dépréciation = Diminution de la dépréciation

Le risque de perte a disparu → Valeur à l'inventaire ≥ Valeur d'entrée = Annulation de la dépréciation
Pas de nouvelle dépréciation

Afin de justifier l'évolution des dépréciations propre à chaque catégorie de titres, l'entreprise doit constituer un ***état*** des titres, à l'inventaire.

Nature des titres	Coût d'acquisition	Nbre	Valeur unitaire d'inventaire	Nouvelle dépréciation		Ancienne dépréciation	Réajustement	
				unitaire	totale		+	–

À NOTER • Les réajustements de dépréciations ne se compensent jamais entre eux, sauf pour les titres de même catégorie (émis par la même société et achetés à des dates différentes).

2) La comptabilisation des réajustements

Lorsque les ajustements traduisent une ***augmentation*** des dépréciations, leur comptabilisation est identique à celle relative à la constitution des dépréciations (voir écriture page 280).

Dans le cas d'une ***diminution ou d'une annulation*** des dépréciations, le montant du réajustement est porté au ***débit*** d'une subdivision des comptes « 296 Dépréciations des participations et créances rattachées à des participations » ; « 297 Dépréciations des autres immobilisations financières » ; « 590 Dépréciations des valeurs mobilières de placement » par le ***crédit*** du compte : « 7866 Reprises sur dépréciations des éléments financiers ».

		Débit	Crédit
2961	Dépréciations des titres de participation	X	
2971	Dépréciations des titres immobilisés	X	
590	Dépréciations des valeurs mobilières de placement	X	
7866	Reprises sur dépréciations des éléments financiers		X
	État des titres		

Exemple

À l'inventaire « N », l'entreprise Leccia vous communique son état des titres :

Nature des titres	Coût d'acquisition	Nbre	Valeur unitaire d'inventaire	Nouvelle dépréciation		Ancienne dépréciation	Réajustement	
				unitaire	totale		+	–
Immobilisés	150	30	135	15	450	600		150
VMP	220	20	195	25	500		500	
					950	600	500	150

Comptabiliser les opérations nécessaires.

• Écritures

	31/12/N	Débit	Crédit
6866	Dotations aux dépréciations des éléments financiers	500,00	
590	Dépréciation des valeurs mobilières de placement		500,00
	D'après état des titres		
	31/12/N		
590	Dépréciation des valeurs mobilières de placement	150,00	
7866	Reprises sur dépréciations des éléments financiers		150,00
	D'après état des titres		

4 Les dépréciations des stocks

A – Le principe

L'entreprise constate, à l'inventaire, que certains stocks ont une ***valeur actuelle inférieure à leur valeur comptable :***

Valeur actuelle < Valeur comptable = **Moins-value** ⇒ Dépréciation

Cet état de fait correspond pour l'entreprise à une ***dépréciation non définitive*** de ses stocks finals.

Il est prudent d'***évaluer*** cette dépréciation et d'en tenir compte dans la détermination du résultat en constituant les dépréciations nécessaires.

En principe, les dépréciations sur les stocks finals sont créées et celles sur les stocks initiaux sont annulées en totalité à la fin de chaque exercice ; il n'y a donc ***pas d'ajustement*** entre les anciennes et les nouvelles dépréciations.

Les travaux comptables se déroulent dans un ordre précis et s'effectuent sur le ***même exercice*** :

Inventaire « N »

Constatation de la moins-value → Constitution de la nouvelle dépréciation relative aux stocks finals → Annulation de l'ancienne dépréciation relative aux stocks initiaux

B – L'évaluation des stocks

La valeur comptable est évaluée :

- ***au coût d'acquisition***, pour les marchandises, les matières premières et les autres approvisionnements ;
- ***au coût de production***, pour les produits.

Pour évaluer la valeur actuelle, l'entreprise utilise
- le prix du marché ;
- des barèmes ;
- des indices.

Afin de justifier le montant des dépréciations, l'entreprise doit constituer un état de ses stocks, à l'inventaire :

Nature des stocks	Valeur comptable	Valeur actuelle	Dépréciation « N »	Dépréciation « N – 1 »

C – La comptabilisation des dépréciations

La dépréciation du stock final est portée au ***débit*** du compte «« 6817 Dotations aux dépréciations des actifs circulants » par le ***crédit*** d'une subdivision du compte « 39 Dépréciations des stocks et en-cours ».

6817	Dotations aux dépréciations des actifs circulants	X	
39..	Dépréciations des stocks et en-cours		X
	État des stocks		

L'annulation de la dépréciation du stock initial s'enregistre au ***débit*** d'une subdivision du compte « 39 Dépréciations des stocks et en-cours » par le ***crédit*** du compte « 7817 Reprises sur dépréciations des actifs circulants ».

39..	Dépréciations des stocks et en-cours	X	
7817	Reprises sur dépréciations des actifs circulants		X
	État des stocks		

Le Plan comptable général préconise d'enregistrer ***simultanément*** :
– la création des stocks finals et de leurs dépréciations ;
– l'annulation des stocks initiaux et de leurs dépréciations (voir chapitre 20).

À NOTER • Ne cherchez pas d'ancienne dépréciation à annuler si l'entreprise ne possède pas de stock initial correspondant • Ne cherchez pas de nouvelle dépréciation à créer si l'entreprise n'a pas de stock final correspondant.

Exemple

L'entreprise Relord vous communique les renseignements suivants sur son compte « 370 Stocks de marchandises » au 31 décembre N :

– stock initial : 45 000,00 € ;
– dépréciation sur stock initial : 4 500,00 € ;
– stock final : 65 000,00 € ;
– dépréciation sur stock final : 3 700,00 €.

Passer les écritures nécessaires.

• Écritures

	31/12		
6037	Variation des stocks de marchandises	45 000,00	
370	Stocks de marchandises		45 000,00
	Annulation du stock initial		
	31/12		
397	Dépréciations des stocks de marchandises	4 500,00	
7817	Reprises sur dépréciations des actifs circulants		4 500,00
	Annulation de la provision		
	31/12		
370	Stocks de marchandises	65 000,00	
6037	Variation des stocks de marchandises		65 000,00
	Création du stock final		
	31/12		
6917	Dotations aux dépréciations des actifs circulants	3 700,00	
397	Dépréciations des stocks de marchandises		3 700,00
	Création de la provision		

5 Les dépréciations des éléments d'actif dans les tableaux de synthèse

A – Au bilan

Les comptes « 296 et 297/39/49/59 Dépréciations … » ont un ***solde créditeur*** qui représente le montant des ***dépréciations à la date de clôture de l'exercice***. Ils figurent à l'actif du bilan en soustraction des comptes concernés afin d'obtenir la valeur actuelle (valeur nette).

L'actif du bilan comprend quatre colonnes de sommes :

Exercice « N »			Exercice « N – 1 »
Brut –	**Dépréciations** =	**Net**	
Solde ***débiteur*** des comptes : « 20/21/26/27 et 30/41/50 » à la clôture de l'exercice	Solde ***créditeur*** des comptes : « 296 et 297/39/49 et 59 Dépréciations … » à la clôture de l'exercice	***Valeur actuelle*** calculée par différence entre le montant brut et les dépréciations à déduire	***Valeur actuelle*** correspondant au bilan de l'exercice précédent

B – Au compte de résultat

Dans les charges de l'exercice, ***seule la dotation annuelle*** est prise en compte. Elle est classée selon sa nature :

- dépréciation *normale* → charges d'exploitation ou charges financières ;
- dépréciation *exceptionnelle* → charges exceptionnelles.

Dans les produits de l'exercice, ce sont ***les diminutions de dépréciations*** correspondant aux soldes créditeurs des comptes « 78… Reprises sur dépréciations … » qui sont prises en compte. Les reprises sur dépréciations sont classées selon leur nature en produits d'exploitation, financiers ou exceptionnels.

Chaque partie du compte de résultat comprend deux colonnes de sommes :

Charges		Produits	
Exercice « N »	**Exercice « N – 1 »**	**Exercice « N »**	**Exercice « N – 1 »**
Charges d'exploitation, financières ou exceptionnelles		Produits d'exploitation, financiers ou exceptionnels	
Dotations de l'exercice clôturé	Dotations de l'exercice précédent	Reprises de l'exercice clôturé	Reprises de l'exercice précédent

Les provisions pour risques et charges

Chapitre **26**

1 Les principes

A – Définition

En application du principe de ***prudence***, l'article suivant du Plan comptable général stipule :

> *Article 212-3 du Plan comptable général* :
> « Une provision est un passif dont l'échéance ou le montant n'est pas fixé de façon précise ».

Les provisions sont destinées à couvrir des risques et des charges ***nettement précisés*** quant à leur objet que des événements survenus ou en cours rendent probables.

Elles figurent au ***passif*** du bilan.

Pour être comptabilisées, les provisions doivent remplir trois conditions :

- l'exercice d'une ***obligation*** envers un tiers à la clôture de l'exercice ;
- l'obligation devra provoquer, probablement ou certainement, une ***sortie de ressources*** au bénéfice du tiers, ***sans contrepartie*** équivalente de celui-ci, après la date de clôture ;
- le montant de la provision devra correspondre à la ***meilleure évaluation possible***, à la date de clôture, de la sortie de ressources au bénéfice du tiers.

B – La nature des provisions pour risques et charges

À l'inventaire, l'entreprise constate qu'elle doit faire face à des :

Risques probables

Risques identifiés inhérents à l'activité de l'entreprise : litiges, garanties données aux clients, amendes et pénalités…

Charges probables

Charges importantes, prévisibles, qui ne peuvent être supportées sur un seul exercice. Elles sont donc réparties sur plusieurs exercices (gros entretien…).

2 La classification des provisions

Les provisions pour risques et charges sont inscrites au ***crédit*** d'une subdivision du compte « 15 Provisions » à la clôture de l'exercice.

On distingue :

Les provisions pour risques

1511 Provisions pour litiges
1512 Provisions pour garanties données aux clients
1513 Provisions pour pertes sur marchés à terme
1514 Provisions pour amendes et pénalités
1515 Provisions pour pertes de change
1516 Provisions pour pertes sur contrats
1518 Autres provisions pour risques

Les provisions pour charges

153 Provisions pour pensions et obligations similaires
154 Provisions pour restructurations
155 Provisions pour impôts
156 Provisions pour renouvellement des immobilisations (entreprises concessionnaires)
157 Provisions pour charges à répartir sur plusieurs exercices
158 Autres provisions pour charges

À NOTER • Les dépenses de gros entretien ou de grandes révisions faisant l'objet de programmes pluriannuels peuvent, sur option, être comptabilisées soit en provisions pour gros entretien ou grandes révisions (compte numéro 1572), soit comme un composant distinct de l'immobilisation et amorti sur sa propre durée de vie.

3 La comptabilisation des provisions

Les travaux comptables se déroulent dans un ordre précis et s'échelonnent sur plusieurs exercices :

Inventaire « N »		Inventaire « N + 1 » et « N + ... »	
Constatation de la dette probable	Constitution de la provision	Évolution de la situation	
D'après la meilleure évaluation possible.		Évolution du risque ou de la charge probable	ou Réalisation du risque ou constatation de la charge
		↓	↓
		Réajustement de la provision	**Annulation de la provision**

Les schémas de comptabilisation relatifs à la constitution, aux ajustements et aux annulations de provisions sont identiques à ceux des dépréciations d'actif (autre que les immobilisations).

A – La constitution et la comptabilisation de la provision (exercice « N »)

La provision représente une charge non décaissable enregistrée, selon le caractère du risque ou de la charge probable, au ***débit*** du compte « 68**1**5 Dotations aux provisions d'exploitation » ou « 68**6**5 Dotations aux provisions financières » ou« 68**7**5 Dotations aux provisions exceptionnelles » par le ***crédit*** d'une subdivision du compte « 15 Provisions ».

L'écriture est la suivante :

68.5	Dotations aux provisions ...	X	
15.	Provisions pour risques et charges ...		X
	État des provisions		

À NOTER • Les provisions se calculent sur le montant hors taxes de la charge estimée.

B – Les réajustements de la provision (exercice « N + 1 » et « N + ... »)

1) L'évaluation des réajustements

Il faut analyser, en fin d'exercice, la nouvelle situation et ***ajuster*** l'ancienne provision en conséquence.

Cela consiste à :

– ***calculer*** la nouvelle provision d'après la nouvelle estimation du risque ou de la charge probable ;

– ***comparer*** l'ancienne provision à la nouvelle afin d'évaluer le montant du réajustement :

Ajustement = Nouvelle provision – Ancienne provision

Deux situations sont possibles :

Le risque ou la charge probable a augmenté	**Le risque ou la charge probable a diminué**
Nouvelle provision > Ancienne provision = Augmentation de la provision	Nouvelle provision < Ancienne provision = Diminution de la provision

2) La comptabilisation des réajustements

Lorsque les ajustements traduisent une ***augmentation*** des provisions, leur comptabilisation est identique à celle relative à la constitution des provisions (voir écriture ci-dessus).

Dans le cas d'une ***diminution*** des provisions, le montant du réajustement est porté au ***débit*** d'une subdivision du compte : « 15 Provisions » par le ***crédit*** du compte « 78**1**5 Reprises sur provisions d'exploitation » ou « 78**6**5 Reprises sur provisions financières » ou « 78**7**5 Reprises sur provisions exceptionnelles », selon le caractère de la dotation initiale.

15.	Provisions …	X	
78.5	Reprises sur provisions …		X
	État des provisions		

À NOTER • Les réajustements de provisions ne se compensent jamais entre eux.

C – La réalisation du risque ou la survenance de la charge (exercice « N + 1 » et « N + … »)

1) La constatation de la charge

Le risque s'est ***produit*** ou la charge s'est ***réalisée*** au cours de l'exercice. La charge correspondante est comptabilisée au ***débit*** du compte 6... intéressé par le ***crédit*** d'un compte de tiers ou de trésorerie.

2) L'annulation de la provision (exercice « N + 1 » et « N + ... »)

La provision est devenue ***sans objet*** ; elle doit être portée au ***débit*** d'une subdivision du compte « 15 Provisions » pour solde, par le ***crédit*** du compte de reprise concerné (voir écriture page précédente).

Exemple

Au 31 décembre N, la société Fox prévoit des dépenses de révision des machines-outils pour un montant estimé à 30 000,00 €. L'entreprise décide de constituer une provision de 50 % du montant estimé à la clôture des exercices « N » et « N + 1 ».

Les révisions ont été effectuées le 15 avril N + 2 pour un montant de 36 000,00 €.

Comptabiliser les opérations nécessaires du 31 décembre N au 31 décembre N + 2.

• Constitution de la provision au 31 décembre N et au 31 décembre N + 1

	31/12/N		
6815	Dotations aux provisions d'exploitation	15 000,00	
157	Provisions pour charges à répartir sur plusieurs exercices		15 000,00
	Révisions : *30 000 x 50 % = 15 000 €*		

• Constatation de la charge en avril N + 2

	15/04/N + 2		
615	Entretien et réparations	36 000,00	
44566	TVA sur autres biens et services	7 056,00	
401	Fournisseurs		43 056,00
	FA n° …		

• Annulation de la provision au 31 décembre N + 2

	31/12/N + 2		
157	Provisions pour charges à répartir sur plusieurs exercices	30 000,00	
7815	Reprises sur provisions d'exploitation		30 000,00
	Annulation provision révision machines-outils		

4 Les provisions dans les tableaux de synthèse

A – Au bilan

Les provisions pour risques et charges, dont le montant correspond au ***solde créditeur*** des subdivisions du compte « 15 Provisions », sont portées au passif du bilan sous la rubrique Provisions.

Les postes permettent de distinguer :

- les provisions pour risques ;
- les provisions pour charges.

Le passif du bilan comprend deux colonnes de sommes :

Exercice « N »	Exercice « N – 1 »
Solde créditeur des subdivisions du compte « 15 Provisions » à la clôture de l'exercice.	Solde créditeur des subdivisions du compte « 15 Provisions » à la clôture de l'exercice précédent.

B – Au compte de résultat

Dans les charges de l'exercice, ***seule la dotation annuelle*** est prise en compte. Les ***soldes débiteurs*** des comptes « 68.5 Dotations aux provisions … » sont ventilés selon le caractère de la provision en :

- Charges d'exploitation ;
- Charges financières ;
- Charges exceptionnelles.

Dans les produits de l'exercice, ce sont ***les diminutions de provisions*** correspondant aux ***soldes créditeurs*** des comptes « 78.5 Reprises sur provisions … » qui sont prises en compte. Les reprises sur provisions sont classées selon leur nature en :

- Produits d'exploitation ;
- Produits financiers ;
- Produits exceptionnels.

Chaque partie du compte de résultat comprend deux colonnes de sommes :

Charges		Produits	
Exercice « N »	Exercice « N – 1 »	Exercice « N »	Exercice « N – 1 »
Charges d'exploitation, financières ou exceptionnelles		Produits d'exploitation, financiers ou exceptionnels	
Dotations de l'exercice clôturé	Dotations de l'exercice précédent	Reprises de l'exercice clôturé	Reprises de l'exercice précédent

Les provisions réglementées

Chapitre **27**

1 Définition

L'article suivant du Plan comptable général définit les provisions réglementées :

> *Article 441-14 du Plan comptable général* :
> « Ce sont des provisions ne correspondant pas à l'objet normal d'une provision et comptabilisées en application de dispositions légales ».

Les provisions réglementées sont régies par le Code général des impôts. Elles sont destinées à faire bénéficier l'entreprise d'***avantages fiscaux***.

Les provisions réglementées constituent des ***réserves provisoires*** non libérées d'impôt inscrites au bilan dans les capitaux propres. Leur création est, en général, facultative.

Sont étudiés dans ce chapitre :

– les amortissements dérogatoires, assimilés à des provisions réglementées ;

– les provisions réglementées pour hausse des prix relatives aux stocks.

2 Les amortissements dérogatoires

A – Les principes

Les amortissements dérogatoires ne correspondent pas à l'objet normal d'un amortissement comptable (économiquement justifié). Leur but est de faire bénéficier temporairement l'entreprise d'une réduction d'impôt en ***augmentant*** l'amortissement fiscalement déductible.

Les amortissements dérogatoires représentent le surplus d'amortissements comptabilisé en application d'un texte fiscal.

Ils constituent pour l'entreprise un ***accroissement de ses capitaux propres*** et n'affectent donc pas la valeur nette comptable des biens.

B – Le champ d'application

Depuis 2005, le champ d'application des amortissements dérogatoires s'est élargi. On distingue :

Les amortissements dérogatoires issus de l'application des nouvelles règles comptables

Amortissements ***complémentaires*** aux amortissements comptables calculés d'après les nouvelles règles et inférieurs à ceux fiscalement déductibles.
Ils résultent des ***différences*** entre les règles comptables et les règles fiscales relatives à la durée, au mode d'amortissement ou à la base amortissable (voir chapitre 22).

Les amortissements exceptionnels fiscaux

Amortissements ayant pour but de ***favoriser*** certains investissements (logiciels, matériels destinés à économiser l'énergie, investissements en faveur de l'environnement, équipements de recherche contre certaines maladies).
L'amortissement s'effectue le plus souvent en ***12 mois***. L'objectif est de procurer une économie d'impôt aux entreprises en augmentant l'annuité fiscalement déductible.

À NOTER • Il ne faut pas confondre les amortissements exceptionnels comptables correspondant à une dépréciation, à condition que l'entreprise cesse d'utiliser le bien, avec les amortissements exceptionnels fiscaux constituant les amortissements dérogatoires • La mesure de simplification réservée aux PME et relative aux immobilisations non décomposables limite l'utilisation des amortissements dérogatoires • Pour les sociétés soumises à l'impôt sur les sociétés et qui ont opté pour l'inscription à l'actif des frais d'acquisition des titres de participation, l'amortissement de ces frais sur cinq ans s'effectue par la constatation d'un amortissement dérogatoire.

C – Les modalités de calcul

L'amortissement dérogatoire est le ***résultat de la différence*** entre l'amortissement fiscal, calculé d'après la règle en vigueur, et l'amortissement comptable (économiquement justifié).

Les calculs de l'amortissement dérogatoire font l'objet d'un plan d'amortissement comportant les informations suivantes :

Année	Annuité d'amortissement fiscal	Annuité d'amortissement comptable	Amortissement dérogatoire	
			+ Dotations	– Reprises
N				
N + …				

Les calculs s'ordonnent de la manière suivante et s'échelonnent sur la durée de vie du bien :

À l'inventaire de l'exercice « N »

↓

① Calcul de l'***annuité*** de l'amortissement ***fiscal.***

② Calcul de l'***annuité*** de l'amortissement ***comptable.***

③ Comparaison des deux annuités :

pour le premier exercice, l'amortissement fiscal est toujours ***supérieur*** à l'amortissement comptable.

④ Calcul de l'amortissement ***dérogatoire*** :

Amortissement fiscal
–
Amortissement comptable
=
Amortissement dérogatoire (+)

⑤ Constitution de la ***provision réglementée*** égale au montant de l'amortissement dérogatoire.

À l'inventaire des exercices suivants « N + 1 » et « N + ... »

↓

① Calcul de l'***annuité*** de l'amortissement ***fiscal***.

② Calcul de l'***annuité*** de l'amortissement ***comptable***.

③ Comparaison des deux annuités ; deux cas peuvent se présenter :

Amortissement fiscal > Amortissement comptable ⇓ ***Augmentation*** de l'amortissement dérogatoire pour la différence	Amortissement fiscal < Amortissement comptable ⇓ ***Diminution*** de l'amortissement dérogatoire pour la différence

④ Calcul de l'augmentation ou de la diminution de l'amortissement dérogatoire.

⑤ Réajustement de la ***provision réglementée*** égale à l'augmentation ou à la diminution de l'amortissement dérogatoire.

La provision réglementée est ***temporaire*** ; elle devient ***nulle*** en fin de période d'amortissement.

On constate la relation suivante :

Total des amortissements fiscaux	=	Total des amortissements comptables	=	**Valeur d'origine**

À NOTER • En principe, l'amortissement dérogatoire s'annule progressivement sur la durée de vie restant à courir, sauf en cas de cession du bien.

Exemple

L'entreprise a mis en service un matériel industriel, destiné à économiser l'énergie, le 15 juillet N pour 20 000,00 € hors taxes. La durée d'utilisation est de cinq ans. L'entreprise considère que la traduction du rythme d'utilisation correspond au mode linéaire ; toutefois, ce matériel bénéficie d'un amortissement exceptionnel sur 12 mois à compter de sa mise en service.

Présenter le plan d'amortissement.

• Plan d'amortissement

Année	Annuité d'amortissement fiscal	Annuité d'amortissement linéaire	Amortissement dérogatoire	
			+ Dotations	– Reprises
N	20 000 x 5,5/12 = 9 166,67	20 000 x 0,2 x 5,5/12 = 1 833,33	7 333,34	
N + 1	20 000 x 6,5/12 = 10 833,33	20 000 x 0,2 = 4 000,00	6 833,33	
N + 2		20 000 x 0,2 = 4 000,00		4 000,00
N + 3		20 000 x 0,2 = 4 000,00		4 000,00
N + 4		20 000 x 0,2 = 4 000,00		4 000,00
N + 5		(20 000 – 17 833,33) = 2 166,67		2 166,67
	= 20 000,00	= 20 000,00	14 166,67	14 166,67

D – La comptabilisation

Les travaux comptables se déroulent dans un ordre précis et s'échelonnent sur plusieurs exercices.

Inventaire « N »		Inventaire « N + 1 » et « N + … »	
Constatation de l'annuité d'amortissement comptable	Constatation de l'amortissement dérogatoire	Constatation de l'annuité d'amortissement comptable	Augmentation ou réintégration de l'amortissement dérogatoire

L'amortissement fiscal est comptabilisé en ***deux parties*** :

- → l'amortissement comptable ;
- → l'amortissement dérogatoire.

1) L'annuité comptable (exercice « N » et « N + … »)

La partie de l'amortissement annuel correspondant au rythme d'utilisation est enregistrée au ***débit*** du compte « 6811 Dotations aux amortissements sur immobilisations incorporelles et corporelles » par le ***crédit*** d'une subdivision du compte « 28 Amortissements des immobilisations » concernée (voir écriture page 249).

2) La constatation ou l'augmentation de l'amortissement dérogatoire (exercice « N » et « N + … »)

Lorsque l'annuité fiscale est ***supérieure*** à l'annuité comptable, l'amortissement dérogatoire est porté au ***crédit*** du compte « 145 Amortissements dérogatoires » par le ***débit*** du compte de charge exceptionnelle « 6872 Dotations aux provisions réglementées (immobilisations) ».

6872	Dotations aux provisions réglementées (immobilisations)	X	
145	Amortissements dérogatoires		X
	Annuité dérogatoire		

3) La réintégration dans le résultat de l'amortissement dérogatoire

Lorsque l'annuité fiscale est ***inférieure*** à l'annuité comptable, la dimininution de l'amortissement dérogatoire est enregistrée au ***débit*** du compte « 145 Amortissements dérogatoires » par le ***crédit*** du compte de produits exceptionnels « 7872 Reprises sur provisions réglementées (immobilisations) ».

145	Amortissements dérogatoires	X	
7872	Reprises sur provisions réglementées (immobilisations)		X
	Annuité dérogatoire		

Exemple

Reprendre les éléments de l'exercice précédent : plan d'amortissement du matériel industriel (page 304).

Comptabiliser les opérations nécessaires au 31 décembre N + 1 et au 31 décembre N + 2.

• Écritures en « N + 1 »

Débit	Crédit	Libellé	Débit	Crédit
		31/12/N + 1		
6811		Dotations aux amortissements sur immobilisations incorporelles et corporelles	4 000,00	
	2815	Amortissements du matériel et outillage industriels		4 000,00
		Annuité économiquement justifiée		
		31/12/N + 1		
6872		Dotations aux provisions réglementées (immobilisations)	6 833,33	
	145	Amortissements dérogatoires		6 833,33
		Annuité dérogatoire		

• Écritures en « N + 2 »

Débit	Crédit	Libellé	Débit	Crédit
		31/12/N + 2		
6811		Dotations aux amortissements sur immobilisations incorporelles et corporelles	4 000,00	
	2815	Amortissements du matériel et outillage industriels		4 000,00
		Annuité économiquement justifiée		
		31/12/N + 2		
145		Amortissements dérogatoires	4 000,00	
	7872	Reprises sur provisions réglementées		4 000,00
		Annuité dérogatoire		

3 La provision pour hausse des prix

A – Les principes

La provision pour hausse des prix a pour objet d'aider l'entreprise à ***financer ses stocks*** en période de ***hausse des prix*** à l'achat. Elle permet de compenser la ***surestimation*** du bénéfice occasionné par l'augmentation de la valeur des stocks. Elle vient augmenter, comme les amortissements dérogatoires, les capitaux propres de l'entreprise. Toutefois, la hausse des prix n'est prise en compte que si elle est supérieure à ***10 %*** soit en deux ans, soit en un an.

La provision correspond à la fraction de la hausse des prix supérieure à 10 %.

B – Les modalités de calcul

La provision se calcule séparément pour ***chaque élément*** du stock existant à la fin de l'exercice.

Deux cas peuvent se présenter :

Augmentation régulière des prix unitaires (Pu) sur deux exercices successifs

↓

$$Pu_{N-2} < Pu_{N-1} < Pu_N$$

La provision est égale à :

Dotation N = [Pu_N – (1,10 Pu_{N-2})] x Quantité en stock à l'époque N – Dotation N – 1

Si le résultat de ce calcul est négatif la provision est nulle.

Augmentation uniquement sur un exercice

↓

$$Pu_{N-2} > Pu_{N-1} \text{ mais } Pu_{N-1} < Pu_N$$

La provision est égale à :

Dotation N = [Pu_N – (1,10 Pu_{N-1})] x Quantité en stock à l'époque N

Il n'y a pas lieu de retrancher la dotation « N – 1 ».

À NOTER • La valeur d'inventaire s'entend dépréciation déduite • Le montant de la dotation est plafonné à 15 millions d'euros par période de douze mois.

C – La comptabilisation

La provision est égale à la somme des provisions calculées élément par élément.

Cette provision doit être ***annulée à la clôture du sixième exercice*** suivant celui de sa dotation.

1) La constitution de la provision (exercice « N »)

La dotation est enregistrée au ***débit*** du compte « 6873 Dotations sur provisions réglementées (stocks)» par le ***crédit*** du compte « 1431 Hausse des prix ».

6873	Dotations aux provisions réglementées (stocks)	X	
1431	Hausse des prix		X
	Provision		

2) L'annulation de la provision (exercice « N + 6 »)

La reprise est portée au ***débit*** du compte « 1431 Hausse des prix » par le ***crédit*** du compte « 7873 Reprises sur provisions réglementées (stocks) ».

1431	Hausse des prix	X	
7873	Reprises sur provisions réglementées (stocks)		X
	Annulation provision		

Exemple

La société Sabina vous fournit les renseignements relatifs à la variation des prix de ses matières premières au cours des trois derniers exercices :

À la clôture de l'exercice	Valeur d'inventaire unitaire	
	Matière première « *A* »	**Matière première « *B* »**
« N – 2 »	100	100
« N – 1 »	109	96
« N »	120	118

Les quantités détenues au 31 décembre N sont les suivantes :

– matière première « ***A*** » : 1 000 ;

– matière première « ***B*** » : 1 500.

La dotation aux provisions pour hausse des prix au 31 décembre N – 1 pour la matière première « A » était de 3 500 €.

Comptabiliser les opérations nécessaires au 31 décembre *N et au 31* décembre *N + 6.*

- Calcul des provisions pour hausse des prix
  - Matière « ***A*** » : l'augmentation des prix est régulière sur deux exercices. La dotation « N » s'élève à :

$$(120 - 1{,}10 \times 100)\ 1\ 000 - 3\ 500 = 6\ 500\ €$$

  - Matière « ***B*** » : l'augmentation ne porte que sur un exercice. La dotation « N » s'élève à :

$$(118 - 1{,}10 \times 96)\ 1\ 500 = 18\ 600\ €$$

• Écriture au 31 décembre N

	31/12/N		
6873	Dotations aux provisions réglementées (stocks)	25 100,00	
1431	Hausse des prix		25 100,00
	Provisions matières « A » et « B » (6 500,00 + 18 600,00)		

• Écriture au 31 décembre N + 6

	31/12/N + 6		
1431	Hausse des prix	25 100,00	
7873	Reprises sur provisions réglementées (stocks)		25 100,00
	Annulation des provisions matières « A » et « B »		

4 Les provisions réglementées dans les tableaux de synthèse

A – Au bilan

Les provisions réglementées, dont le montant correspond au ***solde créditeur*** des comptes « 14 Provisions réglementées », font partie des ***capitaux propres*** au passif du bilan.

Elles figurent sur une ligne distincte.

Le passif du bilan comprend deux colonnes de sommes :

Exercice « N »	**Exercice « N – 1 »**
↓	↓
Solde créditeur des comptes « 14 Provisions réglementées » à la clôture de l'exercice	Solde créditeur des comptes « 14 Provisions réglementées » à la clôture de l'exercice précédent

À NOTER • Qu'un bien fasse l'objet ou non d'un amortissement dérogatoire, c'est toujours sa valeur nette comptable qui figure à l'actif du bilan • La valeur nette des stocks qui figure à l'actif du bilan n'est pas affectée par la provision réglementée pour hausse des prix.

B – Au compte de résultat

Dans les charges de l'exercice, ***seule la dotation annuelle*** est prise en compte. Les ***soldes débiteurs*** des comptes « 6872 Dotations aux provisions réglementées (immobilisations) » et « 6873 Dotations aux provisions réglementées (stocks) » sont portés en charges exceptionnelles.

Dans les produits de l'exercice, ce sont ***les diminutions de provisions*** correspondant aux ***soldes créditeurs*** des comptes « 7872 Reprises sur provisions réglementées (immobilisations) » et « 7873 Reprises sur provisions réglementées (stocks) » qui sont portées en produits exceptionnels.

Chaque partie du compte de résultat comprend deux colonnes de sommes :

Charges		Produits	
Exercice « N »	**Exercice « N – 1 »**	**Exercice « N »**	**Exercice « N – 1 »**
↓	↓	↓	↓
Charges exceptionnelles		Produits exceptionnels	
Dotations de l'exercice clôturé	Dotations de l'exercice précédent	Reprises de l'exercice clôturé	Reprises de l'exercice précédent

Les cessions des immobilisations et des valeurs mobilières de placement

Chapitre 28

1 Les principes

La comptabilisation des cessions des immobilisations et des valeurs mobilières de placement se déroule en ***deux étapes*** enregistrées à des dates différentes :

① **La cession** ⇒ ***en cours d'exercice***, à la date de cession, constatation de l'***enrichissement*** correspondant au prix de cession.

② **La sortie du patrimoine** ⇒ ***à la clôture de l'exercice***, constatation de l'***appauvrissement*** correspondant à la valeur comptable.

Les cessions des immobilisations et des valeurs mobilières de placement dégagent des ***plus ou moins-values***, qui affectent le résultat de l'exercice, par comparaison entre le prix de cession et le coût d'acquisition.

Au regard de la TVA, les règles sont les suivantes :

- ***les cessions de biens meubles d'occasion*** sont soumises à la TVA, sauf lorsque les biens ont été exclus du droit à déduction lors de leur acquisition (véhicules de tourisme…) ;
- ***les cessions d'immeubles*** réalisées à titre onéreux par un assujetti dans le cadre d'une activité économique sont entrées dans le champ d'application de la TVA depuis le 11 mars 2010. En conséquence, les cessions de terrains à bâtir, toutes celles d'immeubles neufs (achevés depuis moins de 5 ans) et les livraisons à soi-même d'immeubles neufs invendus dans les deux ans sont imposées de plein droit à la TVA.
  Par contre, les cessions de terrains non constructibles et les cessions d'immeubles achevés depuis plus de 5 ans sont en principe exonérées mais imposables sur option ;
- ***les cessions de titres*** sont exonérées de TVA.

2 Les cessions d'immobilisations

Au cours de sa vie, une entreprise peut ***céder*** des immobilisations soit pour les remplacer par d'autres plus performantes, soit dans le cadre d'une restructuration.

Les opérations de cession sont considérées comme des opérations ***exceptionnelles*** :

Prix de cession ⇒ Produit exceptionnel.
Perte de patrimoine ⇒ Charge exceptionnelle.

A – La comptabilisation de la cession

La cession entraîne la constatation :

- d'une créance portée au ***débit*** du compte « 462 Créances sur cessions d'immobilisations » ou d'une entrée de trésorerie enregistrée au ***débit*** d'un compte de trésorerie, pour le prix de cession toutes taxes comprises s'il y a lieu ;
- d'un ***produit exceptionnel*** comptabilisé au ***crédit*** du compte « 775 Produits des cessions d'éléments d'actif » pour le montant hors taxes ;
- d'une ***dette vis-à-vis du Trésor public*** correspondant au montant de la TVA, inscrite au ***crédit*** du compte « 44571 TVA collectée », pour les cessions soumises à la TVA.

462	Créances sur cessions d'immobilisations*	X	
775	Produits des cessions d'éléments d'actif		X
44571	TVA collectée		X
	FA n°		

* Ou, si l'opération est au comptant, un compte de trésorerie.

B – La comptabilisation de la sortie du patrimoine

L'immobilisation doit ***sortir du patrimoine*** puisqu'elle n'appartient plus à l'entreprise. En général, on distinge plusieurs opérations afin de ***régulariser l'ensemble des comptes*** relatifs à cette immobilisation.

Les opérations de régularisation sont plus ou moins complexes selon qu'il s'agit d'une immobilisation amortissable ou non, qui s'est dépréciée ou pas, subventionnée ou bénéficiant de l'amortissement dérogatoire.

À NOTER • Si l'écriture de cession a été omise, elle doit être comptabilisée à la date d'inventaire.

1) Les immobilisations non amortissables

Il s'agit d'immobilisations :

- incorporelles (fonds commercial…) ;
- corporelles (terrains…) ;
- financières (titres immobilisés, titres de participation).

Elles peuvent faire l'objet de ***dépréciations***.

Leur sortie du patrimoine engendre deux opérations :

– l'annulation de l'immobilisation pour sa valeur d'entrée dans le patrimoine ;

– l'annulation de la dépréciation constituée sur un exercice antérieur, lorsqu'elle existe.

Annulation de l'immobilisation

↓

La perte de patrimoine, égale à la valeur d'origine du bien, est enregistrée au ***débit*** du compte « 675 Valeur comptable des éléments d'actif cédés » ; le compte d'immobilisation intéressé est ***crédité*** pour solde.

675	Valeur comptable des éléments d'actif cédés	X	
2…	Comptes d'immobilisations …		X
	Annulation de l'immobilisation		

Annulation de la dépréciation

↓

La dépréciation, devenue sans objet, doit être rapportée au résultat. La subdivision du compte « 29 Dépréciations des immobilisations » concernée est ***débitée*** pour solde, par le ***crédit*** du compte « 7816 Reprises sur dépréciations des immobilisations incorporelles et corporelles » ou« 7866 Reprises sur dépréciations des éléments financiers ».

29..	Dépréciations des immobilisations …	X	
7816	Reprises sur dépréciations des immobilisations incorporelles et corporelles		X
7866	Reprises sur dépréciations des éléments financiers		X
	Annulation de la dépréciation		

Exemple

L'entreprise Certy a cédé, le 18 mai N, 100 titres immobilisés « Y » ; prix de cession : 22 500,00 € ; dépréciation constituée : 1 800,00 € ; valeur d'acquisition : 20 000,00 €.

Passer l'écriture de cession et les écritures nécessaires à l'inventaire au 31 décembre N.

• Écriture de cession

	18/5/N		
462	Créances sur cessions d'immobilisations	22 500,00	
775	Produits des cessions d'éléments d'actif		22 500,00
	Cession de 100 titres « Y »		

• Écritures d'inventaire

	31/12//N		
675	Valeurs comptables des éléments d'actif cédés	20 000,00	
271	Titres immobilisés		20 000,00
	Sortie des titres « Y »		
	31/12/N		
2971	Dépréciations des titres immobilisés	1 800,00	
7866	Reprises sur dépréciations des éléments financiers		1 800,00
	Annulation provision titres « Y »		

L'entreprise a réalisé une plus-value :

Prix de cession	–	Perte de patrimoine	⇒	Plus-value
Compte « 775 »	–	Compte « 675 »		
22 500,00	–	20 000,00	=	2 500,00 €

2) Les immobilisations amortissables totalement amorties

Lorsque l'immobilisation est ***totalement amortie***, la valeur nette comptable est ***nulle*** ; en effet :

Total des amortissements pratiqués = Valeur d'origine du bien

Dans ce cas, ***aucune perte*** de patrimoine n'est constatée puisque la valeur économique du bien est nulle. Il suffit de solder le compte d'immobilisation par son ***crédit*** et le compte d'amortissement correspondant par son ***débit***.

28…	Amortissements des immobilisations*	X	
2…	Comptes d'immobilisations … concernés*		X
	Annulation de l'immobilisation		

* À subdiviser selon les besoins de l'entreprise.

Exemple

L'entreprise Leby a cédé, le 14 mai N, une machine-outil totalement amortie, pour 10 000,00 € hors taxes (TVA 19,60 %), dont la valeur d'acquisition était de 40 000,00 €.

Passer l'écriture de cession et les écritures nécessaires à l'inventaire au 31 décembre N.

• Écriture de cession

	14/5//N		
462	Créances sur cessions d'immobilisations	11 960,00	
775	Produits des cessions d'éléments d'actif		10 000,00
44571	TVA collectée		1 960,00
	FA n° …		

• Écriture d'inventaire

	31/12//N		
2815	Amortissements des installations techniques, matériel et outillage industriels	40 000,00	
215	Installations techniques, matériel et outillage industriels		40 000,00
	Régularisation de la machine-outil		

3) Les immobilisations amortissables partiellement amorties et non dépréciées

Lorsque l'immobilisation est partiellement amortie à la date de cesssion, sa ***valeur nette comptable n'est pas nulle***; elle correspond à la ***perte*** de patrimoine que l'entreprise subit à la suite de la cession.

La valeur nette comptable est déterminée par le calcul :

> Coût d'acquisition de l'immobilisation – Amortissements cumulés jusqu'à la date de cession

Les travaux d'inventaire comportent ***deux opérations*** :

- la ***constatation*** d'une ***annuité*** d'amortissement ***complémentaire*** calculée du premier jour de l'exercice à la date de cession ;
- l'***annulation*** de l'immobilisation, des amortissements pratiqués jusqu'à la date de cession et la ***constatation de la perte*** de patrimoine.

La traduction comptable de ces deux opérations est la suivante :

Annuité d'amortissement complémentaire

↓

L'annuité d'amortissement complémentaire est enregistrée au ***débit*** du compte « 6811 Dotations aux amortissements sur immobilisations incorporelles et corporelles » par le ***crédit*** d'une subdivision du compte « 28 Amortissements des immobilisations ».

6811	Dotations aux amortissements sur immobilisations incorporelles et corporelles	X	
28…	Amortissements des immobilisations		X
	Dotation complémentaire		

Annulation des amortissements et sortie du patrimoine

↓

La perte de patrimoine, égale à la valeur nette comptable du bien, est enregistrée au ***débit*** du compte « 675 Valeurs comptables des éléments d'actif cédés », la subdivision du compte « 28 Amortissements des immobilisations » est ***débitée*** pour solde du montant des amortissements pratiqués et le compte « 2... Immobilisations » est ***crédité*** en contrepartie pour la valeur d'origine du bien.

675	Valeurs comptables des éléments d'actif cédés	X	
28...	Amortissements des immobilisations	X	
2...	Immobilisations		X
	Régularisation de l'immobilisation		

Exemple

L'entreprise Eurexa a cédé pour 25 000,00 € un matériel industriel acquis 80 000,00 €.

Date de cession : 15 avril N ; date d'acquisition : 1er octobre N – 4 ; mode linéaire sur 8 ans.

Enregistrer les écritures d'inventaire au 31décembre N.

- Calculs
  - dotation complémentaire « N » :

$$80\ 000{,}00 \times 0{,}125 \times 3{,}5/12 = 2\ 916{,}66\ €$$

  - amortissements cumulés :

D	28154 C		
	2 500,00	N – 4	(du 1/10/N – 4 au 31/12/N – 4)
	10 000,00	N – 3	
	10 000,00	N – 2	
	10 000,00	N – 1	
	2 916,66	N	(du 1/01/N au 15/4/N)
	35 416,66		

  - valeur nette comptable :

$$80\ 000{,}00 - 35\ 416{,}66 = 44\ 583{,}34\ €.$$

- Écritures

	31/12/N		
6811	Dotations aux amortissements sur immobilisations incorporelles et corporelles	2 916,66	
28154	Amortissements du matériel industriel		2 916,66
	Annuité complémentaire		

	31/12/N		
675	Valeurs comptables des éléments d'actif cédés	44 583,34	
28154	Amortissements du matériel industriel	35 416,66	
2154	Matériel industriel		80 000,00
	Annulation de l'immobilisation		

4) Les immobilisations amortissables partiellement amorties et dépréciées

Rappelons que la constatation d'une dépréciation entraîne la ***modification*** du plan d'amortissement :

- la base amortissable d'origine est ***réduite*** du montant de la dépréciation (Valeur d'origine – Dépréciation) ;
- les amortissements constatés à partir de cette nouvelle base amortissable sont ***inférieurs*** à ceux qui auraient été pratiqués si le bien n'avait pas été déprécié ;
- la valeur nette comptable portée au bilan est égale à :

Valeur d'origine – Amortissements cumulés – Dépréciation

Lorsqu'une immobilisation partiellement amortie et ayant fait l'objet d'une dépréciation est cédée, les travaux d'inventaire comportent trois opérations :

- la constatation d'une annuité complémentaire ;
- l'annulation de la dépréciation ;
- l'annulation de l'immobilisation, des amortissements pratiqués jusqu'à la date de cession et la ***constatation de la perte*** de patrimoine.

La traduction comptable de ces trois opérations est la suivante :

Annuité d'amortissement complémentaire

↓

L'annuité d'amortissement complémentaire est enregistrée au ***débit*** du compte « 6811 Dotations aux amortissements sur immobilisations incorporelles et corporelles » par le ***crédit*** d'une subdivision du compte « 28 Amortissements des immobilisations ».

6811	Dotations aux amortissements sur immobilisations incorporelles et corporelles	X	
28…	Amortissements des immobilisations		X
	Dotation complémentaire		

Annulation de la dépréciation

L'annulation de la dépréciation est enregistrée au ***débit*** d'une subdivision du compte « 290 Dépréciations des immobilisations incorporelles » ou « 291 Dépréciations des immobilisations corporelles » par le ***crédit*** du compte « 7816 Reprises sur dépréciations des immobilisations incorporelles et corporelles ».

290	Dépréciations des immobilisations incorporelles	X	
ou			
291	Dépréciations des immobilisations corporelles	X	
7816	Reprises sur dépréciations des immobilisations incorporelles et corporelles		X
	Annulation de la dépréciation …		

Annulation des amortissements et sortie du patrimoine

Par rapport aux cessions des immobilisations amortissables non dépréciées (voir page 315), la traduction comptable de cette opération fait apparaître une ***difficulté*** au niveau de la ***sortie du patrimoine***.
En effet, le montant porté au ***débit*** du compte « 675 Valeur comptable des éléments d'actif cédés » ne peut pas être égal à la valeur nette comptable portée au bilan puisque cette dernière prend en compte la dépréciation qui doit être annulée, d'après le Plan comptable général (art. 442-29), par le ***crédit*** du compte « 7816 Reprises sur dépréciations des immobilisations incorporelles et corporelles ».
D'autre part, toujours d'après le Plan comptable général (art. 446-67), le compte « 675 Valeurs comptables des éléments d'actif cédés » est ***débité*** du montant de la valeur brute, le cas échéant diminué des amortissements, des éléments d'actif cédés.
En conséquence, le montant porté au ***débit*** du compte « 675 Valeurs comptables des éléments d'actif cédés » correspond à la valeur nette comptable du bien, à la date de clôture de l'exercice de cession, ***majoré*** du montant de la dépréciation ou bien, à la valeur d'origine ***minorée*** des amortissements cumulés.
Les montants portés aux comptes « 28 Amortissements des immobilisations » et « 2… Immobilisations » sont identiques à ceux correspondant aux immobilisations non dépréciées. D'où l'écriture :

675	Valeurs comptables des éléments d'actif cédés	X	
28…	Amortissements des immobilisations	X	
2…	Immobilisations		X
	Régularisation de l'immobilisation		

Exemple

La situation des comptes, après inventaire, relatifs à un matériel industriel cédé au cours de l'exercice « N » se présente ainsi :

Comptes		Solde débiteur	Solde créditeur
2154	Matériel industriel	12 000	
28154	Amortissements du matériel industriel		7 700
291154	Dépréciation du matériel industriel		1 300

Calculer la valeur nette comptable et effectuer la régularisation des comptes nécessaire.

- Valeur nette comptable

VNC	=	Valeur d'origine	–	Amortissements cumulés	–	Dépréciations
3 000 €	=	12 000	–	7 700	–	1 300

- Régularisation des comptes

	31/12/N		
291154 7816	Dépréciations du matériel industriel Reprises sur dépréciations des immobilisations incorporelles et corporelles *Annulation de la dépréciation*	1 300,00	 1 300,00

Le montant du compte « 675 Valeurs comptables des éléments d'actif cédés » est égal :

VNC + Dépréciations : 3 000 + 1 300 = 4 300

ou

Valeur d'origine – Amortissements cumulés : 12 000 – 7 700 = 4 300

	31/12/N		
675 28154 2154	Valeurs comptables des éléments d'actif cédés Amortissements du matériel industriel Matériel industriel *Régularisation de l'immobilisation*	4 300,00 7 700,00	 12 000,00

À NOTER • Lorsqu'il y a échange d'immobilisations, l'opération s'analyse en deux étapes distinctes : acquisition de la nouvelle immobilisation et cession de l'ancienne immobilisation • Si l'immobilisation sort du patrimoine en raison d'une mise au rebut, de vol… le reliquat d'amortissement est porté dans un compte de dotations à caractère exceptionnel puis les comptes d'immobilisations et d'amortissements sont soldés l'un par l'autre • Le traitement comptable de la cession d'un bien décomposé est identique à celui d'un bien non décomposé.

5) Le cas particulier de certains actifs immobiliers[1]

Fiscalement, pour ***les cessions d'actifs immobiliers exonérées de TVA*** (cession d'immeubles achvés depuis plus de cinq ans) la TVA initialement déduite doit faire l'objet d'une ***régularisation globale*** en considérant que le bien sera utilisé pour chacune des années restantes de la période de régularisation (20 ans pour les immeubles acquis depuis le 1er janvier 1996) à une activité exonérée n'ouvrant pas droit à déduction. La TVA à reverser vient ***majorer*** la valeur nette du bien portée au ***débit*** du compte « 675 Valeurs comptables des éléments d'actif cédés » et est inscrite au ***crédit*** du compte« 44551 TVA à décaisser ».

Exemple

Un immeuble acquis le 31 mars N – 6 pour un montant de 500 000 € hors taxes (TVA 98 000 €, coefficient de déduction : 1) est cédé le 1er septembre N.

Calculer le montant de la TVA à reverser.

- Calculs
  - nombre d'années restantes de « N + 1 à N + 13 » : 13 ans ;
  - coefficient de déduction : 0 ;
  - montant de la TVA à reverser : (0 – 1) x 13 x 98 000 / 20 = 63 700 €.

6) Les immobilisations subventionnées

Le ***solde*** comptable de la subvention (différence entre le solde créditeur du compte « 131 Subventions d'équipement » et le solde débiteur du compte « 139 Subventions d'investissement inscrites au compte de résultat ») doit être ***rapporté au résultat*** de l'exercice au cours duquel intervient la cession par le ***crédit*** du compte « 777 Quote-part des subventions d'investissement virée au résultat de l'exercice » ; puis il reste à ***solder*** les comptes de subvention « 131 Subventions d'équipement » et « 139 Subventions d'investissement inscrites au compte de résultat » l'un par l'autre (les écritures ont déjà été étudiées au chapitre 23, page 262).

7) Les immobilisations ayant fait l'objet d'amortissements dérogatoires

Les amortissements dérogatoires doivent être soldés et ***rapportés au résultat***.

Deux situations peuvent se présenter à la clôture de l'exercice(les écritures ont déjà été étudiées au chapitre 27, page 305) :

(1) Pour un développement complet, voir chez le même éditeur, dans la même collection : *Fiscalité française*, édition 2010, par B. et F. Grandguillot (réédition actualisée chaque année en janvier).

L'annuité fiscale est supérieure à l'annuité pour dépréciation

↓

① ***Comptabiliser*** l'annuité ***complémentaire*** courant du premier jour de l'exercice à la date de cession.

② ***Solder*** le compte « 145 Amortissements dérogatoires » par le ***crédit*** du compte «7872 Reprises sur provisions réglementées (immobilisations) ».

L'annuité fiscale est inférieure à l'annuité pour dépréciation

↓

Une seule écriture est nécessaire afin de solder le compte « 145 Amortissements dérogatoires » par le crédit du compte « 7872 Reprises sur provisions réglementées (immobilisations) ».

8) Résumé

Le tableau présenté page suivante récapitule les travaux comptables relatifs aux cessions d'immobilisations.

Voir tableau page suivante.

Travaux comptables	Immobilisations non amortissables	Immobilisations totalement amorties	Immobilisations partiellement amorties
Cession	• Enregistrer – la créance ou l'entrée de trésorerie ; – le produit de la vente HT ; – la TVA collectée, s'il y a lieu.	• Enregistrer – la créance ou l'entrée de trésorerie ; – le produit de la vente HT ; – la TVA collectée, s'il y a lieu.	• Enregistrer – la créance ou l'entrée de trésorerie ; – le produit de la vente HT ; – la TVA collectée, s'il y a lieu.
Montant des amortissements pratiqués	Inexistant.	Total des amortissements = Valeur d'origine	Total des amortissements = Amortissements cumulés de la date d'achat ou de la date de mise en service à la date de cession
Détermination de la valeur nette comptable (VNC)	Valeur nette comptable = Valeur d'entrée dans le patrimoine	Valeur nette comptable = 0	Valeur nette comptable = VO – Total des amortissements pratiqués
Régularisations systématiques	• Enregistrer la perte de patrimoine égale à la valeur nette comptable, elle-même égale à la valeur d'origine. • Annuler l'immobilisation pour la valeur d'origine.	• Annuler les amortissements pratiqués égaux à la valeur d'origine. • Annuler l'immobilisation pour sa valeur d'origine.	• Calculer et enregistrer la dotation complémentaire. • Annuler les amortissements pratiqués (solde du compte « 28 »). • Calculer et enregistrer la perte de patrimoine. • Annuler l'immobilisation pour sa valeur d'origine.
Régularisations éventuelles	• Annuler les dépréciations constituées antérieurement. • Rapporter au résultat le solde de la subvention d'investissement octroyée sur un exercice antérieur. • Annuler les comptes de subvention.		• Enregistrer la dotation ou la reprise complémentaire pour amortissements dérogatoires. • Annuler les dépréciations constituées antérieurement. • Annuler les amortissements dérogatoires (solde du compte « 145 »). • Reverser une fraction de la TVA antérieurement déduite pour les immeubles bâtis. • Rapporter au résultat le solde de la subvention d'investissement. • Annuler les comptes de subvention.
Valeur de l'immobilisation au bilan	Nulle.	Nulle.	Nulle.
Incidence de la cession sur le résultat comptable	Plus ou moins-value de cession par comparaison entre les comptes « 775 » et « 675 ».	Plus-value de cession égale au montant du compte « 775 ».	Plus ou moins-value de cession par comparaison entre les comptes « 775 » et « 675 ».

3 Les valeurs mobilières de placement (VMP)

Les valeurs mobilières de placement sont acquises pour être cédées rapidement dans le but de réaliser un gain financier. Lorsqu'elles sont cédées, il faut donc calculer et comptabiliser le ***résultat*** (plus ou moins-value) sur cession, contrairement aux autres catégories de titres (titres de participation, titres immobilisés).

A – Le calcul de la plus ou moins-value

Le résultat sur cession se calcule de la manière suivante :

Prix de cession – Coût d'acquisition = **Résultat de cession**

Il traduit soit une plus-value, soit une moins-value :

Prix de cession > Coût d'acquisition = **Plus-value** Prix de cession < Coût d'acquisition = **Moins-value**

B – La comptabilisation

La nature du résultat sur cession détermine la ***nature du compte*** à utiliser pour la comptabilisation de la cession et de la sortie des valeurs mobilières du patrimoine. Lorsque la cession génère :

Un profit (plus-value)	Une perte (moins-value)
↓	↓
Compte : « 767 Produits nets sur cessions de valeurs mobilières de placement ».	Compte : « 667 Charges nettes sur cessions de valeurs mobilières de placement ».

1) La cession

On distingue deux cas :

Cession avec plus-value

↓

Le prix de cession est enregistré au ***crédit*** du compte « 767 Produits nets sur cessions de valeurs mobilières de placement » par la ***contrepartie*** du compte « 465 Créances sur cessions de valeurs mobilières de placement » ou du compte « 512 Banques ».

		Débit	Crédit
465	Créances sur cessions de valeurs mobilières de placement	X	
767	Produits nets sur cessions de valeurs mobilières de placement		X
	Cession des titres …		

Cession avec moins-value

Le prix de cession est enregistré au ***crédit*** du compte « 667 Charges nettes sur cessions de valeurs mobilières de placement » par la ***contrepartie*** du compte « 465 Créances sur cessions de valeurs mobilières de placement » ou du compte « 512 Banques ».

465	Créances sur cessions de valeurs mobilières de placement	X	
667	Charges nettes sur cessions de valeurs mobilières de placement		X
	Cession des titres …		

2) Les régularisations à l'inventaire

On distingue deux opérations :

– les titres cédés doivent ***sortir*** du patrimoine ;

– les dépréciations antérieurement constituées doivent être ***annulées***.

Sortie du patrimoine

Le coût d'acquisition des valeurs mobilières de placement cédées est porté au ***débit*** du compte « 767 Produits nets sur cessions de valeurs mobilières de placement » (lorsque les titres dégagent une plus-value) ou « 667 Charges nettes sur cessions de valeurs mobilières de placement » (lorsque les titres dégagent une moins-value) par le ***crédit*** du compte « 50 Valeurs mobilières de placement » pour solde.

667	Charges nettes sur cessions de valeurs mobilières de placement	X	
ou			
767	Produits nets sur cessions de valeurs mobilières de placement	X	
50	Valeurs mobilières de placement		X
	Annulation des titres …		

À NOTER • Le compte retenu « 767 Produits nets sur cessions de valeurs mobilières de placement » ou « 667 Charges nettes sur cessions de valeurs mobilières de placement » est :

– crédité pour le prix de cession ;

– débité pour le coût d'acquisition des valeurs mobilières de placement cédées.

Le résultat de cession correspond au solde du compte retenu.

Annulation de la dépréciation

La dépréciation, devenue sans objet, doit être rapportée au résultat. La subdivision du compte « 59 Dépréciations des valeurs mobilières de placement » concernée est ***débitée*** pour solde, par le ***crédit*** du compte « 7866 Reprises sur dépréciations des éléments financiers ».

59..	Dépréciations des valeurs mobilières de placement	X	
7866	Reprises sur dépréciations des éléments financiers		X
	Annulation de la provision		

Exemple

L'entreprise Leroux cède le 1er octobre N :

– 50 VMP « A » pour 5 000,00 € (valeur d'acquisition 4 000,00 € ; dépréciée pour 700,00 €) ;

– 100 VMP « B » pour 7 200,00 € (valeur d'acquisition 8 600,00 € ; dépréciée pour 450,00 €).

Comptabiliser l'ensemble des opérations concernant ces titres.

• Calculs

VMP « A » = 5 000 – 4 000 = plus-value : 1 000 € ⇒ compte « 767 »
VMP « B » = 7 200 – 8 600 = moins-value : 1 400 € ⇒ compte « 667 »

• Écritures

	31/12/N		
465	Créances sur cessions de valeurs moblières de placement	12 200,00	
767	Produits nets sur cessions de valeurs mobilières de placement		5 000,00
667	Charges nettes sur cessions de valeurs mobilières de placement		7 200,00
	Cessions des titres « A » et « B »		
	31/12/N		
767	Produits nets sur cessions de valeurs mobilières de placement	4 000,00	
667	Charges nettes sur cessions de valeurs mobilières de placement	8 600,00	
500	Valeurs mobilières de placement		12 600,00
	Annulation des titres « A » et « B »		
	31/12/N		
590	Dépréciations des valeurs mobilières de placement	1 150,00	
7866	Reprises sur dépréciations des éléments financiers		1 150,00
	Annulation des dépréciations titres « A » et « B »		

4 La présentation dans les tableaux de synthèse

A – Au bilan

Les immobilisations et les valeurs mobilières de placement cédées sont sorties du patrimoine. Elles *ne figurent plus* à l'actif du bilan au 31 décembre N.

B – Au compte de résultat

1) Les cessions d'immobilisations

Le ***prix de cession*** des immobilisations vient augmenter les produits exceptionnels : ***le solde créditeur*** du compte « 775 Produits des cessions d'éléments d'actif » s'inscrit dans le poste : ***produits exceptionnels sur opérations en capital***.

La ***perte de patrimoine*** correspondant à la valeur comptable de l'immobilisation cédée vient augmenter les charges exceptionnelles : le ***solde débiteur*** du compte « 675 Valeur comptable des éléments d'actif cédés » figure dans le poste : ***charges exceptionnelles sur opérations en capital***.

La plus ou moins-value dégagée par la cession est ***fondue*** dans le résultat de l'exercice.

Charges		Produits	
Exercice « N »	**Exercice « N – 1 »**	**Exercice « N »**	**Exercice « N – 1 »**
Charges exceptionnelles		Produits exceptionnels	
Perte de patrimoine sur l'exercice clôturé	Perte de patrimoine sur l'exercice précédent	Prix de cession sur l'exercice clôturé	Prix de cession sur l'exercice précédent

2) Les cessions de valeurs mobilières de placement

Le ***gain*** constaté lors d'une cession de valeurs mobilières de placement ***augmente*** les produits financiers : le solde créditeur du compte « 767 Produits nets sur cessions de valeurs mobilières de placement » est porté dans le poste du même nom.

La ***perte*** constatée sur une cession de valeurs mobilières de placement ***augmente*** les charges financières : le solde débiteur du compte « 667 Charges nettes sur cessions de valeurs mobilières de placement » figure dans le poste du même nom.

Charges		Produits	
Exercice « N »	**Exercice « N – 1 »**	**Exercice « N »**	**Exercice « N – 1 »**
Charges financières		Produits financiers	
Pertes sur l'exercice clôturé	Pertes sur l'exercice précédent	Gains sur l'exercice clôturé	Gains sur l'exercice précédent

Les créances et les dettes en monnaie étrangère

Chapitre **29**

1 Les principes

Pendant l'exercice, l'entreprise enregistre des créances et des dettes en ***monnaie étrangère***; leur valeur d'entrée correspond au ***cours des changes*** à la date de comptabilisation.

À l'inventaire, ces créances et ces dettes sont actualisées au ***dernier cours de change***. Si cette actualisation a pour effet de ***modifier*** les montants en euros précédemment comptabilisés, l'entreprise constate des ***écarts de conversion***.

Ces différences de conversion correspondent soit à des ***pertes latentes*** de change, soit à des ***gains latents*** de change.

Cours à l'enregistrement – Cours à l'inventaire = **Écarts**	→ Gain latent → Perte latente

2 À la clôture de l'exercice « N »

A – Le calcul des écarts de conversion

Les gains et pertes latentes peuvent provenir indifféremment de créances ou de dettes :

Gain latent		**Perte latente**	
Créances	Dettes	Créances	Dettes
Cours à l'inventaire $>$ Cours à l'enregistrement	Cours à l'inventaire $<$ Cours à l'enregistrement	Cours à l'inventaire $<$ Cours à l'enregistrement	Cours à l'inventaire $>$ Cours à l'enregistrement

B – La comptabilisation des écarts de conversion

À la clôture de l'exercice, les écarts de conversion sont comptabilisés dans des ***comptes transitoires*** dans l'attente d'une régularisation sur l'exercice suivant :

Gain latent	Perte latente
↓	↓
Compte : « 477 Différences de conversion – Passif ».	Compte : « 476 Différences de conversion – Actif ».

Par mesure de prudence, les pertes latentes font l'objet d'une ***provision pour risques***.

Gain latent

↓

L'augmentation des créances ou la diminution des dettes est enregistrée respectivement au ***débit*** du compte « 411 Clients » ou « 401 Fournisseurs » par le ***crédit*** du compte « 477 Différences de conversion – Passif ».

411	Clients	X	
401	Fournisseurs	X	
477	Différences de conversion – Passif		X
	« X » ou « Y » gain latent		

Perte latente

↓

① La constatation de l'écart de conversion

La diminution des créances ou l'augmentation des dettes est enregistrée respectivement au ***crédit*** du compte « 411 Clients » ou « 401 Fournisseurs » par le ***débit*** du compte « 476 Différences de conversion – Actif ».

476	Différences de conversion – Actif	X	
411	Clients		X
401	Fournisseurs		X
	« Z » ou « W » perte latente		

② La constitution de la provision

Le montant de la perte latente est portée au ***débit*** du compte « 6865 Dotations aux provisions financières » par la ***contrepartie*** du compte « 1515 Provisions pour pertes de change ».

6865	Dotations aux provisions financières	X	
1515	Provisions pour pertes de change		X
	« Z » ou « W » provision		

C – La présentation dans les tableaux de synthèse

1) Au bilan

a) À l'actif

Le ***solde débiteur*** du compte « 476 Différences de conversion – Actif » constitue le dernier poste, intitulé « Écarts de conversion Actif ».

b) Au passif

Le ***solde créditeur*** du compte « 477 Différences de conversion – Passif » constitue le dernier poste, intitulé « Écarts de conversion Passif ».

Le ***solde créditeur*** du compte « 1515 Provisions pour pertes de change » est inscrit au poste intitulé « Provisions pour risques ».

2) Au compte de résultat

Les gains latents ***n'ont pas d'incidence*** dans la formation du résultat.

Dans les charges de l'exercice, seule la dotation aux provisions relatives aux pertes latentes est prise en compte. Le ***solde débiteur*** du compte « 6865 Dotations aux provisions pour risques et charges financiers » vient ***majorer les charges financières***.

3 À l'ouverture de l'exercice « N + 1 »

L'entreprise doit effectuer la ***contrepassation*** des différences de conversion pour conserver en comptabilité la ***valeur d'entrée*** des créances et des dettes (coût historique). À l'issue de cette opération, les comptes « 476 Différences de conversion – Actif » et « 477 Différences de conversion – Passif » sont soldés.

4 À la date de règlement des dettes et des créances

Il faut effectuer une comparaison entre la valeur d'entrée des créances et dettes et le montant des règlements afin de comptabiliser les ***gains*** ou les ***pertes*** de change ***définitifs***.

Le principe de comptabilisation est identique à celui étudié au Chapitre 11 (page 139).

5 À la fin de l'exercice « N + 1 »

L'entreprise doit solder la provision, devenue sans objet et correspondant aux pertes latentes, au ***débit*** du compte « 1515 Provisions pour pertes de change » par le ***crédit*** du compte « 7865 Reprises sur provisions financières ».

1515	Provisions pour pertes de change	X	
7865	Reprises sur provisions financières		
	« Z » ou « W » reprises sur provisions		X

Le ***solde créditeur*** du compte « 7865 Reprises sur provisions financières » est porté au compte de résultat de l'exercice « N + 1 » dans les ***produits financiers***.

Exemple

L'entreprise Rick constate à l'inventaire « N » :

– une perte latente de 1 850,65 € sur une créance d'un client mexicain ;

– un gain latent de 1 470,40 € sur une dette à l'égard d'un fournisseur japonais.

Au cours de l'exercice « N + 1 », toutes les factures ont été réglées.

Comptabiliser les opérations d'inventaire en « N » et « N + 1 ».

• Écritures en « N »

Compte	Libellé	Débit	Crédit
	31/12/N		
476	Différences de conversion – Actif	1 850,65	
411	Clients		1 850,65
	Perte latente client …		
	31/12/N		
6865	Dotations aux provisions financières	1 850,65	
1515	Provisions pour pertes de change		1 850,65
	Provision pour perte de change latente		
	31/12/N		
401	Fournisseurs	1 470,40	
477	Différences de conversion – Passif		1 470,40
	Fournisseur … gain latent		

• Écritures en « N + 1 »

Compte	Libellé	Débit	Crédit
	1/1/N + 1		
411	Clients	1 850,65	
476	Différences de conversion – Actif		1 850,65
	Contrepassation perte latente client …		
	1/1/N + 1		
477	Différences de conversion – Passif	1 470,40	
401	Fournisseurs		1 470,40
	Contrepassation fournisseur … gain latent		
	31/12/N + 1		
1515	Provisions pour pertes de change	1 850,65	
7865	Reprises sur provisions financières		1 850,65
	Annulation provision		

L'exécution des contrats à long terme

Chapitre **30**

1 Définition

Le contrat à long terme porte sur la réalisation d'opérations ***complexes*** relatives à la fourniture :

– d'un bien (construction…) ;

– d'un service (étude d'implantation d'un parc de loisirs…) ;

– d'une combinaison des deux (complexe hôtelier clefs en main…) ;

dont l'exécution s'étend sur ***au moins deux exercices***.

En outre, pour être qualifié de contrat à long terme, le contrat doit être ***spécifiquement négocié*** entre l'acheteur et le vendeur ; les ventes de biens en série ou assorties de choix d'options sont donc exclues de son champ d'application.

2 La comptabilisation

Le Plan comptable général, à l'article 380-1, préconise deux méthodes :

→ la méthode à l'achèvement ;
→ la méthode à l'avancement.

Conformément aux prescriptions internationales, la préférence est donnée à la ***méthode à l'avancement***.

A – La méthode à l'achèvement

La méthode à l'achèvement consiste à comptabiliser le ***chiffre d'affaires et le résultat*** provenant de l'opération lors de la ***livraison*** du bien ou à l'***achèvement*** de la prestation. Elle repose sur le principe de prudence.

Les travaux comptables s'ordonnent de la manière suivante :

En cours d'opération, à la clôture de l'exercice

La constatation des travaux en-cours, à hauteur des charges qui ont été enregistrées, est comptabilisée au ***débit*** du compte « 33 En-cours de production de biens » ou « 34 En-cours de production de services » par le ***crédit*** du compte « 713 Variation des stocks (en-cours de production, produits) ».

		Débit	Crédit
33	En-cours de production de biens	X	
34	En-cours de prestations de services	X	
713	Variation des stocks (en-cours de production, produits)		X
	Constatation des travaux en-cours		

À l'achèvement des travaux

① **L'annulation du stock d'en-cours**
Les comptes « 33 En-cours de production de biens » ou « 34 En-cours de production de services » sont ***crédités*** pour solde par la ***contrepartie*** du compte « 713 Variation des stocks (en-cours de production, produits) ».

		Débit	Crédit
713	Variation des stocks (en-cours de production, produits)	X	
33	En-cours de production de biens		X
34	En-cours de production de services		X
	Annulation des travaux en-cours		

② **La constatation du chiffre d'affaires**
Le montant toutes taxes comprises de la créance est portée au ***débit*** du compte « 411 Clients » par le ***crédit*** d'une subdivision du compte « 70.. Ventes … » pour le montant hors taxes et « 44571 TVA collectée » pour le montant de la TVA exigible.

		Débit	Crédit
411	Clients	X	
70..	Ventes …		X
44571	TVA collectée		X
	FA n° …		

Le ***résultat*** s'obtient, au terme de l'opération, par différence entre le chiffre d'affaires et le coût de production total.

B – La méthode à l'avancement

D'après le Plan comptable général, la méthode consiste à comptabiliser le chiffre d'affaires et le résultat ***au fur et à mesure*** de l'avancement des travaux, dans l'hypothèse où l'entité est capable de déterminer de façon ***fiable*** les résultats à terminaison. L'entité doit calculer un pourcentage à l'avancement déterminé par le rapport :

$$\frac{\text{Coût des travaux et services exécutés à la clôture des exercices}}{\text{Total prévisionnel des coûts d'exécution des contrats}}$$

Les travaux comptables s'ordonnent de la manière suivante :

En cours d'opération, à la clôture de l'exercice

↓

Le chiffre d'affaires estimé en fonction du pourcentage d'avancement est comptabilisé au ***débit*** du compte « 417 Créances sur travaux non encore facturables » par le ***crédit*** d'une subdivision du compte « 70.. Ventes … » pour le montant hors taxes.

		Débit	Crédit
417	Créances sur travaux non encore facturables	X	
70..	Ventes …		X
	Chiffre d'affaires à l'avancement		

À l'achèvement des travaux

↓

① **La contrepassation de l'opération du chiffre d'affaires à l'avancement :** le compte « 417 Créances sur travaux non encore facturables » est ***crédité*** pour solde par la ***contrepartie*** du compte « 70 Ventes … ».

		Débit	Crédit
70..	Ventes …	X	
417	Créances sur travaux non encore facturables		X
	Annulation du chiffre d'affaires à l'avancement		

② **La constatation du chiffre d'affaires global :** le montant toutes taxes comprises de la créance est portée au ***débit*** du compte « 411 Clients » par le ***crédit*** d'une subdivision du compte « 70.. Ventes … » pour le montant hors taxes et « 44571 TVA collectée » pour le montant de la TVA exigible.

		Débit	Crédit
411	Clients	X	
70..	Ventes …		X
44571	TVA collectée		X
	FA n° …		

Le ***résultat*** à l'avancement s'obtient en appliquant au résultat à terminaison le pourcentage d'avancement.

Exemple

La Société Sovigna a conclu, en février N, un contrat pour la réalisation d'un complexe hôtelier clefs en mains livré le 15 décembre N + 1 :

– prix de vente : 1 400 000,00 € ;
– coût total estimé : 1 240 000,00 € ;
– coût des travaux réalisés en « N » : 868 000,00 € ;
– coût des travaux réalisés en « N + 1 » : 400 000,00 €.

Enregistrer les écritures nécessaires au 31 décembre N et au 15 décembre N + 1 d'après la méthode à l'avancement et dégager le résultat de l'opération pour chaque exercice.

• Écriture et résultat au 31 décembre N

Calcul du pourcentage d'avancement : 868 000 / 1 240 000) = 70 %

Chiffre d'affaires à l'avancement au 31 décembre N : 1 400 000 x 70 % = 980 000 €

	31/12/N		
417	Créances sur travaux non encore facturables	980 000,00	
701	Ventes de produits finis		980 000,00
	Chiffre d'affaires à l'avancement : complexe hôtelier		

Le résultat pour l'exercice « N » s'élève à 112 000 € :

Chiffre d'affaires – Coût de l'exercice à l'avancement
980 000 – 868 000
ou
Résultat à terminaison x % d'avancement
(1 400 000 – 1 240 000) x 70 %

• Écritures et résultat au 15 décembre N + 1

	15/12/N + 1		
701	Ventes de produits finis	980 000,00	
417	Créances sur travaux non encore facturables		980 000,00
	Contrepassation chiffre d'affaires à l'avancement		
	15/12/N + 1		
411	Clients	1 674 400,00	
701	Ventes de produits finis		1 400 000,00
44571	TVA collectée		274 400,00
	FA n° …		

Le résultat pour l'exercice « N + 1 » s'élève à 20 000 € :

Chiffre d'affaires – (Chiffre d'affaires à l'avancement + Charges « N »)
1 400 000 – (980 000 + 400 000)

Le résultat de l'opération est de : 112 000 + 20 000 = 132 000 €

La détermination du résultat
Le passage d'un exercice à l'autre

Chapitre **31**

1 Les principes

L'entreprise doit faire apparaître ***dans ses livres***, en fin d'exercice, le ***bénéfice*** ou la ***perte*** qui résulte de son activité au cours de l'exercice.

Après avoir effectué les travaux comptables relatifs à la détermination du résultat, il est nécessaire de procéder aux ***travaux de clôture*** de l'exercice en cours ainsi qu'aux ***travaux de réouverture*** de l'exercice suivant afin de respecter le principe d'indépendance des exercices.

2 La détermination du résultat

Les écritures de détermination du résultat, intitulées ***écritures de regroupement***, consistent à :

- ***solder*** l'ensemble des comptes de gestion ; ceux-ci ne se rapportent, en effet, qu'à l'exercice considéré (ils représentent l'activité de l'entreprise pendant cette période) ;
- ***comptabiliser le résultat de l'exercice***.

On distingue les étapes suivantes :

Solder les comptes de gestion soustractifs

↓

① **L'annulation des comptes soustractifs de la classe 6**
Les comptes « 609 – 619 – 629 Rabais, remises et ristournes obtenus sur … » sont ***débités*** pour solde par le ***crédit*** d'une subdivision des comptes « 60 Achats », « 61 Services extérieurs » ou « 62 Autres services extérieurs ».

609	Rabais, remises et ristournes obtenus sur achats	X	
619/629	Rabais, remises et ristournes obtenus sur …	X	
60..	Achats …		X
61	Services extérieurs		X
62	Autres services extérieurs		X
	Annulation des comptes soustractifs		

② **L'annulation des comptes soustractifs de la classe 7**
Le compte « 709 Rabais, remises et ristournes accordés par l'entreprise » est ***crédité*** pour solde par le ***débit*** d'une subdivision du compte « 70 Ventes de … ».

70..	Ventes de …	X	
709.	Rabais, remises et ristournes accordés par l'entreprise sur …		X
	Annulation des comptes soustractifs		

Solder les comptes de charges et de produits

① **L'annulation des comptes de la classe 6**
Les comptes de charges qui ont un solde débiteur sont ***crédités*** pour solde par le ***débit*** du compte interne « 126 Transfert global des charges » et par le ***débit*** du compte « 603 Variations des stocks (approvisionnements et marchandises) » si son solde est créditeur.

126	Transfert global des charges	X	
603	Variation des stocks *(solde créditeur)*	X	
6…	Charges …		X
	Solde des comptes de charges		

② **L'annulation des comptes de la classe 7**
Les comptes de produits qui ont un solde créditeur sont ***débités*** pour solde par le ***crédit*** du compte interne « 127 Transfert global des produits » et par le ***crédit*** du compte « 713 Variations des stocks (en-cours de production, produits) » si son solde est débiteur.

7…	Produits …	X	
127	Transfert global des produits		X
713	Variation des stocks *(solde débiteur)*		X
	Solde des comptes de produits		

Comptabiliser le résultat (bénéfice ou perte)

Le compte « 126 Transfert global des charges » est ***crédité*** pour solde. Le compte « 127 Transfert global des produits » est ***débité*** pour solde. La différence entre ces deux comptes représente :
- soit un ***bénéfice*** porté au ***crédit*** du compte « 120 Résultat de l'exercice (bénéfice) » si les produits sont supérieurs aux charges ;
- soit une ***perte*** portée au ***débit*** du compte « 129 Résultat de l'exercice (perte) » si les charges sont supérieures aux produits.

127	Transfert global des produits	X	
126	Transfert global des charges		X
120	Résultat de l'exercice (bénéfice)		X
	Détermination du résultat		

ou

127	Transfert global des produits	X	
129	Résultat de l'exercice (perte)	X	
126	Transfert global des charges		X
	Détermination du résultat		

À NOTER • L'entreprise peut solder en une seule écriture ses comptes de gestion ; dans ce cas, le résultat apparaît directement dans le compte « 120 Résultat de l'exercice (bénéfice) » ou « 129 Résultat de l'exercice (perte) ».

Exemple

La liste alphabétique des comptes par solde de la société Ibis, après inventaire, est la suivante :

Achats de marchandises	281 370	
Achats non stockés	29 950	
Autres impôts, taxes et versements assimilés (administration des impôts)	27 050	
Charges d'intérêts	14 700	
Charges de sécurité sociale et de prévoyance	75 000	
Documentation technique	3 600	
Dotations aux amortissements, dépréciations et provisions – Charges d'exploitation	22 700	
Dotations aux amortissements, dépréciations et provisions – Charges financières	8 610	
Entretien et réparations	18 900	
Frais postaux et de télécommunications	42 800	
Prestations de services		222 400
Primes d'assurance	8 000	
Produits des autres immobilisations financières		42 000
Publicité, publication, relations publiques	32 000	
Rémunérations du personnel	104 000	
Rabais, remises et ristournes accordés par l'entreprise	4 650	
Rabais, remises et ristournes obtenus sur achats		6 870
Reprises sur provisions d'exploitation		8 360
Reprise sur provisions financières		2 420
Transports de biens	15 400	
Variation des stocks de marchandises		11 000
Ventes de marchandises		556 800

Comptabiliser les écritures de détermination du résultat.

• Enregistrement des écritures de détermination du résultat

Compte	Libellé	Débit	Crédit
	31/12		
609	Rabais, remises et ristournes obtenus sur achats	6 870,00	
607	Achats de marchandises		6 870,00
	Détermination des achats nets		
	d°		
707	Ventes de marchandises	4 650,00	
709	Rabais, remises et ristournes accordés par l'entreprise		
	Détermination des ventes nettes		4 650,00
	d°		
126	Transfert global des charges	666 210,00	
6037	Variation des stocks de marchandises	11 000,00	
606	Achats non stockés		29 950,00
607	Achats de marchandises[1]		274 500,00
615	Entretien et réparations		18 900,00
616	Primes d'assurance		8 000,00
6183	Documentation technique		3 600,00
623	Publicité, publications, relations publiques		32 000,00
624	Transports de biens		15 400,00
626	Frais postaux et de télécommunications		42 800,00
635	Autres impôts, taxes et versements assimilés (administration des impôts)		27 050,00
641	Rémunérations du personnel		104 000,00
645	Charges de sécurité sociale et de prévoyance		75 000,00
661	Charges d'intérêts		14 700,00
681	Dotations aux amortissements, dépréciations et provisions – Charges d'exploitation		22 700,00
686	Dotations aux amortissements, dépréciations et provisions – Charges financières		8 610,00
	Solde des comptes de charges		
	d°		
707	Ventes de marchandises[2]	552 150,00	
706	Prestations de service	222 400,00	
762	Produits des autres immobilisations financières	42 000,00	
7815	Reprises sur provisions d'exploitation	8 360,00	
7865	Reprises sur provisions financières	2 420,00	
127	Transfert global des produits		827 330,00
	Solde des comptes de produits		
	d°		
127	Transfert global des produits	827 330,00	
126	Transfert global des charges		666 210,00
120	Résultat de l'exercice (bénéfice)		161 120,00
	Détermination du résultat de l'exercice		

(1) 281 370 – 6 870
(2) 556 800 – 4 650

Seuls les comptes « 120 Résultat de l'exercice (bénéfice) » ou « 129 Résultat de l'exercice (perte) » figurent dans les tableaux de synthèse.

3 Les opérations de clôture et de réouverture

A – La clôture de l'exercice achevé

Lors de l'inventaire, l'entreprise doit procéder à la clôture des comptes et du journal.

Les opérations de clôture ne concernent que les ***comptes de bilan***, qui ont une durée de vie indépendante de l'exercice.

1) Les comptes

Pour la clôture des comptes de bilan, il faut effectuer pour chacun d'eux :

– le total du débit ;

– le total du crédit ;

– puis calculer le ***solde***. Ce dernier est porté du côté opposé à sa nature.

À NOTER • Le total du bilan de clôture n'est pas égal au total des colonnes « soldes » de la balance d'inventaire.

2) Le journal

Pour la clôture du journal, seuls les comptes de bilan demeurent. Ils sont alors soldés :

– ***soit les uns par les autres*** en une écriture : les comptes de bilan qui présentent un solde créditeur sont ***débités***, ceux qui ont un solde débiteur sont ***crédités*** ;

– ***soit en utilisant le compte « 891 Bilan de clôture »*** prévu par le Plan comptable général en deux écritures : les comptes de bilan qui présentent un solde créditeur sont ***débités*** par le ***crédit*** du compte « 891 Bilan de clôture » ; ceux qui ont un solde débiteur sont ***crédités*** par le ***débit*** du compte « 891 Bilan de clôture ».

B – La réouverture du nouvel exercice

1) Les comptes

Pour la réouverture des comptes de bilan, il faut porter pour chacun d'eux le ***solde,*** dégagé à la clôture, du côté de sa nature :

– au débit, dans le cas d'un solde débiteur ;

– au crédit, dans le cas d'un solde créditeur.

Les comptes de charges et de produits repartent à ***zéro***.

2) Le journal

La réouverture du journal s'effectue au choix :

- *en une seule écriture* : les comptes de bilan qui ont un solde débiteur sont ***débités***, ceux qui ont un solde créditeur sont ***crédités*** ;
- ***en deux écritures*** en utilisant le compte « 890 Bilan d'ouverture » prévu par le Plan comptable général : les comptes de bilan qui présentent un solde débiteur sont ***débités*** par le ***crédit*** du compte « 890 Bilan d'ouverture » ; ceux qui ont un solde créditeur sont ***crédités*** par le ***débit*** du compte « 890 Bilan d'ouverture ».

3) La contrepassation des écritures de régularisation

Les travaux de réouverture comprennent la ***contrepassation*** des écritures de régularisation de charges et de produits.

Les charges et les produits constatés d'avance sont alors ***transférés*** dans l'exercice qui les concerne.

Les charges à payer et les produits à recevoir sont ***annulés*** et seront enregistrés en opérations courantes au moment de la comptabilisation du document comptable.

Les opérations sont les suivantes :

Contrepassation des charges constatées d'avance

6...	Charges ...	X	
486	Charges constatées d'avance		X
	Contrepassation des charges constatées d'avance		

Contrepassation des charges à payer

408	Fournisseurs – Factures non parvenues	X	
607	Achats de marchandises		X
	Contrepassation des charges à payer		

Contrepassation des produits constatés d'avance

487	Produits constatés d'avance	X	
7...	Produits ...		X
	Contrepassation des produits constatés d'avance		

Contrepassation des produits à recevoir

7...	Produits ...	X	
418	Clients – Produits non encore facturés		X
	Contrepassation des produits à recevoir		

La comptabilisation de l'impôt sur les sociétés[1]

Chapitre **32**

1 Les principes

L'impôt sur les sociétés est un ***impôt direct sur les bénéfices*** réalisés par les sociétés anonymes, les sociétés en commandite par actions, les sociétés par actions simplifiées, les sociétés à responsabilité limitée, les sociétés en commandite simple pour la part de bénéfice allant aux commanditaires.

A – Le bénéfice fiscal

Le bénéfice fiscal est déterminé à partir du ***résultat comptable et des rectifications extra-comptables*** nécessaires en application des règles fiscales[1] :

Bénéfice comptable	→ provisoire avant l'impôt sur les sociétés.
+	
Réintégrations fiscales	→ charges non déductibles fiscalement (amendes et pénalités, taxe sur les voitures de sociétés…).
–	
Déductions fiscales	→ produits non imposables ou soumis à un régime particulier d'imposition (plus-value à long terme).
=	
Bénéfice fiscal	

B – Le calcul de l'impôt sur les sociétés

L'***impôt dû*** s'obtient, en principe, à partir de ***trois*** éléments de calcul qui s'ordonnent de la manière suivante :

(1) Pour un développement complet, voir chez le même éditeur, dans la même collection :
Fiscalité française, édition 2010, par B. et F. Grandguillot (réédition actualisée chaque année en janvier).

	Impôt	Taux	Base de calcul
	Impôt au taux normal légal	33 1/3 %	bénéfice et plus-value imposables qui ne peuvent bénéficier d'imposition réduite
+	Impôt au taux réduit	15 % ou 19 %	plus-values nettes à long terme (PVNLT)
=	Impôt sur les sociétés proprement dit		
+	Contribution sociale	3,30 %	IS proprement dit – 763 000 €
=	**Impôt dû**		

À NOTER • Les bases de calcul et les montants d'impôts sont arrondis à l'euro le plus proche.

Sont ***exonérées*** de la contribution sociale, les ***petites et moyennes entreprises*** :

– dont le montant de l'impôt sur les sociétés proprement dit est inférieur à 763 000 € ;

– dont le chiffre d'affaires hors taxes est inférieur à 7 630 000 € ;

– dont le capital est entièrement libéré, détenu de manière continue pendant l'exercice concerné, pour 75 % au moins, par des personnes physiques ou des sociétés satisfaisant les mêmes conditions, dont le capital est détenu pour 75 % au moins par des personnes physiques.

En outre, ces petites et moyennes entreprises bénéficient d'un taux d'impôt sur les sociétés ***réduit à 15 %***, au lieu de 33 1/3 %, mais uniquement sur la part des bénéfices ***n'excédant pas 38 120 €***. La partie du bénéfice excédentaire est soumise à l'impôt sur les sociétés au taux normal.

2 Le paiement de l'impôt sur les sociétés et de la contribution sociale

Les entreprises soumises à l'impôt sur les sociétés doivent calculer et régler ***spontanément*** à des dates fixes :

– l'impôt forfaitaire annuel (IFA) ;

– les quatre acomptes de l'impôt sur les sociétés (IS) ;

– les quatre acomptes de la contribution sociale (CS) ;

– le solde de l'impôt sur les sociétés et de la contribution sociale.

L'*échéancier* (dates limites) est présenté ci-dessous :

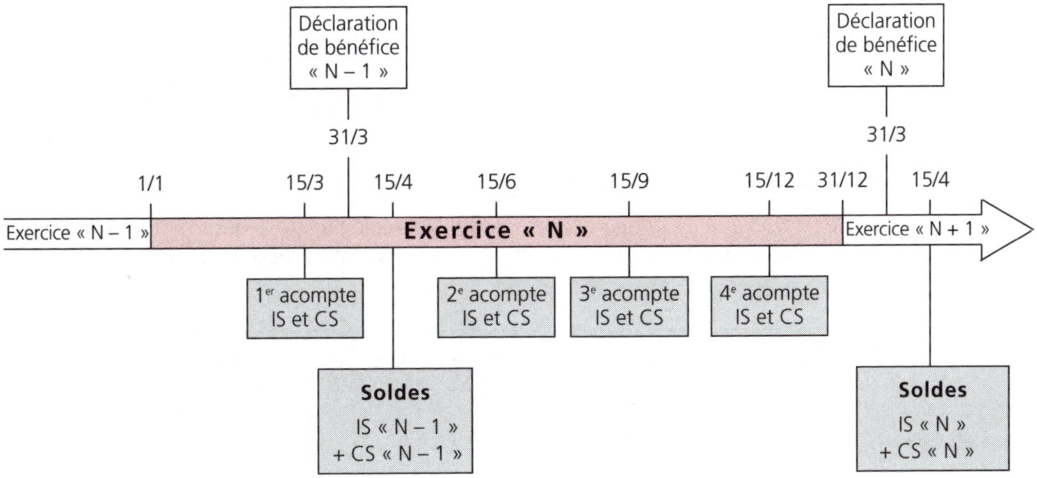

CS : Contribution sociale.

A – L'impôt forfaitaire annuel (IFA)

Les sociétés soumises à l'impôt sur les sociétés ***doivent payer*** chaque année l'impôt forfaitaire annuel, même en cas de déficit, au plus tard le 15 mars quelle que soit la date de clôture de l'exercice.

Depuis 2006, l'imposition forfaitaire annuelle est ***une charge déductible*** du résultat fiscal. En effet, elle ***n'est plus imputable*** sur les acomptes ou sur les soldes de l'impôt sur les sociétés versés.

Le montant de l'impôt forfaitaire annuel est ***progressif*** en fonction du chiffre d'affaires hors taxes, majoré des produits financiers :

- montant minimum : 20 500 € pour un CA HT compris entre 15 000 000 € et 75 000 000 € ;
- montant maximum : 110 000 € pour un CA HT > 500 000 000 €.

pour l'impôt forfaitaire annuel dû en 2010.

Cet impôt sera supprimé à compter du 1er janvier 2011 pour l'ensemble des sociétés.

B – Les acomptes de l'impôt sur les sociétés (IS)

Les quatre acomptes sont calculés par rapport au résultat du ***dernier exercice clos***. Leur montant global est égal au montant de l'impôt sur les sociétés calculé de la manière suivante :

Impôt au taux de 33 1/3 %	+	Impôt au taux de 15% (le cas échéant)	+	Impôt au taux de 15 % sur le résultat net des concessions de licences d'exploitation

Chaque acompte est égal au ***quart*** de cet impôt dû.

Le premier acompte, payable le 15 mars, est provisoirement calculé sur la base de l'impôt calculé sur le bénéfice fiscal « N – 2 » car le résultat fiscal « N – 1 » n'est pas encore connu.

Une ***régularisation*** est effectuée lors du deuxième acompte, qui est égal à :

(2/4 de l'impôt dû calculé sur le bénéfice fiscal N – 1) – 1er acompte

C – Les acomptes de la contribution sociale (CS)

Quatre acomptes sont versés aux mêmes dates que celles prévues pour les acomptes d'impôt sur les sociétés.

Chaque acompte est égal à 0,825 % de la base de référence.

D – La liquidation de l'impôt sur les sociétés et de la contribution sociale

L'impôt sur les sociétés et la contribution doivent être liquidés au plus tard le 15 du mois suivant la date de remise de la déclaration.

Solde de l'impôt sur les sociétés	**Solde de la contribution sociale**
Impôt sur les sociétés « N » – Somme des 4 acomptes versés en « N »	Contribution « N » – Somme des 4 acomptes versés en « N »

Le recouvrement de l'IFA, de l'impôt sur les sociétés et de la contribution sociale est effectué ***auprès de la DGFiP***. En outre, les paiements de l'impôt sur les sociétés sont effectués par ***télérèglement*** lorsque le ***chiffre d'affaires*** hors taxes de l'exercice précédent est supérieur à 500 000 €.

À NOTER • Chaque versement d'acompte (impôt sur les sociétés et contribution sociale) est accompagné d'un relevé d'acompte.

Les entreprises soumises à l'impôt sur les sociétés dont le chiffre d'affaires au titre de l'exercice précédent est supérieur à 15 millions d'euros et celles qui relèvent de la DGE doivent ***souscrire*** leur déclaration d'impôt sur les sociétés par voie électronique et procéder aux différents paiements par ***télérèglement***, à l'aide du dispositif SATELIT.

3 La comptabilisation

L'IFA représente une ***charge déductible*** enregistrée au ***débit*** du compte « 635 Autres impôts, taxes et versements assimilés » par le ***crédit*** du compte « 447 Autres impôts, taxes et versements assimilés », ou d'un compte de trésorerie.

Les versements des différents acomptes de l'impôt sur les sociétés et de la contribution représentent une ***créance sur l'État*** enregistrée au ***débit*** du compte « 444 État – Impôts sur les bénéfices » par le ***crédit*** d'un compte de trésorerie.

L'impôt sur les sociétés et la contribution exigibles au titre de l'exercice constituent ***une charge*** comptabilisée au ***débit*** des subdivisions du compte « 69 Participation des salariés – Impôts sur les bénéfices et assimilés » par le ***crédit*** du compte « 444 État – Impôts sur les bénéfices ».

Le schéma comptable est le suivant :

	Compte	Libellé	Débit	Crédit
Constatation de l'impôt forfaitaire annuel	635	Autres impôts, taxes et versements assimilés	X	
	447	Autres impôts, taxes et versements assimilés		X
		IFA		
Acomptes versés IS + Contribution d'après l'échéancier	444	État – Impôts sur les bénéfices	X	
	512	Banques		X
		Ch n° … paiement IS et contribution		
Détermination de l'IS et de la contribution en date du 31 décembre N	6951	Impôts dus en France	X	
	6952	Contribution sociale	X	
	444	État – Impôts sur les bénéfices		X
		Détermination IS et contribution		
Liquidation de l'IS et de la contribution au plus tard le 15 avril N + 1	444	État – Impôts sur les bénéfices	X	
	512	Banques		X
		Ch n° … liquidation IS et contribution		

À NOTER • L'impôt sur les sociétés « N » ne peut être déterminé que deux à trois mois après la clôture ; cependant, sa détermination fait partie des travaux de clôture ; il est donc enregistré en date du 31 décembre N • Si l'exercice comptable ne coïncide pas avec l'année civile, le premier acompte est celui dont la date de paiement suit immédiatement la date de clôture de l'exercice (par exemple, pour un exercice clos le 30 juin, le premier acompte est le 15 septembre) • Pour les sociétés nouvelles, il n'y a pas d'acompte à verser pendant les douze premiers mois d'activité • Les taux de l'impôt sur les sociétés sont susceptibles de modification en cours d'année.

Exemple

La société anonyme Bugnet vous fournit les éléments suivants :

– Bénéfice fiscal « N – 2 » : 450 000 €

– Bénéfice fiscal « N – 1 » : 630 000 €

– Bénéfice fiscal « N » : 690 000 €

– Chiffre d'affaires « N » : < 7 630 000 €, la société est donc exonérée d'IFA

Passer les écritures relatives à l'impôt sur les sociétés dû.

- Calcul des acomptes

Premier acompte	: (450 000 x 33 1/3 %) 1/4	37 500,00
	Montant à payer =	**37 500,00**

Deuxième acompte	: (630 000 x 33 1/3 %) 2/4	105 000,00
		–
	Premier acompte	37 500,00
	Montant à payer =	**67 500,00**

Troisième acompte	: (630 000 x 33 1/3 %) 1/4	52 500,00
	Montant à payer =	**52 500,00**

Quatrième acompte	: (630 000 x 33 1/3 %) 1/4	52 500,00
	Montant à payer =	**52 500,00**

- Calcul du solde

Solde IS « N – 1 »	: (IS « N – 1 ») – (somme des 4 acomptes)	60 000,00
	(630 000 x 33 1/3 %)	
	–	
	(450 000 x 33 1/3 %)	
	Montant à payer =	**60 000,00**

Solde IS « N »	: (IS « N ») – (somme des 4 acomptes)	20 000,00
	(690 000 x 33 1/3 %)	
	–	
	(37 500 + 67 500 + 52 500 + 52 500)	
	Montant à payer =	**20 000,00**

• Écritures

		Débit	Crédit
	15/3/N		
444	État – Impôts sur les bénéfices	37 500,00	
512	Banques		37 500,00
	Premier acompte IS		
	15/4/N		
444	État – Impôts sur les bénéfices	60 000,00	
512	Banques		60 000,00
	Soldes IS « N – 1 »		
	15/6/N		
444	État – Impôts sur les bénéfices	67 500,00	
512	Banques		67 500,00
	Deuxième acompte IS		
	15/9/N		
444	État – Impôts sur les bénéfices	52 500,00	
512	Banques		52 500,00
	Troisième acompte IS		
	15/12/N		
444	État – Impôts sur les bénéfices	52 500,00	
512	Banques		52 500,00
	Quatrième acompte IS		
	31/12/N		
6951	Impôts dus en France	230 000,00	
444	État – Impôts sur les bénéfices		230 000,00
	IS « N » :		
	690 000,00 x 33 1/3 % = 230 000,00		
	15/4/N + 1		
444	État – Impôts sur les bénéfices	20 000,00	
512	Banques		20 000,00
	Soldes IS « N »		

Les tableaux de synthèse : compte de résultat, bilan et annexe

Chapitre **33**

1 Généralités

Les tableaux de synthèse (compte de résultat, bilan et annexe) sont des ***états périodiques*** décrivant la situation de l'entreprise. Ils sont à la fois une ***nécessité*** de gestion et une ***obligation*** prévue par le Plan comptable général.

> *Article 130-1 du Plan comptable général* :
> « Le bilan, le compte de résultat et l'annexe qui forment un tout indissociable sont établis à la clôture de l'exercice au vu des enregistrements comptables et de l'inventaire ».

Ces trois éléments forment un ensemble :

Compte de résultat + Bilan + Annexe = **Tableaux de synthèse**

Les tableaux sont établis à partir des soldes des comptes issus de la balance après inventaire :

- ***au bilan*** : les comptes des classes 1 à 5 ;
- ***au compte de résultat*** : les comptes des classes 6 et 7.

L'entreprise doit présenter les documents de synthèse conformément au système dont elle relève (système abrégé ou système de base) ou à celui qu'elle a adopté (système développé). Les modalités de ces trois systèmes sont présentées au chapitre 3, page 60.

2 Le compte de résultat

A – Généralités

Le compte de résultat décrit l'***activité*** ou l'exploitation de l'entreprise pour une ***période donnée***. Il récapitule les charges et les produits de l'exercice ; le solde des charges et des produits constitue le résultat de l'exercice.

Le compte de résultat est l'outil de base d'analyse de l'activité et de la rentabilité de l'entreprise.

B – La structure du compte de résultat

1) La présentation simplifiée

Le compte de résultat est structuré en ***rubriques*** et en ***postes***.

La structure simplifiée du compte de résultat par rubriques, présentée en tableau, est la suivante :

Charges	Exercice N	Exercice N – 1	Produits	Exercice N	Exercice N – 1
Charges d'exploitation			**Produits d'exploitation**		
Comptes 60 – 609			Comptes 707 – 7097		
Comptes 603 (+ ou –)			Comptes 701 à 706 – 7091 à 7096		
Comptes 61 – 619			708 – 7098		
62 – 629			Comptes 713 (+ ou –)		
Comptes 63 + 64 + 65 + 681			Comptes 72 + 74 + 75 + 781 et 791		
Quotes-parts de résultat sur opérations faites en commun			**Quotes-parts de résultat sur opérations faites en commun**		
Compte 655			Compte 755		
Charges financières			**Produits financiers**		
Comptes 66 + 686			Comptes 76 + 786 et 796		
Charges exceptionnelles			**Produits exceptionnels**		
Comptes 67 + 687			Comptes 77 + 787 et 797		
Participation des salariés					
Impôts sur les bénéfices					
Compte 69					
Solde créditeur = Bénéfice			**Solde débiteur = Perte**		
Total général			Total général		

Le compte de résultat s'établit à partir des écritures de détermination du résultat ou des soldes des comptes de charges et de produits de la balance après inventaire :

- les ***charges nettes*** ont un ***solde débiteur***, sauf les comptes « 603 Variation des stocks » qui peuvent avoir un solde créditeur ; ils sont alors précédés du signe – ou mis entre ( ) ;
- les ***produits nets*** ont un ***solde créditeur***, sauf les comptes « 713 Variation des stocks » qui peuvent avoir un solde débiteur ; ils sont alors précédés du signe – ou mis entre ( ).

La colonne N – 1 correspond aux valeurs comptables relatives à ***l'exercice antérieur***.

2) Le résultat

Le résultat est calculé par différence entre :

Total des produits – Total des charges = **Résultat (bénéfice ou perte)**

Le résultat
- ***bénéfice*** ⇒ est placé du côté des charges ;
- ***perte*** ⇒ est placé du côté des produits.

C – Le tableau de correspondance des comptes en système de base

Les *regroupements* suivants s'opèrent pour dresser les différents postes du compte de résultat :

Art. 521-3 Modèle de compte de résultat (en tableau) *(système de base)*

Charges (hors taxes)	Exercice N	Exercice N – 1
Charges d'exploitation (1) :		
Achats de marchandises ***(a)***	607.(– 6097).	
Variation des stocks ***(b)***	6037.	
Achats de matières premières et autres approvisionnements ***(a)***	601.(– 6091) 602.(– 6092) 6081.6082.	
Variation des stocks ***(b)***	6031.6032.	
Autres achats et charges externes *	604 à 606.(– 609.) 61.(– 619) 62.(– 629)	
Impôts, taxes et versements assimilés	63.	
Salaires et traitements	641.644.648.	
Charges sociales	645.646.647.	
Dotations aux amortissements et dépréciations :		
Sur immobilisations : dotations aux amortissements ***(c)***	6811.6812.	
Sur immobilisations : dotations aux dépréciations	6816.	
Sur actif circulant : dotations aux dépréciations	6817.	
Dotations aux provisions	6815.	
Autres charges	65 (sauf 655).	
TOTAL I	x	x
Quotes-parts de résultat sur opérations faites en commun (II)	655	
Charges financières :		
Dotations aux amortissements, dépréciations et provisions	686.	
Intérêts et charges assimilées (2)	66 (sauf 666.667).	
Différences négatives de change	666.	
Charges nettes sur cessions de valeurs mobilières de placement	667.	
TOTAL III	x	x
Charges exceptionnelles :		
Sur opérations de gestion	671.	
Sur opérations en capital	675.678.	
Dotations aux amortissements, dépréciations et provisions	687.	
TOTAL IV	x	x
Participation des salariés aux résultats (V)	691.	
Impôts sur les bénéfices (VI)	695.689.698.699.	
Total des charges (I + II + III + IV + V + VI)	x	x
Solde créditeur = **bénéfice** (3)	x	x
TOTAL GÉNÉRAL	x	x
* Y compris :		
– redevances de crédit-bail mobilier	6122.	
– redevances de crédit-bail immobilier	6125.	

(1) Dont charges afférentes à des exercices antérieurs. Les conséquences des corrections d'erreurs significatives, calculées après impôt, sont présentées sur une ligne séparée sauf s'il s'agit de corriger une écriture ayant été directement imputée sur les capitaux propres
(2) Dont intérêts concernant les entités liées
(3) Compte tenu d'un résultat exceptionnel avant impôts de

(a) Y compris droits de douane. ***(b)*** Stock initial moins stock final : montant de la variation en moins entre parenthèse ou précédé du signe (–). ***(c)*** Y compris éventuellement dotations aux amortissements des charges à répartir.

Art. 521-3 *(suite)* Modèle de compte de résultat (en tableau) *(système de base)*

Produits (hors taxes)	Exercice N	Exercice N – 1
Produits d'exploitation (1) :		
Ventes de marchandises	707.(– 7097).708 (en partie).	
Production vendue [biens et services] ***(a)***	701. à 706.(– 7091 à 7096) 708 (en partie).	
Sous-total A – Montant net du chiffre d'affaires	x	x
dont à l'exportation		
Production stockée ***(b)***	713.	
Production immobilisée	72.	
Subventions d'exploitation	74.	
Reprises sur dépréciations, provisions (et amortissements), transferts de charges	781.791.	
Autres produits	75 (sauf 755).	
Sous-total B	x	x
TOTAL I (A + B)	x	x
Quotes-parts de résultat sur opérations faites en commun (II)	755	
Produits financiers :		
De participation (2)	761.	
D'autres valeurs mobilières et créances de l'actif immobilisé (2)	762.	
Autres intérêts et produits assimilés (2)	763.764.765.768.	
Reprises sur dépréciations et provisions, transferts de charges	786.796.	
Différences positives de change	766.	
Produits nets sur cessions de valeurs mobilières de placement	767.	
TOTAL III	x	x
Produits exceptionnels :		
Sur opérations de gestion	771.	
Sur opérations en capital	775.777.778.	
Reprises sur dépréciations et provisions, transferts de charges	787.797.	
TOTAL IV	x	x
Total des produits (I + II + III + IV)	x	x
Solde débiteur = **perte** (3)	x	x
TOTAL GÉNÉRAL	x	x

(1) Dont produits afférents à des exercices antérieurs. Les conséquences des corrections d'erreurs significatives, calculées après impôt, sont présentées sur une ligne séparée sauf s'il s'agit de corriger une écriture ayant été directement imputée sur les capitaux propres
(2) Dont produits concernant les entités liées
(3) Compte tenu d'un résultat exceptionnel avant impôts de

(a) À inscrire, le cas échéant, sur des lignes distinctes. ***(b)*** Stock final moins stock initial : montant de la variation en moins entre parenthèses ou précédé du signe (–).

À NOTER • Il ne faut pas oublier de calculer les achats nets, les ventes nettes et les produits nets en tenant compte des comptes soustractifs • Indiquer le signe de la variation des stocks : (+) ou (–) • Le résultat déterminé est identique à celui du bilan • Le compte de résultat peut s'établir en liste, ce qui permet de faire apparaître des résultats intermédiaires tels que : résultat d'exploitation ; résultat financier ; résultat courant ; résultat exceptionnel.

Exemple

La société Recel vous remet l'extrait de la balance après inventaire :

N°	Intitulé des comptes	Soldes	
		Débiteurs	**Créditeurs**
601	Matières premières	3 600 000	
602	Autres approvisionnements	240 000	
6031	Variation des stocks de matières premières	440 000	
6032	Variation des stocks des autres approvisionnements		84 000
6037	Variation des stocks de marchandises		24 000
606	Achats non stockés de matières et fournitures	240 000	
607	Achats de marchandises	3 136 000	
6091	RRR obtenus sur achats de matières premières		32 000
6097	RRR obtenus sur achats de marchandises		24 000
613	Locations	304 000	
615	Entretien et réparations	560 000	
616	Primes d'assurance	260 000	
623	Publicité, publications, relations publiques	480 000	
626	Frais postaux et de télécommunications	240 000	
627	Services bancaires et assimilés	48 320	
631	Impôts, taxes et versements assimilés sur rémunérations	480 000	
635	Autres impôts, taxes et versements assimilés	240 000	
641	Rémunérations du personnel	2 560 000	
645	Charges de sécurité sociale et de prévoyance	1 280 000	
654	Pertes sur créances irrécouvrables	2 880	
661	Charges d'intérêts	568 000	
665	Escomptes accordés	8 800	
667	Charges nettes sur cessions des valeurs mobilières de placement	1 520	
675	Valeurs comptables des éléments d'actif cédés	7 680	
6811	Dotations aux amortissements sur immobilisations incorporelles et corporelles	192 000	
6812	Dotations aux amortissements des charges d'exploitation à répartir	16 000	
6815	Dotations aux provisions d'exploitation	24 000	
6817	Dotations pour dépréciations des actifs circulants	32 800	
6866	Dotations pour dépréciations des éléments financiers	2 400	
6872	Dotations aux provisions réglementées	16 800	
701	Ventes de produits finis		12 000 000
706	Prestations de services		320 000
707	Ventes de marchandises		3 200 000
708	Produits des activités annexes		376 000
7091	RRR accordés par l'entreprise sur produits finis	48 000	
7097	RRR accordés par l'entreprise sur ventes de marchandises	9 600	
7135	Variation des stocks de produits		48 000
720	Production immobilisée		24 000
740	Subvention d'exploitation		8 000
761	Produits des participations		144 000
764	Revenus des valeurs mobilières de placement		6 240
765	Escomptes obtenus		480
767	Produits nets sur cessions des valeurs mobilières de placement		640
775	Produits des cessions d'éléments d'actif		2 000
7817	Reprises sur dépréciations des actifs circulants		7 200
7866	Reprises sur dépréciations des éléments financiers		240
791	Transferts de charges d'exploitation		28 000

L'impôt sur les sociétés pour l'exercice « N » s'élève à 672 000 €.

Établir le compte de résultat de l'exercice « N », en système de base.

- Calculs préliminaires relatifs au compte de résultat
  - achats nets de matières premières :

    « 601 » – « 6091 »

    3 600 000 – 32 000 = 3 568 000
  - achats nets de marchandises :

    « 607 » – « 6097 »

    3 136 000 – 24 000 = 3 112 000
  - variation de stocks de matières premières et autres approvisionnements :

    « 6031 » – « 6032 »

    440 000 – 84 000 = 356 000
  - autres achats et charges externes :

    (« 604 » à « 606 » + « 61 » et « 62 ») – (« 609 », « 619 » et « 629 »)

    240 000 + 304 000 + 560 000 + 260 000 + 480 000 + 240 000 + 48 320 = 2 132 320
  - impôts, taxes et versements assimilés (« 63 ») :

    480 000 + 240 000 = 720 000
  - intérêts et charges assimilés :

    « 66 » sauf « 666 » et « 667 »

    568 000 + 8 800 = 576 800
  - dotations aux amortissements :

    « 6811 » + « 6812 »

    192 000 + 16 000 = 208 000
  - ventes nettes de marchandises :

    « 707 » – « 7097 »

    3 200 000 – 9 600 = 3 190 400
  - production vendue :

    (« 701 » à « 706 », « 708 ») – (« 709 »)

    (12 000 000 + 320 000 + 376 000) – (48 000) = 12 648 000
  - autres intérêts et produits assimilés :

    « 763 » à « 765 » et « 768 »

    6 240 + 480 = 6 720
- Compte de résultat

Voir tableau ci-contre.

Art. 521-3 Compte de résultat (en tableau) *(système de base)*

Charges (hors taxes)	Exercice N	Exercice N – 1
Charges d'exploitation (1) :		
Achats de marchandises ***(a)***	3 112 000	
Variation des stocks ***(b)***	– 24 000	
Achats de matières premières et autres approvisionnements ***(a)***	3 808 000	
Variation des stocks ***(b)***	356 000	
Autres achats et charges externes *	2 132 320	
Impôts, taxes et versements assimilés	720 000	
Salaires et traitements	2 560 000	
Charges sociales	1 280 000	
Dotations aux amortissements et dépréciations :		
Sur immobilisations : dotations aux amortissements ***(c)***	208 000	
Sur immobilisations : dotations aux dépréciations		
Sur actif circulant : dotations aux dépréciations	32 800	
Dotations aux provisions	24 000	
Autres charges	2 880	
TOTAL I	14 212 000	
Quotes-parts de résultat sur opérations faites en commun (II)		
Charges financières :		
Dotations aux amortissements, dépréciations et provisions	2 400	
Intérêts et charges assimilées (2)	576 800	
Différences négatives de changes		
Charges nettes sur cessions de valeurs mobilières de placement	1 520	
TOTAL III	580 720	
Charges exceptionnelles :		
Sur opérations de gestion		
Sur opérations en capital	7 680	
Dotations aux amortissements, dépréciations et provisions	16 800	
TOTAL IV	24 480	
Participation des salariés aux résultats (V)		
Impôts sur les bénéfices (VI)	672 000	
Total des charges (I + II + III + IV + V + VI)	15 489 200	
Solde créditeur = **bénéfice** (3)	618 000	
TOTAL GÉNÉRAL	16 107 200	
* Y compris :		
– redevances de crédit-bail mobilier		
– redevances de crédit-bail immobilier		

(1) Dont charges afférentes à des exercices antérieurs. Les conséquences des corrections d'erreurs significatives, calculées après impôt, sont présentées sur une ligne séparée sauf s'il s'agit de corriger une écriture ayant été directement imputée sur les capitaux propres
(2) Dont intérêts concernant les entités liées
(3) Compte tenu d'un résultat exceptionnel avant impôts de

(a) Y compris droits de douane.
(b) Stock initial moins stock final : montant de la variation en moins entre parenthèses ou précédé du signe (-).
(c) Y compris éventuellement dotations aux amortissements des charges à répartir.

Produits (hors taxes)	Exercice N	Exercice N – 1
Produits d'exploitation (1) :		
Ventes de marchandises	3 190 400	
Production vendue [biens et services] ***(a)***	12 648 000	
Sous-total A – Montant net du chiffre d'affaires	15 838 400	
dont à l'exportation		
Production stockée ***(b)***	48 000	
Production immobilisée	24 000	
Subventions d'exploitation	8 000	
Reprises sur dépréciations, provisions (et amortissements), transferts de charges	35 200	
Autres produits		
Sous-total B	115 200	
TOTAL I (A + B)	15 953 600	
Quotes-parts de résultat sur opérations faites en commun (II)		
Produits financiers :		
De participation (2)	144 000	
D'autres valeurs mobilières et créances de l'actif immobilisé (2)		
Autres intérêts et produits assimilés (2)	6 720	
Reprises sur dépréciations et provisions, transferts de charges	240	
Différences positives de change		
Produits nets sur cessions de valeurs mobilières de placement	640	
TOTAL III	151 600	
Produits exceptionnels :		
Sur opérations de gestion		
Sur opérations en capital	2 000	
Reprises sur dépréciations et provisions, transferts de charges		
TOTAL IV	2 000	
Total des produits (I + II + III + IV)	16 107 200	
Solde débiteur = **perte** (3)		
TOTAL GÉNÉRAL	16 107 200	

(1) Dont produits afférents à des exercices antérieurs. Les conséquences des corrections d'erreurs significatives, calculées après impôt, sont présentées sur une ligne séparée sauf s'il s'agit de corriger une écriture ayant été directement imputée sur les capitaux propres
(2) Dont produits concernant les entités liées
(3) Compte tenu d'un résultat exceptionnel avant impôts de

(a) À inscrire, le cas échéant, sur des lignes distinctes.
(b) Stock final moins stock initial : montant de la variation en moins entre parenthèses ou précédé du signe (–).

3 Le bilan

A – Généralités

Le bilan représente la ***situation financière*** de l'entreprise ***à une date donnée***. Il récapitule ses éléments actifs, ses éléments passifs et ses capitaux propres.

Le bilan comptable est l'outil de base de l'analyse financière.

B – La structure du bilan

1) La présentation simplifiée

Le bilan est structuré en ***rubriques*** et en ***postes***. Les éléments qui y figurent sont classés à l'actif et au passif selon leur destination et leur provenance.

La structure simplifiée du bilan par rubriques, présentée en tableau, est la suivante :

Actif	Exercice N			Exercice N – 1	Passif	Exercice N	Exercice N – 1
	Brut	Amortissements et Dépréciations (à déduire)	Net				
Capital souscrit-non appelé **Actif immobilisé** Classe 2 : Immobilisations					**Capitaux propres** Comptes 10 et 14		
Total I **Actif circulant** Classe 3 : Stocks Classe 4 : Créances Classe 5 : Comptes financiers					Total I **Provisions** Compte 15		
Total II Charges à répartir sur plusieurs exercices (III) Primes de remboursement des emprunts (IV)					Total II **Dettes** Compte 16 Classes 4 et 5		
Écarts de conversion Actif (V)					Total III Écarts de conversion Passif (IV)		
Total général (I + II + III + IV + V)					Total général (I + II + III + IV)		

L'égalité suivante doit être respectée :

Total actif (colonne « Net ») = Total passif

Le bilan s'établit à partir des soldes des comptes d'actif et de passif de la balance d'inventaire.

Les comptes de bilan se placent :

À l'actif →	lorsqu'ils ont ***un solde débiteur***, sauf les comptes « 119 Report à nouveau (solde débiteur) », « 129 Résultat de l'exercice (perte) » et « 108 Compte de l'exploitant » qui figurent au passif en déduction de« Capitaux propres ».
Au passif →	lorsqu'ils ont ***un solde créditeur***, sauf les comptes « 28 Amortissements des immobilisations », « 29 ; 39 ; 49 ; 59 Dépréciations des … », qui figurent à l'actif en déduction des comptes concernés.

Les comptes d'***actif soustractifs*** permettent d'établir les relations suivantes :

Brut (valeur d'origine)	–	***Amortissements*** cumulés à la clôture de l'exercice	=	***Net*** (valeur nette comptable)
Solde débiteur des comptes 20 et 21	–	Solde créditeur des comptes 28		

Brut (valeur d'entrée)	–	***Dépréciations*** à la clôture de l'exercice	=	***Net*** (valeur actuelle)
Solde débiteur des comptes 2.. ; 3.. ; 4.. ; 5...	–	Solde créditeur des comptes 29 ; 39 ; 49 ; 59.		

La colonne N – 1 correspond aux valeurs nettes comptables ou aux valeurs actuelles relatives à ***l'exercice antérieur***.

2) Le résultat

Le résultat est calculé par différence entre :

Total actif (colonne « Net ») – Total passif = **Résultat**

Le ***résultat*** est intégré au ***passif*** dans la rubrique « Capitaux propres » :

- en **+** s'il s'agit d'un bénéfice ;
- en **–** dans le cas d'une perte.

D'après le principe de la ***double détermination*** du résultat, le résultat ainsi déterminé est ***identique*** à celui porté au compte de résultat.

Le système de base prévoit une présentation du bilan après répartition du résultat afin de faire apparaître la ***situation nette*** qui constitue une rubrique distincte ; elle ***exclut*** les subventions d'investissement et les provisions réglementées.

C – Le tableau de correspondance des comptes en système de base

Les ***regroupements*** suivants s'opèrent pour former les différents postes :

Art. 521-1 Modèle de bilan (en tableau) (avant répartition) *(système de base)*

ACTIF	Exercice N			Exercice N – 1
	Brut	Amortissements et dépréciations (à déduire)	Net	Net
Capital souscrit - non appelé	109.			
ACTIF IMMOBILISÉ ***(a)*** :				
Immobilisations incorporelles :				
Frais d'établissement	201.			
Frais de recherche et de développement	203.			
Concessions, brevets, licences, marques, procédés, logiciels, droits et valeurs similaires	205.			
Fonds commercial (1)	206.207.			
Autres	208.			
Immobilisations incorporelles en cours	232.			
Avances et acomptes	237.			
Immobilisations corporelles :				
Terrains	211.212.			
Constructions	213.214.			
Installations techniques, matériel et outillage industriels	215.			
Autres	218.			
Immobilisations corporelles en cours	231.			
Avances et acomptes	238.			
Immobilisations financières (2) :				
Participations ***(b)***	261.266.			
Créances rattachées à des participations	267.268.			
Titres immobilisés de l'activité de portefeuille	273.			
Autres titres immobilisés	271.272.27682.			
Prêts	274.27684.			
Autres	275.2761.27685.27688.			
Total I	x	x	x	x

(a) Les actifs avec clause de réserve de propriété sont regroupés sur une ligne distincte portant la mention « dont ... avec clause de réserve de propriété ». En cas d'impossibilité d'identifier les biens, un renvoi au pied du bilan indique le montant restant à payer sur ces biens. Le montant à payer comprend celui des effets non échus. ***(b)*** Si des titres sont évalués par équivalence, ce poste est subdivisé en deux sous-postes « Participations évaluées par équivalence » et « Autres participations ». Pour les titres évalués par équivalence, la colonne « Brut » présente la valeur globale d'équivalence si elle est supérieure au coût d'acquisition. Dans le cas contraire, le prix d'acquisition est retenu. La dépréciation globale du portefeuille figure dans la 2e colonne. La colonne « Net » présente la valeur globale d'équivalence positive ou une valeur nulle. ***(c)*** À ventiler, le cas échéant, entre biens, d'une part, et services d'autre part. ***(d)*** Créances résultant de ventes ou de prestations de services. ***(e)*** Poste à servir directement s'il n'existe pas de rachat par l'entité de ses propres actions.

ACTIF CIRCULANT :				
Stocks et en-cours ***(a)*** :				
Matières premières et autres approvisionnements ...	31.32.			
En-cours de production [biens et services] ***(c)***	33.34.			
Produits intermédiaires et finis	35.			
Marchandises...	37.			
Avances et acomptes versés sur commandes	4091.			
Créances (3) :				
Créances Clients (a) et Comptes rattachés ***(d)***	411.413.416.417.418.			
Autres	4096.4097.4098.425.4287.4387.441.443D.444D.4452. 4456.44581.44582.44583.44586.4487.451D.455D.456D (sauf 4562). 458D. 462. 465.467.4687.478D.			
Capital souscrit - appelé, non versé	4562.			
Valeurs mobilières de placement ***(e)*** :				
Actions propres..	502.			
Autres titres	50 (sauf 502.509.).			
Instruments de trésorerie	52.			
Disponibilités	51D (sauf 5186.519).53.54.			
Charges constatées d'avance (3)...............................	486.			
Total II	x	x	x	x
Charges à répartir sur plusieurs exercices **(III)**............	481.			
Primes de remboursement des emprunts **(IV)**	169.			
Écarts de conversion Actif **(V)**	476.			
TOTAL GÉNÉRAL (I + II + III + IV + V).........	x	x	x	x
(1) Dont droit au bail (2) Dont à moins d'un an (brut) (3) Dont à plus d'un an (brut)				

Art. 521-1 *(suite)* Modèle de bilan (en tableau) (avant répartition) *(système de base)*

PASSIF	Exercice N	Exercice N – 1
CAPITAUX PROPRES *		
Capital [dont versé...] ***(a)***	101.108. (dont versé = 1013).	
Primes d'émission, de fusion, d'apport	104.	
Écarts de réévaluation ***(b)***	105.	
Écart d'équivalence ***(c)***	107.	
Réserves :		
Réserve légale	1061.	
Réserves statutaires ou contractuelles	1063.	
Réserves réglementées	1062.1064.	
Autres	1068.	
Report à nouveau ***(d)***	110. ou 119.	
Résultat de l'exercice [bénéfice ou perte] *(e)*	120. ou 129.	
Subventions d'investissement	13.	
Provisions réglementées	14.	
Total I	x	x
PROVISIONS		
Provisions pour risques	151.	
Provisions pour charges	15 (sauf 151).	
Total II	x	x
DETTES (1) ***(g)***		
Emprunts obligataires convertibles	161.16881.	
Autres emprunts obligataires	163.16883.	
Emprunts et dettes auprès des établissements de crédit (2)	164.16884.512C.514C.517C.5186.519.	
Emprunts et dettes financières diverses (3)	165.166.1675.168 (sauf 16881.16883. 16884).17.426.45C (sauf 457).	
Avances et acomptes reçus sur commandes en cours	4191.	
Dettes Fournisseurs et Comptes rattachés ***(f)***	401.403.4081.4088 (en partie).	
Dettes fiscales et sociales	421.422.424.427.4282.4284.4286.43 (sauf 4387).442.443C.444C.4455.4457.44584. 44587.446.447.4482.4486.457.	
Dettes sur immobilisations et Comptes rattachés	269.279.404.405.4084.4088 (en partie).	
Autres dettes	4196.4197.4198.464.467C.4686.478C.509.	
Instruments de trésorerie	52.	
Produits constatés d'avance (1)	487.	
Total III	x	x
Écarts de conversion Passif **(IV)**	477.	
TOTAL GÉNÉRAL (I + II + III + IV)	x	x
(1) Dont à plus d'un an Dont à moins d'un an (2) Dont concours bancaires courants et soldes créditeurs de banques (3) Dont emprunts participatifs		

*Le cas échéant, une rubrique « Autres fonds propres » est intercalée entre la rubrique « Capitaux propres » et la rubrique « Provisions » avec ouverture des postes constitutifs de cette rubrique sur des lignes séparées (montant des émissions de titres participatifs, avances conditionnées...). Un total I *bis* fait apparaître le montant des autres fonds propres entre le total I et le total II du passif du bilan. Le total général est complété en conséquence.

(a) Y compris capital souscrit non appelé. ***(b)*** À détailler conformément à la législation en vigueur. ***(c)*** Poste à présenter lorsque des titres sont évalués par équivalence. ***(d)*** Montant entre parenthèses ou précédé du signe moins (–) lorsqu'il s'agit de pertes reportées. ***(e)*** Montant entre parenthèses ou précédé du signe moins (–) lorsqu'il s'agit d'une perte. ***(f)*** Dettes sur achats ou prestations de services. ***(g)*** À l'exception, pour l'application du (1), des avances et acomptes reçus sur commandes en cours.

Exemple

La société Recel vous remet l'extrait de la balance après inventaire :

N°	Intitulé des comptes	Soldes	
		Débiteurs	Créditeurs
101	Capital		1 600 000
106	Réserves		2 560 000
110	Report à nouveau créditeur		1 600
140	Provisions réglementées		48 000
151	Provisions pour risques		32 000
157	Provisions pour charges		68 000
164	Emprunt auprès des établissements de crédit		3 120 000
168	Intérêt courus		104 000
201	Frais d'établissement	40 000	
207	Fonds commercial	720 000	
211	Terrains	1 040 000	
213	Constructions	2 400 000	
215	Installations techniques, matériel et outillage industriels	1 360 000	
2182	Matériel de transport	96 000	
2183	Matériel de bureau et matériel informatique	60 000	
2184	Mobilier	48 000	
261	Titres de participation	1 760 000	
275	Dépôts et cautionnements versés	640	
2801	Amortissements des frais d'établissement		24 000
2813	Amortissements des constructions		400 000
2815	Amortissements des installations techniques, matériel et outillage industriels		480 000
28182	Amortissements du matériel de transport		32 000
28183	Amortissements du matériel de bureau et matériel informatique		20 000
28184	Amortissements du mobilier		24 000
2961	Dépréciations des titres de participation		96 000
310	Matières premières	560 000	
320	Autres approvisionnements	320 000	
350	Stocks de produits	240 000	
370	Stocks de marchandises	200 000	
391	Dépréciations des matières premières		32 000
401	Fournisseurs		720 000
403	Fournisseurs – Effets à payer		520 000
408	Fournisseurs – Factures non parvenues		48 000
4096	Fournisseurs – Créances pour emballages et matériel à rendre	4 960	
4098	Rabais, remises, ristournes à obtenir et autres avoirs à établir	400	
411	Clients	1 360 000	
413	Clients – Effets à recevoir	160 000	
416	Clients douteux	320 000	
418	Clients – Factures à établir	152 000	
4196	Clients – Dettes pour emballages et matériels consignés		6 720
421	Personnel – Rémunérations dues		24 000
428	Personnel – Charges à payer		92 000
431	Sécurité sociale		104 000
438	Organismes sociaux – Charges à payer		75 200
444	État – Impôt sur les bénéfices	608 000	
44551	TVA à décaisser		96 000
481	Charges à répartir sur plusieurs exercices	64 000	
486	Charges constatées d'avance	1 600	
487	Produits constatés d'avance		320
491	Dépréciations des comptes clients		32 800

N°	Intitulé des comptes	Soldes	
		Débiteurs	**Créditeurs**
500	Valeurs mobilières de placement	56 000	
512	Banques	74 240	
514	Chèques postaux	7 200	
530	Caisse	2 400	
590	Dépréciations des valeurs mobilières de placement		4 800

L'impôt sur les sociétés pour l'exercice « N » s'élève à 672 000 €. Il a été comptabilisé postérieurement à l'établissement de la balance.

Présenter le bilan, après impôt pour l'exercice « N », en système de base.

- Calculs préliminaires
  - Autres immobilisations : comptes « 218 » :
    96 000 + 60 000 + 48 000 = 204 000
  - Amortissements « Autres immobilisations » : comptes « 2818 » :
    32 000 + 20 000 + 24 000 = 76 000
  - Créances clients et comptes rattachés : comptes « 411 » ; « 413 » ; « 416 » et « 418 » :
    1 360 000 + 160 000 + 320 000 + 152 000 = 1 992 000
  - Autres comptes : « 4096 » et « 4098 » :
    4 960 + 400 = 5 360
  - Disponibilités : comptes « 512 » ; « 514 » et « 530 » :
    74 240 + 7 200 + 2 400 = 83 840
  - Dettes fournisseurs et comptes rattachés : comptes « 401 » ; « 403 » et « 408 » :
    720 000 + 520 000 + 48 000 = 1 288 000
  - Dettes fiscales et sociales : comptes « 421 » ; « 428 » ; « 431 » ; « 438 » ; « 444 » et « 44 551 » :
    24 000 + 92 000 + 104 000 + 75 200 + 96 000 + 64 000* = 455 200

    * Le compte « 444 » après enregistrement de l'impôt sur les sociétés présente un solde de :
    IS « N » – somme des 4 acomptes, soit : 672 000 – 608 000 = 64 000

- Bilan

Art. 521-1 Modèle de bilan (en tableau) (avant répartition) *(système de base)*

Voir tableau page suivante.

ACTIF	Exercice N			Exercice N – 1
	Brut	Amortissements et dépréciations (à déduire)	Net	Net
Capital souscrit - non appelé				
ACTIF IMMOBILISÉ ***(a)*** :				
Immobilisations incorporelles :				
Frais d'établissement	40 000	24 000	16 000	
Frais de recherche et de développement				
Concessions, brevets, licences, marques, procédés, logiciels, droits et valeurs similaires				
Fonds commercial (1)	720 000		720 000	
Autres				
Immobilisations incorporelles en cours				
Avances et acomptes				
Immobilisations corporelles :				
Terrains	1 040 000		1 040 000	
Constructions	2 400 000	400 000	2 000 000	
Installations techniques, matériel et outillage industriels	1 360 000	480 000	880 000	
Autres	204 000	76 000	128 000	
Immobilisations corporelles en cours				
Avances et acomptes				
Immobilisations financières (2) :				
Participations ***(b)***				
Créances rattachées à des participations	1 760 000	96 000	1 664 000	
Titres immobilisés de l'activité de portefeuille				
Autres titres immobilisés				
Prêts				
Autres	640		640	
Total I	7 524 640	1 076 000	6 448 640	
ACTIF CIRCULANT :				
Stocks et en-cours ***(a)*** :				
Matières premières et autres approvisionnements	880 000	32 000	848 000	
En-cours de production [biens et services] ***(c)***				
Produits intermédiaires et finis	240 000		240 000	
Marchandises	200 000		200 000	
Avances et acomptes versés sur commandes				
Créances (3) :				
Créances Clients (a) et Comptes rattachés ***(d)***	1 992 000	32 800	1 959 200	
Autres	5 360		5 360	
Capital souscrit - appelé, non versé				
Valeurs mobilières de placement ***(e)*** :				
Actions propres				
Autres titres	56 000	4 800	51 200	
Instruments de trésorerie				
Disponibilités	83 840		83 840	
Charges constatées d'avance (3)	1 600		1 600	
Total II	3 458 800	69 600	3 389 200	
Charges à répartir sur plusieurs exercices **(III)**	64 000		64 000	
Primes de remboursement des emprunts **(IV)**				
Écarts de conversion Actif **(V)**				
TOTAL GÉNÉRAL (I + II + III + IV + V)	11 047 440	1 145 600	9 901 840	
(1) Dont droit au bail (2) Dont à moins d'un an (brut) (3) Dont à plus d'un an (brut)				

(a) Les actifs avec clause de réserve de propriété sont regroupés sur une ligne distincte portant la mention « dont ... avec clause de réserve de propriété ». En cas d'impossibilité d'identifier les biens, un renvoi au pied du bilan indique le montant restant à payer sur ces biens. Le montant à payer comprend celui des effets non échus. ***(b)*** Si des titres sont évalués par équivalence, ce poste est subdivisé en deux sous-postes « Participations évaluées par équivalence » et « Autres participations ». Pour les titres évalués par équivalence, la colonne « Brut » présente la valeur globale d'équivalence si elle est supérieure au coût d'acquisition. Dans le cas contraire, le prix d'acquisition est retenu. La dépréciation globale du portefeuille figure dans la 2e colonne. La colonne « Net » présente la valeur globale d'équivalence positive ou une valeur nulle. ***(c)*** À ventiler, le cas échéant, entre biens, d'une part, et services d'autre part. ***(d)*** Créances résultant de ventes ou de prestations de services. ***(e)*** Poste à servir directement s'il n'existe pas de rachat par l'entité de ses propres actions.

Art. 521-1 *(suite)* Modèle de bilan (en tableau) (avant répartition) *(système de base)*

PASSIF	Exercice N	Exercice N – 1
CAPITAUX PROPRES *		
Capital [dont versé...] ***(a)***	1 600 000	
Primes d'émission, de fusion, d'apport		
Écarts de réévaluation ***(b)***		
Écart d'équivalence ***(c)***		
Réserves :		
Réserve légale	2 560 000	
Réserves statutaires ou contractuelles		
Réserves réglementées		
Autres		
Report à nouveau ***(d)***	1 600	
Résultat de l'exercice [bénéfice ou perte] *(e)*	618 000	
Subventions d'investissement		
Provisions réglementées	48 000	
Total I	4 827 600	
PROVISIONS		
Provisions pour risques	32 000	
Provisions pour charges	68 000	
Total II	100 000	
DETTES (1) ***(g)***		
Emprunts obligataires convertibles		
Autres emprunts obligataires		
Emprunts et dettes auprès des établissements de crédit (2)	3 120 000	
Emprunts et dettes financières diverses (3)	104 000	
Avances et acomptes reçus sur commandes en cours		
Dettes Fournisseurs et Comptes rattachés ***(f)***	1 288 000	
Dettes fiscales et sociales	455 200	
Dettes sur immobilisations et Comptes rattachés		
Autres dettes	6 720	
Instruments de trésorerie		
Produits constatés d'avance (1)	320	
Total III	4 974 240	
Écarts de conversion Passif **(IV)**		
TOTAL GÉNÉRAL (I + II + III + IV)	9 901 840	
(1) Dont à plus d'un an Dont à moins d'un an (2) Dont concours bancaires courants et soldes créditeurs de banques (3) Dont emprunts participatifs		

*Le cas échéant, une rubrique « Autres fonds propres » est intercalée entre la rubrique « Capitaux propres » et la rubrique « Provisions » avec ouverture des postes constitutifs de cette rubrique sur des lignes séparées (montant des émissions de titres participatifs, avances conditionnées...). Un total I *bis* fait apparaître le montant des autres fonds propres entre le total I et le total II du passif du bilan. Le total général est complété en conséquence.
(a) Y compris capital souscrit non appelé. ***(b)*** À détailler conformément à la législation en vigueur. ***(c)*** Poste à présenter lorsque des titres sont évalués par équivalence. ***(d)*** Montant entre parenthèses ou précédé du signe moins (–) lorsqu'il s'agit de pertes reportées. ***(e)*** Montant entre parenthèses ou précédé du signe moins (–) lorsqu'il s'agit d'une perte. ***(f)*** Dettes sur achats ou prestations de services. ***(g)*** À l'exception, pour l'application du (1), des avances et acomptes reçus sur commandes en cours.

4 L'annexe

A – Généralités

L'annexe est un état comptable fournissant des informations nécessaires à la ***compréhension*** du bilan et du compte de résultat. Ces informations doivent être ***pertinentes***, ***significatives*** et présentées clairement.

Le Plan comptable général stipule :

> *Article 130-4 du Plan comptable général* :
>
> « L'annexe complète et commente l'information donnée par le bilan et le compte de résultat.
>
> L'annexe comporte toutes les informations d'importance significative destinées à compléter et à commenter celles données par le bilan et par le compte de résultat. Une inscription dans l'annexe ne peut se substituer à une inscription dans le bilan et dans le compte de résultat ».

Les informations complémentaires, chiffrées ou non, fournies dans l'annexe sont d'ordre :

Économique et financier	Juridique	Fiscal	Social
• Modes et méthodes d'évaluation. • Évolution de certains postes. • Modes de calcul des amortissements, des dépréciations et des provisions. • Inventaire du portefeuille de titres de placement.	• Montants des engagements financiers. • Structure du capital. • Dettes garanties par des sûretés réelles.	• Répartition de l'impôt entre le résultat courant et le résultat exceptionnel.	• Effectif des salariés. • Montant de la masse salariale. • Montant des sommes versées au titre des avantages sociaux.

Elles sont en général structurées en ***cinq parties*** :

– faits caractéristiques de l'exercice ;

– principes, règles et méthodes comptables ;

– notes relatives aux postes de bilan ;

– notes relatives au compte de résultat ;

– autres informations.

Une présentation ***simplifiée*** de l'annexe peut être adoptée par les sociétés commerciales si deux des trois seuils suivants ne sont pas dépassés pendant deux exercices successifs :

– total du bilan : 3 650 000 € ;

– chiffre d'affaires : 7 300 000 € ;

– nombre de salariés : inférieur ou égal à 50.

À NOTER • Les entreprises constituées en SARL, en SA, en SAS et en sociétés de personnes (dont les associés sont des SARL ou des SA) doivent déposer leurs comptes annuels au greffe du Tribunal de commerce du siège social, dans le mois qui suit l'assemblée générale ordinaire qui a approuvé les comptes. Depuis juillet 2008, les comptes annuels peuvent être déposés de façon dématérialisée sur le portail d'Infogreffe.

B – Les tableaux de l'annexe

Aucune présentation normalisée n'est imposée. Toutefois, le Plan comptable général préconise pour certaines informations l'utilisation de ***tableaux*** sachant qu'ils ne dispensent pas de commentaires significatifs.

L'annexe en système de base comprend ***sept tableaux*** :

TABLEAUX DE L'ANNEXE

→ **tableau des immobilisations (art. 532-1)**
- Suivi des mouvements de l'ensemble des immobilisations.

→ **tableau des amortissements (art. 532-2.1)**
- Analyse des mouvements des amortissements de l'exercice.
- Modalités de calcul.

→ **tableau des dépréciations (art. 532-2.2)**
- Analyse des mouvements des dépréciations de l'exercice.

→ **tableau des provisions (art. 532-3)**
- Analyse des mouvements des provisons de l'exercice.

→ **état des échéances des créances et dettes à la clôture de l'exercice (art. 532-4)**
- Ventilation des créances par degré de liquidité (délai d'encaissement).
- Ventilation des dettes par degré d'exigibilité (délai de paiement).

→ **tableau des filiales et participations (art. 532-5)**
- Liste des filiales (+ 50 % du capital détenu par la société).
- Liste des participations (10 à 50 % du capital détenu par la société).
- Renseignements concernant les capitaux propres, le résultat, le chiffre d'affaires, les titres, les prêts, avances, cautions et avals.

→ **tableaux du portefeuille des TIAP (art. 532-6)**
- Valeur estimative du portefeuille de titres immobilisés de l'activité du portefeuille.
- Variation de la valeur du portefeuille de titres immobilisés de l'activité du portefeuille.

C – La présentation des tableaux de l'annexe

La présentation, en système de base, des sept tableaux est la suivante :

Art. 532-1 Tableau des immobilisations

I. Cadre général

Situations et mouvements (b) Rubriques (a)	A	B	C	D
	Valeur brute à l'ouverture de l'exercice	**Augmentations**	**Diminutions**	**Valeur brute à la clôture de l'exercice (c)**
Immobilisations incorporelles				
Immobilisations corporelles				
Immobilisations financières				
Total				

(a) À développer si nécessaire selon la nomenclature des postes du bilan. Lorsqu'il existe des frais d'établissement, ils doivent faire l'objet d'une ligne séparée.
(b) Les entités subdivisent les colonnes pour autant que de besoin [cf. ci-dessous développement des colonnes B (augmentations) et C (diminutions)].
(c) La valeur brute à la clôture de l'exercice est la somme algébrique des colonnes précédentes (A + B – C = D).

II. Aménagement du cadre général

1. Développement de la colonne **B** (augmentations) →

<table>
<tr><td rowspan="3">Augmentations de l'exercice</td><td colspan="5">Ventilation des augmentations</td></tr>
<tr><td colspan="2">Virements</td><td colspan="3">Entrées</td></tr>
<tr><td>De poste à poste</td><td>Provenant de l'actif circulant</td><td>Acquisitions</td><td>Apports</td><td>Créations</td></tr>
</table>

2. Développement de la colonne **C** (diminutions) →

<table>
<tr><td rowspan="3">Diminutions de l'exercice</td><td colspan="5">Ventilation des diminutions</td></tr>
<tr><td colspan="2">Virements</td><td colspan="3">Sorties</td></tr>
<tr><td>De poste à poste</td><td>À destination de l'actif circulant</td><td>Cessions</td><td>Scissions</td><td>Mises hors service</td></tr>
</table>

Art. 532-2.1 Tableau des amortissements

I. Cadre général

Situations et mouvements (b) / Rubriques (a)	A Amortissements cumulés au début de l'exercice	B Augmentations Dotations de l'exercice	C Diminutions d'amortissements de l'exercice	D Amortissements cumulés à la fin de l'exercice (c)
Immobilisations incorporelles				
Immobilisations corporelles				
Immobilisations financières				
Total				

(a) À développer si nécessaire selon la même nomenclature que celle du tableau des immobilisations.
(b) Les entités subdivisent les colonnes pour autant que de besoin [cf. ci-dessous développement des colonnes B (augmentations) et C (diminutions)].
(c) Les amortissements cumulés à la fin de l'exercice sont égaux à la somme algébrique des colonnes précédentes (A + B – C = D).

II. Aménagement du cadre général

1. Développement de la colonne **B** (augmentations) →

Dotations de l'exercice	Ventilation des dotations			
	Compléments liés à une réévaluation	Sur éléments amortis selon mode linéaire	Sur éléments amortis selon autre mode	Dotations exceptionnelles

2. Développement de la colonne **C** (diminutions) →

Diminutions de l'exercice	Ventilation des diminutions		
	Éléments transférés à l'actif circulant	Éléments cédés	Éléments mis hors service

Art. 532-2.2 Tableau des dépréciations

I. Cadre général

Rubriques (a) / Situations et mouvements (b)	A Dépréciations au début de l'exercice	B Augmentations Dotations de l'exercice	C Diminutions Reprises de l'exercice	D Dépréciations à la fin de l'exercice (c)
Immobilisations incorporelles				
Immobilisations corporelles				
Immobilisations financières				
Stocks				
Créances				
Valeurs mobilières de placement..........				
Total				

(a) À développer si nécessaire.
(b) Les entités subdivisent les colonnes pour autant que de besoin.
(c) Le montant des dépréciations à la fin de l'exercice est égal à la somme algébrique des colonnes précédentes (A + B – C = D).

Outre les tableaux présentés ci-dessus, l'annexe doit comporter des ***informations détaillées*** sur les amortissements et les dépréciations des actifs et de leurs composants. Citons notamment :

- les modalités de calcul (mode d'amortissement, durée de l'amortissement, taux d'amortissement…) ;
- les valeurs retenues (valeur résiduelle, valeur actuelle…) ;
- les postes du compte de résultat dans lesquels sont incluses les dotations ;
- …

Art. 532-3 Tableau des provisions

I. Cadre général

Situations et mouvements (b) / Rubriques (a)	A	B	C		D
	Provisions au début de l'exercice	Augmentations Dotations de l'exercice	Diminutions		Provisions à la fin de l'exercice (c)
			Montants utilisés au cours de l'exercice	Montants non utilisés repris au cours de l'exercice	
Provisions réglementées .... Provisions pour risques .... Provisions pour charges					
Total					

(a) À développer si nécessaire (le cas échéant, il convient de mettre en évidence entre autres les provisions pour pensions et obligations similaires, les provisions pour impôts, les provisions pour renouvellement des immobilisations concédées…).
(b) Les entités subdivisent les colonnes pour autant que de besoin [cf. ci-dessous développement des colonnes B (augmentations) et C (diminutions)].
(c) Le montant des provisions à la fin de l'exercice est égal à la somme algébrique des colonnes précédentes (A + B – C = D).

II. Aménagement du cadre général

1. Développement de la colonne B (augmentations) ⟶

Dotations de l'exercice	Ventilation des dotations		
	Exploitation	Financier	Exceptionnel

2. Développement de la colonne C (diminutions) ⟶

Reprises de l'exercice	Ventilation des reprises		
	Exploitation	Financier	Exceptionnel

À NOTER • Analyser correctement la situation de chaque poste : au début de l'exercice, en cours d'exercice (évolution) et en fin d'exercice • Pour chaque ligne du tableau, vérifier l'égalité suivante : A + B – C = D.

Art. 532-4 État des échéances des créances et des dettes à la clôture de l'exercice

Créances (a)	Montant brut	Liquidité de l'actif	
		Échéances à 1 an au plus	Échéances à plus 1 an
Créances de l'actif immobilisé :			
Créances rattachées à des participations			
Prêts (1)			
Autres			
Créances de l'actif circulant :			
Créances Clients et Comptes rattachés			
Autres			
Capital souscrit – appelé, non versé			
Charges constatées d'avance			
Total			
(1) Prêts accordés en cours d'exercice			
Prêts récupérés en cours d'exercice			

(a) Non compris les avances et acomptes versés sur commandes en cours.

Dettes (b)	Montant brut	Degré d'exigibilité du passif		
		Échéances à 1 an au plus	Échéances à plus 1 an	Échéances à plus 5 ans
Emprunts obligataires convertibles (2)				
Autres emprunts obligataires (2)				
Emprunts (2) et dettes auprès des établissements de crédit dont :				
– à 2 ans au maximum à l'origine				
– à plus de 2 ans à l'origine				
Emprunts et dettes financières divers (2) (3)				
Dettes Fournisseurs et Comptes rattachés				
Dettes fiscales et sociales				
Dettes sur immobilisations et Comptes rattachés				
Autres dettes (3)				
Produits constatés d'avance				
Total				
(2) Emprunts souscrits en cours d'exercice				
Emprunts remboursés en cours d'exercice				
(3) Dont..... envers les associés (indication du poste concerné)				

(b) Non compris les avances et acomptes reçus sur commandes en cours.

Art. 532-5 Tableau des filiales et participations

Informations financières (5) / Filiales et participations (1)	Capital (6)	Réserves et report à nouveau avant affectation des résultats (6) (9)	Quote-part du capital détenue (en pourcentage)	Valeurs comptables des titres détenus (7)		Prêts et avances consentis par la société et non encore remboursés (8)	Montant des cautions et avals donnés par la société	Chiffre d'affaires hors taxes du dernier exercice écoulé (9)	Résultats (bénéfice ou perte du dernier exercice clos) (9)	Dividendes encaissés par la société au cours de l'exercice	Observations
				Brute	Nette						
A. Renseignements détaillés concernant les filiales et les participations ci-dessous (2) (3).											
1. Filiales (à détailler)................................... (+ de 50 % du capital détenu par la société).											
2. Participations (à détailler)......................... (10 à 50 % du capital détenu par la société).											
B. Renseignements globaux concernant les autres filiales ou participations											
1. Filiales non reprises au § A.											
a. Filiales françaises (ensemble)..................											
b. Filiales étrangères (ensemble) (4)............											
2. Participations non reprises au § A.											
a. Dans les sociétés françaises (ensemble)..											
b. Dans les sociétés étrangères (ensemble).											

(1) Pour chacune des filiales et des entités avec lesquelles la société a un lien de participation, indiquer s'il y a lieu le numéro d'identification national (numéro SIREN).

(2) Dont la valeur d'inventaire excède un certain pourcentage (déterminé par la réglementation) du capital de la société astreinte à la publication. Lorsque la société a annexé à son bilan, un bilan des comptes consolidés conformément à la réglementation, cette société ne donne des renseignements que globalement (§ B) en distinguant (a) filiales françaises (ensemble) et (b) filiales étrangères (ensemble).

(3) Pour chaque filiale et entité avec laquelle la société a un lien de participation indiquer la dénomination et le siège social.

(4) Les filiales et participations étrangères qui, par suite d'une dérogation, ne seraient pas inscrites au § A sont inscrites sous ces rubriques.

(5) Mentionner au pied du tableau la parité entre l'euro et les autres devises.

(6) Dans la monnaie locale d'opération.

(7) Si le montant inscrit a été réévalué, indiquer le montant de l'écart de réévaluation dans la colonne Observations.

(8) Mentionner dans cette colonne le total des prêts et avances (sous déduction des remboursements) à la clôture de l'exercice et, dans la colonne Observations, les provisions constituées le cas échéant.

(9) S'il s'agit d'un exercice dont la clôture ne coïncide pas avec celle de l'exercice de la société, le préciser dans la colonne Observations.

Art. 532-6 Tableaux du portefeuille de TIAP

Valeur estimative du portefeuille de TIAP

Exercice / Décomposition de la valeur estimative	Montant à l'ouverture de l'exercice			Montant à la clôture de l'exercice		
	Valeur comptable brute	Valeur comptable nette	Valeur estimative	Valeur comptable brute	Valeur comptable nette	Valeur estimative
Fractions du portefeuille évaluées :						
– au coût de revient						
– au cours de bourse						
– d'après la situation nette						
– d'après la situation nette réestimée						
– d'après une valeur de rendement ou de rentabilité						
– d'après d'autres méthodes à préciser)						
Valeur estimative du portefeuille						

Variation de la valeur du portefeuille de TIAP

Valeur du portefeuille / Mouvements de l'exercice	Valeur comptable nette	Valeur estimative
Montant à l'ouverture de l'exercice		
Acquisition de l'exercice		
Cession de l'exercice (en prix de vente)		
Reprises de dépréciations sur titres cédés		
Plus-values sur cessions de titres :		
– détenus au début de l'exercice		
– acquis dans l'exercice		
Variation de la dépréciation du portefeuille		
Autres variations de plus-values latentes :		
– sur titres acquis dans l'exercice		
– sur titres acquis antérieurement		
Autres mouvements comptables (à préciser)		
Montant à la clôture de l'exercice		

Exemple

Les renseignements suivants, concernant l'entreprise Chevalier, vous sont communiqués :

– extrait de bilan :

Nature des comptes	Situation « N – 1 »			Situation « N »		
	Brut	Amortissement	Dépréciation	Brut	Amortissement	Dépréciation
Frais d'établissement	50 000	20 000		50 000	30 000	
Fonds commercial	120 000			120 000		
Installations techniques, matériel et outillage industriels	80 000	40 000		80 000	50 000	
Autres immobilisations	250 000	100 000		242 000	148 200	
Stocks et en-cours	35 000		4 000	43 000		6 000
Créances clients	460 000		25 000	490 000		28 000
Valeurs mobilières de placement	18 000		3 800	18 000		2 600

– au cours de l'exercice « N », acquisition de matériels de bureau pour 42 000,00 € ; cession d'un matériel de transport acquis pour 50 000,00 € et amorti de 30 000,00 € ;

– créances clients : dotations « N » pour 9 000,00 €, reprises « N » pour 6 000,00 € ;

– valeurs mobilières de placement : dotations « N » pour 600,00 €, reprises « N » pour 1 800,00 € ;

– la situation des comptes au début de l'exercice « N » correspond à la situation des comptes à la fin de l'exercice précédent soit « N – 1 ».

Présenter les tableaux relatifs aux immobilisations, aux amortissements et aux dépréciations.

• Tableau des immobilisations

– immobilisations incorporelles à l'ouverture et à la clôture de l'exercice :

50 000 + 120 000 = 170 000

– immobilisations corporelles à l'ouverture de l'exercice :

80 000 + 250 000 = 330 000

– immobilisations corporelles à la clôture de l'exercice :

80 000 + 242 000 = 322 000

Art. 532-1 Tableau des immobilisations

I. Cadre général

Situations et mouvements (b) / Rubriques (a)	A Valeur brute à l'ouverture de l'exercice	B Augmentations	C Diminutions	D Valeur brute à la clôture de l'exercice (c)
Immobilisations incorporelles	170 000			170 000
Immobilisations corporelles	330 000	42 000	50 000	322 000
Immobilisations financières				
TOTAL	500 000	42 000	50 000	492 000

(a) À développer si nécessaire selon la nomenclature des postes du bilan. Lorsqu'il existe des frais d'établissement, ils doivent faire l'objet d'une ligne séparée.
(b) Les entités subdivisent les colonnes pour autant que de besoin [cf. ci-dessous développement des colonnes B (augmentations) et C (diminutions)].
(c) La valeur brute à la clôture de l'exercice est la somme algébrique des colonnes précédentes (A + B – C = D).

- Tableau des amortissements
  - immobilisations incorporelles : 30 000 – 20 000 = 10 000 ⟶ Dotations de l'exercice
  - immobilisations corporelles :

(100 000 + 40 000) + x – 30 000 = (50 000 + 148 200)
140 0000 + x – 30 000 = 198 200
110 000 + x = 198 200
x = 198 200 – 110 000 = 88 200 ⟶ Dotations de l'exercice

Art. 532-2.1 Tableau des amortissements

I. Cadre général

Situations et mouvements (b) / Rubriques (a)	A Amortissements cumulés au début de l'exercice	B Augmentations Dotations de l'exercice	C Diminutions d'amortissements de l'exercice	D Amortissements cumulés à la fin de l'exercice (c)
Immobilisations incorporelles	20 000	10 000		30 000
Immobilisations corporelles	140 000	88 200	30 000	198 200
Immobilisations financières				
TOTAL	160 000	98 200	30 000	228 200

(a) À développer si nécessaire selon la même nomenclature que celle du tableau des immobilisations.
(b) Les entités subdivisent les colonnes pour autant que de besoin [cf. ci-dessous développement des colonnes B (augmentations) et C (diminutions)].
(c) Les amortissements cumulés à la fin de l'exercice sont égaux à la somme algébrique des colonnes précédentes (A + B – C = D).

- Tableau des dépréciations
  - dépréciations au début de l'exercice :
    4 000 + 25 000 + 3 800 = 32 800
  - dotations de l'exercice :
    6 000 + 9 000 + 600 = 15 600
  - reprises de l'exercice :
    4 000 + 6 000 + 1 800 = 11 800
  - dépréciations à la fin de l'exercice :
    32 800 + 15 600 – 11 800 = 36 600

Art. 532-2.2 Tableau des dépréciations

I. Cadre général

Situations et mouvements (b) / Rubriques (a)	A	B	C	D
	Dépréciations au début de l'exercice	**Augmentations Dotations de l'exercice**	**Diminutions Reprises de l'exercice**	**Dépréciations à la fin de l'exercice (c)**
Immobilisations incorporelles				
Immobilisations corporelles				
Immobilisations financières				
Stocks	4 000	6 000	4 000	6 000
Créances	25 000	9 000	6 000	28 000
Valeurs mobilières de placement..........	3 800	600	1 800	2 600
Total	32 800	15 600	11 800	36 600

(a) À développer si nécessaire.
(b) Les entités subdivisent les colonnes pour autant que de besoin.
(c) Le montant des dépréciations à la fin de l'exercice est égal à la somme algébrique des colonnes précédentes (A + B – C = D).

Bibliographie

1 Les ouvrages de référence

ÉDITIONS FOUCHER

LANGLOIS (G.), FRIÉDÉRICH (M.), *Comptabilité financière. Comptabilité générale*, collection « LMD », 15e édition, 2010.

ÉDITIONS FRANCIS LEFÈBVRE

Francis Lefèbvre, Comptable 2010.

ÉDITIONS GUALINO

GRANDGUILLOT (B. et F.), *L'essentiel des opérations courantes en comptabilité générale*, collection « Carrés rouge », 2e édition, 2008.

GRANDGUILLOT (B. et F.), *L'essentiel des opérations de fin d'exercice en comptabilité générale*, collection « Carrés rouge », 2e édition, 2008.

GRANDGUILLOT (B. et F.), *Comptable 2010/2011*, collection « En poche ».

ÉDITIONS GROUPE REVUE FIDUCIAIRE

HENRARD (M.), HEIM (M.J.), AGUILAR (M.H.), *Dictionnaire Comptable et financier*, 2010.

2 Les périodiques

ÉDITIONS FRANCIS LEFÈBVRE : Bulletin comptable et financier (BCF).

ÉDITIONS GROUPE REVUE FIDUCIAIRE : Revue fiduciaire comptable (RFC).

CONSEIL SUPÉRIEUR DE L'ORDRE DES EXPERTS-COMPTABLES : Revue française de comptabilité (RFC).

3 Les sites Internet

- Conseil supérieur de l'ordre des experts-comptables
  http://www.experts-comptables.fr
- Ministère de l'Économie, de l'Industrie et de l'Emploi
  http://www.minefe.gouv.fr
- Portail Revue Fiduciaire
  http://revuefiduciaire.grouperf.com
- EUROPA, le portail de l'Union européenne
  http://europa.eu
- Legifrance, le service public de l'accès au droit
  http://legifrance.gouv.fr

Index

Cet ouvrage a été imprimé par
l'Imprimerie France Quercy - 46090 Mercuès
N° d'impression : 01347 - Dépôt légal : août 2010

Imprimé en France